LIRA DA ARUANDA

SATTVA EDITORA

LIRA DA ARUANDA

Pontos cantados de Umbanda e sua interpretação simbólica

THOMÉ SABBAG NETO
(ITARAYARA)

contato@sattvaeditora.com.br
www.sattvaeditora.com.br

Editora: **Vivian Lerner**

Projeto gráfico, diagramação
e capa: **Luiz Zonzini**

Revisão:
Rafael Gapski Moreira,
Gabriel de Souza Magenta
Alexandre S. e Silva

Lira da Aruanda

Dados Internacionais de Catalogação na Publicação (CIP)
(Câmara Brasileira do Livro, SP, Brasil)

Sabbag Neto, Thomé
Lira da Aruanda : pontos cantados de Umbanda e sua interpretação simbólica / Thomé Sabbag Neto (Itarayara). -- São Paulo, SP : Sattva Editora, 2022.

ISBN 978-65-86420-08-1

1. Umbanda 2. Umbanda (Culto) - Rituais I. Título.

22-100825 CDD-784.481

Índices para catálogo sistemático:

1. Umbanda : Pontos cantados : Interpretação : Religiões afro-brasileiras 784.481

Eliete Marques da Silva - Bibliotecária - CRB-8/9380

“Ruído é também
a música que,
desperdiçada,
ouve-se mal.”

(Caboclo Sete Pedreiras)

Sumário

Prefácio

por João Cezar G. Guimarães Freitas

Enfim vem a público *Lira da Aruanda*, primeiro livro de Thomé Sabbag Neto, o Mestre Itarayara, como conhecido no Terreiro. Trata-se de uma obra providencial — e por duas razões, principalmente. Em primeiro lugar, *Lira da Aruanda* é um livro inédito: ora, antes de sua publicação, não havia, na hoje extensa bibliografia umbandista, trabalhos dedicados aos pontos cantados; existiam, sim, livros *com* pontos e *de* pontos, mas nenhum *sobre* pontos. Além disso, *Lira da Aruanda* não apenas analisa ou interpreta as chamadas *curimbas* como o faz desde uma perspectiva bastante definida: a da simbólica, da metafísica. Segundo o autor, esse é o prisma necessário para aprofundar e redimensionar os desenvolvimentos doutrinais da umbanda, de modo a apresentá-la, hoje, como via de realização espiritual verdadeira — como Tradição que é (ou, pelo menos, pode ser).

Diz o adágio do *santo* que "ninguém ensina hoje o que não aprendeu ontem" — e nas casas matriciais de candomblé *kétu* de Salvador ouve-se o seguinte: "Se galinha não tem água para beber, como ela vai lavar os pés?". As religiões de matrizes africanas ou afro-brasileiras — a umbanda inclusa — baseiam-se em um processo de aprendizado vivencial: aprende-se, exclusivamente, por meio da iniciação, do discipulado: o *ọfọ́*, o hálito do Mestre, não pode ser transmitido por livros técnicos que, para o afro-brasileiro, *informam*, mas não *formam*. A iniciação é, assim, em um de seus muitos aspectos, transmissão de Axé.

Por essa razão, *Lira da Aruanda* não pode ser apartado da experiência iniciática de seu autor, Itarayara, na Raiz em que fora recebido ainda criança, a Raiz de Guiné e Velho Payé, que passou por diversos movimentos ao longo dos anos, desde a TUO (Tenda Umbandista Oriental) de W. W. da Matta e Silva aos aportes doutrinários de Francisco Rivas Neto (Mestre Arapiaga) e suas aproximações com as Tradições do Oriente e a Sabedoria Africana — o que, aliás, fez com que Pai Rivas recebesse do saudoso prof. José Flávio Pessoa de Barros, sacerdote de candomblé *kétu* descendente da Casa Branca do Engenho Velho, a alcunha de "afro-asiático".

Lira da Aruanda surge ainda de uma necessidade já observada por Pai Rivas, alguns anos antes de sua passagem para o Mundo da Verdade:

a de empreender retificações (e ratificações) na Tradição. Não retificações cosméticas, acessórias, mas, de fato, ajustes essenciais: Tradição — ele dizia, citando o poeta espanhol Antonio Machado — é caminho, e "*se hace camino al andar*".

Iniciação é transmissão de Axé - e Axé que não é multiplicado, que é poupado e ocultado (como na *parábola dos talentos* do Cristo), se esvai. De fato, a obra que o leitor tem em mãos não é, de forma alguma, simples repetição - *Lira da Aruanda*, definitivamente, não é *mais do mesmo*.

Estruturalmente, o livro de Mestre Itarayara assemelha-se aos ritos públicos de sua Raiz: há, em primeiro lugar, a invocação da Luz Divina - a partir do primeiro ponto, "*Saravá, saravá, saravá / Esse povo de Pemba que é Filho de Fé no Congá...*", seguida de Exu ("*Minha Kimbanda, minha Kimbanda! / Nessa porteira sou eu quem manda...*"). Preparado o Congá (o Templo), *baixam* então os Ancestrais Ilustres (Caboclo, Preto Velho e Criança - o Ternário Sagrado): "*A Umbanda me chamou / E pela Umbanda eu venho trabalhar!*". Finalmente, Pai Thomé apresenta os diferentes modos pelos quais se processa a relação do Homem com o Divino, concluindo, então, com a análise dos esforços necessários para a realização espiritual desde a Umbanda Iniciática (isto é, da escola de umbanda que enfatiza a iniciação).

Se Itarayara avança, aprofundando discussões e mesmo apresentando novos conceitos, ele, no entanto, não deixa calar toda a história de sua Raiz: há em *Lira da Aruanda* cânticos da TUO (Tenda Umbandista Oriental), *firmados* na areia do Congá de Itacuruçá por W. W. da Matta e Silva, o Velho Matta; mas há também pontos recebidos e cantados por seu Pai, Mestre Arapiaga, em diferentes fases de sua vida espiritual: do Peji do Caboclo Sete Espadas às aproximações diversas, conduzidas ao longo dos anos, com as encantarias e os candomblés (veja, por exemplo, a *zuela* cantada até hoje na Bahia, nas casas de candomblé de caboclo: "*Aqui nessa Aldeia / Tem um Caboclo e Ele é real...*". Ou ainda: "*Maré encheu, maré vazou...*").

Todas essas cantigas, ainda que de diferentes escolas (ou fases de uma mesma escola), têm, afinal, algo em comum: são "de Raiz", isto é, vieram de *lá* para *cá*, do *Ọrun* ao *Ayé*. Não são simplesmente louvações: não foram *compostas* como se compõe uma música profana qualquer, encerram um simbolismo profundo, denso, que nada deve às grandes tradições espirituais do mundo — é o que, em todo este *Lira da Aruanda*, o Mestre Itarayara demonstra inequivocamente.

Esperamos que *Lira da Aruanda* seja apenas o primeiro movimento do Pai Thomé na urgente tarefa que, com o apoio do *Ọ̀run* Ancestral, dispôs-se a realizar — e que não tardem mais trabalhos seus como este, ou ainda melhores. Axé!

Belo Horizonte, setembro de 2021.

Preâmbulo

Estou na Umbanda desde que nasci: minha avó materna, Nancy Machado de Aguiar (Yabacy), já havia fundado o Templo Espiritualista Vovó Cambinda três anos antes, em 1982, em Curitiba/PR. Ela fora iniciada na Tenda Espírita São Sebastião, pelas mãos do Pai Edmundo Rodrigues Ferro (o conhecido "padrinho") e da sua esposa, a mãe Stella de Proença Ferro (a "madrinha"), que, ainda em vida, também fez a coroação de minha mãe, Rosangela de Aguiar (Yanauara) no grau máximo da Raiz. Por conta disso, minha mãe assumiu a direção do Templo já em 1998, quando do falecimento da minha avó e, mais recentemente, tem também conduzido os trabalhos espirituais da própria Tenda Espírita São Sebastião, em conjunto com o filho consanguíneo do casal Ferro, o pai Carlos Roberto de Proença Ferro.

Nasci, portanto, convivendo com figuras muito sérias, imponentes e mesmo centrais na Umbanda curitibana. Do Terreiro da minha avó, como seria possível esquecer o rigor disciplinar do Caboclo Serra Negra, a poderosa mansidão da Vovó Cambinda e, claro, as temíveis broncas do Exu Veludo? Como me esquecer, aliás, dos abundantes sinais de que sua mediunidade era tão ativa, operante e genuína?

A seu turno, meu pai, Thomé Sabbag Filho, com sua biblioteca numerosa e seu ânimo permanente para debates, era para mim o símbolo constante da erudição, do rigor quase cético na aferição da autenticidade dos fenômenos espirituais e, sobretudo, da exigência de se viver a espiritualidade de forma lúcida, razoável e intelectualmente bem fundamentada. Ele participava de tudo, visivelmente feliz por seu ceticismo ter sido facilmente derrotado pelas evidências de autenticidade que o Templo prodigalizava.

Então, aprendi já muito cedo – em casa e pelo exemplo – que as coisas do espiritual devem ser conduzidas da forma mais séria, responsável e competente possível. Mas essa gravidade toda não era aborrecida, carrancuda: ir para o Terreiro sempre foi uma grande alegria; às segundas-feiras, na escola, por saber que era dia de gira, eu guardava uma grande mas discreta euforia, e tinha por isso uma paciência bem maior com as horas em que ficava metido na carteira, tomando aulas disso ou daquilo. Pude aprender, então, já em criança, que seriedade e alegria não só não são incompatíveis, como são inclusive imprescindíveis uma à outra e que, aliás, a síntese das duas constitui um requisito indispensável a qualquer vida espiritual que se pretenda autêntica e relevante.

Sempre acompanhei minha mãe e minha avó em todas as atividades do Terreiro – mesmo as "de bastidor" –, tendo sempre demonstrando contínuo e crescente interesse por tudo o que lhe dissesse respeito. Lembro-me bem de um caderninho de capa azul – do qual os adultos se riam, mas com orgulho, pois ele era como que um grimório infantil afro-brasileiro – em que eu, ainda muito criança, copiava compulsivamente os sinais de pemba riscados pelas Entidades, reduzia a termo algumas de suas mensagens, listava os itens de preceitos e oferendas, sempre com as legendas explicativas que eu julgava indispensáveis, e fazia, enfim, os registros que me pareciam oportunos ou necessários.

Em 1992, dez anos depois da fundação do Templo, minha família conheceu a Ordem Iniciática do Cruzeiro Divino, conduzida pelo conhecido Pai F. Rivas Neto (Mestre Arapiaga), na Rua Chebl Massud, nº 157, no bairro Água Funda, em São Paulo/SP. Lá se praticava a conhecida "Umbanda Esotérica", já então tornada célebre pela pena de W. W. da Matta e Silva (Mestre Yapacani), mestre de Pai Rivas. Novas duas referências de seriedade se somavam, então, ao meu repertório de bons exemplos.

Conheci o mestre já neste ano de 1992, com sete anos de idade. Sua figura me impressionou desde a primeira vez em que o vi. Apesar da pouca idade, já pude sentir, com particular intensidade e uma estranha clareza, a vontade determinada de estar em sua companhia, que se apresentava a mim como uma necessidade de difícil tradução, especialmente para uma mente de criança.

O seu Templo era de uma organização e de uma beleza realmente muito impressionantes, com uma identidade estética tão poderosamente própria e refinada, que aprendi logo se tratar de algo mais que mero "capricho": já ao pisar lá pela primeira vez, aprendi que a arte e a beleza, tanto quanto a verdade e o bem, realmente importam à espiritualidade, o que, aliás, constitui o objeto e o motivo deste livro.

Esse foi o início de uma jornada de mais de vinte anos de idas periódicas a São Paulo, sobretudo depois dos meus 16 anos, quando passei a integrar internamente a comunidade espiritual de Pai Rivas, com todas as responsabilidades e benefícios daí decorrentes. Muitas transformações internas e externas se processaram ao longo desses anos todos, além do aprendizado gradual, cumulativo e presencial que define todos os processos iniciáticos verdadeiros. De novo, era aquele mesmo misto de seriedade e alegria que pautava a minha vida espiritual.

Depois de anos de vivência e convivência espirituais junto ao Pai Rivas e após as devidas preparações e confirmações iniciáticas, recebi a outorga, em 2010, para conduzir o Templo de Umbanda Xangô Sete Pedreiras, em Curitiba/PR. Quanto a essa condução, oito anos depois, as últimas palavras que o mestre me deixou foram mais ou menos as seguintes, num telefonema em que falamos demoradamente a respeito do futuro, poucos dias antes de ele ir para o outro lado da vida: "*Já é hora de você dar as suas cores próprias ao seu sacerdócio. Você está pronto e deve contribuir para novos desenvolvimentos. Seja você mesmo e ponha as suas capacidades sempre a serviço do Divino*".

Então, hoje, eu procuro de todas as formas honrar e multiplicar este legado de seriedade e alegria que recebi de meus "mais velhos". E só poderei fazê-lo se não me limitar – como nenhum deles jamais se limitou – a simplesmente repetir as lições que recebi. Aliás, o presente livro é publicado exatamente com esta motivação: a de honrar o passado, mas de forma ativa e renovada. Nenhum dos que me formaram aceitaria menos e todos se aborreceriam com repetições enfadonhas.

Em vista disso, espero que este livro possa restaurar nos umbandistas que o lerem a esperança de poderem ter expectativas verdadeiramente altas em relação à Umbanda, enquanto via genuína de realização espiritual, sem que para isso precisem de ingenuidade, vistas grossas ou fingimento interior. Ora, a Umbanda nada deixa a desejar quando comparada às grandes tradições espirituais do mundo, mas desde que seja praticada de forma minimamente aprofundada e séria, na porção já atualizada de seu potencial, e desde que seja desenvolvida, com os aportes e ajustes necessários, na porção – aliás bem maior – de seu potencial ainda não atualizado e, pior ainda, tão reiteradamente desprezado. Como ocorre com tudo o que é grande, mas principalmente como tudo o que pode ser bem maior um dia, a Umbanda não está isenta do risco de ser vivenciada de forma superficial, apequenada e até mesmo completamente inútil.

Ora, precisamos evitar que as experiências genuinamente espirituais na Umbanda sejam tão escassas ou, no melhor dos casos, tão modestas, como lamentavelmente têm se mostrado amiúde, já que a sua prática majoritária segue ainda se limitando a conceber a espiritualidade como um simples meio destinado à satisfação de necessidades mundanas, que, embora mereçam atenção, não podem esgotar as finalidades de uma religião, nem delimitar seu alcance mais ambicioso, nem tampouco consistir em seu alvo mais central. Lembro-me aqui, a propósito disso, do diagnóstico feito por Riobaldo, no "Grande Sertão: Veredas" de Guimarães Rosa: "*E aquela gente gritava, exigiam saúde expedita, rezavam alto, discutiam uns com os outros, desesperavam de fé sem virtude – requeriam era sarar, não desejavam Céu nenhum*", numa recusa persistente e continuada do Divino, muito pior do que seria a simples inversão da ordem prioritária aconselhada por Jesus Cristo ("*Buscai pois primeiramente o Reino de Deus, e a sua justiça: e todas estas coisas se vos acrescentarão*" – Mt 6:33)[1].

Por isso tudo é que, com este livro, pretendo contribuir, ainda que modestamente e de modo muito inicial, para a urgente tarefa de que os desenvolvimentos doutrinais e ritualísticos na Umbanda sejam não só aprofundados, como inclusive redimensionados, a fim de que não mais desprezem o domínio do simbólico, imprescindível que é para toda via espiritual digna do nome, mas em relação ao qual a literatura e a prática umbandistas silenciam de um modo constrangedoramente persistente.

Assim, espero que este livro demonstre a extraordinária densidade simbólica que há nos pontos cantados e, por extensão, em todo e qualquer elemento ritual umbandista, por mais desimportante que a desatenção, o superficialismo ou a má vontade façam parecer que são. Como ensina um dos pontos que interpreto neste livro, nós precisamos *apurar o nosso olhar* se quisermos ver não apenas a "*guiné*" visível do Congá, mas também e sobretudo a "*mironga*", o segredo que nele se oculta e que, como adverte o ponto, "*só pega quem puder*". Aliás, não é só a lira *da Aruanda* que nos conclama a ver e a ouvir as coisas de forma assim *detida e vagarosa*: a ela também fazem coro as liras de Drummond e de Pessoa, nestes seus versos magistrais:

As coisas. Que tristes são as coisas, consideradas sem ênfase.
Uma flor nasceu na rua!
(em "A flor e a náusea")

1. Aliás, se formos ver bem, essa pavorosa instrumentalização da espiritualidade é o motivo comum das "sete lágrimas do Pai Preto" referidas pelo Vô Matta no seu conhecido texto homônimo e assim "dedicadas": a primeira, aos curiosos que buscam "*distração*"; a segunda, aos que condicionam a crença à satisfação de suas necessidades mais triviais; a terceira, aos que, escravos de "*interesses estreitos*", vivem "*eternamente tratando de 'casos' nascentes uns após outros*"; a quarta, aos que, cheios de "*mazelas*" e "*paixões*", pensam que a religião deve estar a serviço de suas picuinhas retaliatórias; a quinta, aos pragmáticos que, crendo ou não, apenas buscam benefícios de uma força que não compreendem nem querem compreender; a sexta, aos fúteis que andam de Terreiro em Terreiro buscando apenas "*aconchegos e conchavos*"; e a sétima, aos vaidosos, que se valem do Templo apenas para adornar suas imagens, ou ao menos para aliviar certos déficits de autoestima.

A mim ensinou-me tudo.
Ensinou-me a olhar para as coisas.
Aponta-me todas as coisas que há nas flores.
Mostra-me como as pedras são engraçadas
Quando a gente as tem na mão
E olha devagar para elas.
(no "Poema do Menino Jesus")

Com seriedade e alegria – pois foi assim que aprendi que deve ser –, ouçamos cada vez mais nitidamente o lírico e eloquente silêncio do Congá.

Que a leitura deste livro seja espiritualmente proveitosa a todos!

Aranauan, Saravá, Axé!

Curitiba, primavera de 2021.

Sobre este livro

"Lira" é um instrumento musical do feitio de uma harpa. Por sua importância simbólica no contexto helênico, o termo "lírico" passou a ser empregado não apenas para designar aquilo que dizia respeito mais direta e literalmente ao referido instrumento, mas também e especialmente para se referir às artes de um modo geral, com ênfase na música e na poesia. Então, este termo tem uma formidável ambiguidade, muito bem-vinda, aliás, a este livro: refere-se ele tanto à constituição musical (dimensão emocional), quanto aos versos da arte poética (dimensão cognitiva). Portanto, a "Lira da Aruanda" significa, aqui, o repositório de verdade e beleza constituído pelos pontos cantados de Terreiro: ela é, a um só tempo, o Magistério e a Arte com que nossos Ancestrais Ilustres nos ensinam e comovem.

Nesse contexto, o presente livro tem: *(i)* por objeto a interpretação simbólica da letra e da constituição musical de quarenta pontos cantados de Umbanda que selecionei e agrupei em função de determinados motivos simbólicos comuns que, por sua vez, constituem o eixo temático de cada capítulo; e *(ii)* por objetivo a demonstração de que os pontos cantados (e, consequentemente, todos os elementos ritualísticos) podem ser interpretados e vivenciados de forma muito mais profunda e espiritualmente relevante do que em geral é o caso.

Para isso, era necessário que o leitor pudesse ouvir os pontos antes de ler os comentários interpretativos que fiz a cada um deles, razão pela qual gravei-os todos, acompanhado pela orquestra ritualística conduzida com a destreza invulgar de Mestre Obashanan (William do Carmo Oliveira). O leitor encontrará as quarenta gravações no canal "*Lira da Aruanda*", mantido no *YouTube*, ou solicitá-las por *e-mail* (liradaaruanda@gmail.com).

Gravei apenas os quarenta pontos que interpretei no livro, de modo que os pontos que citei no texto de forma lateral e secundária, às vezes apenas em notas de rodapé, poderão ser solicitados a mim pelo leitor interessado, através do *e-mail* já mencionado.

Outros pontos cantados, relativos a outros temas simbólicos poderão eventualmente ser abordados em futuros volumes, de modo que, se isso ocorrer, a *Lira da Aruanda* poderá vir a ser uma coleção de tomos dedicados à exegese simbólico-musical de nossa tradição.

Todos os pontos foram partiturizados pelo amigo Filipe Oliveira e por mim, pianistas que somos, ele muito mais do que eu. Naturalmente, o leitor não versado em música e teoria musical poderá simplesmente desconsiderar tanto as partituras (que foram feitas mais com o intuito de registro formal dos cânticos), quanto as minhas notas interpretativas de caráter técnico-musical mais denso (que, por razões óbvias, interessarão mais ao público especializado, mas cuja incompreensão pelo público não versado em nada comprometerá a compreensão do restante do livro).

No Apêndice, acrescentei uma Nota Técnica na qual, além de divulgar as claves básicas dos ritmos que acompanham os pontos interpretados (Nagô, Kabula, Ijexá, Barravento e Congo), também expliquei brevemente a minha decisão de transcrever todos os pontos em dó maior (ou em sua tonalidade relativa: lá menor), e não segundo a relação entre tonalidades e Orixás sugerida na literatura clássica da Umbanda Esotérica.

Introdução

Arte sacra e simbolismo religioso

A arte, em suas várias modalidades, e além da esfera de relativa autonomia de seus fins, desempenha papel metodológico decisivo para o alcance de diversos fins visados pela religião. Assim como acontece com quase todas as coisas, a arte é tanto um fim em si quanto um meio para outros fins: em seu domínio específico, justifica-se por si mesma e se basta a si própria, mas também pode, simultaneamente, ser empregada como meio concorrentemente eficaz para os fins específicos dos outros domínios da cultura: a religião, a filosofia e a ciência[2]. Sem deixar de conter aquilo que gosto de chamar, um tanto paradoxalmente, de uma "imprescindível inutilidade" (dimensão em que ela "não serve para nada", a não ser para a contemplação estética pura, autorreferente), a arte pode ser utilizada como meio auxiliar – e mesmo assim indispensável, em certos casos – para fins que não lhe dizem respeito diretamente.

Um exemplo esclarecerá o que quero dizer: a música tem sua razão suficiente em si mesma; o fato de ser bela já basta para lhe justificar a existência e, por isso, pessoas podem ouvi-la pura e simplesmente, sem mais nem porquê, apenas "porque sim"; isso não lhe impede, porém, de ser acessoriamente benéfica para inúmeras finalidades não estéticas, como o desenvolvimento da inteligência, a catarse das emoções e assim por diante.

O exemplo não é fortuito, pois diz respeito precisamente ao tema específico deste livro, que é a interface solidária entre música e religião: *(i)* de um lado, a religião se serve da música (abrangida, aqui, a poesia dos versos de seus cânticos sagrados), por sua capacidade de servir de valioso suporte à contemplação mística, à instrução doutrinal através de símbolos, à purgação catártica das emoções, à indução de estados interiores propícios às práticas espirituais *etc.*; e *(ii)* de outro lado, reciprocamente, a música

2. É claro que essas classificações (dos objetos, métodos e finalidades da religião, da filosofia, da arte e da ciência, esses quatro setores da cultura humana) não são nem podem ser rígidas ou estanques, razão pela qual sempre acabam oferecendo dificuldades, recaindo em certas aporias e apresentando inevitáveis "zonas cinzentas". Afinal, é sempre a pessoa inteira que está presente em suas experiências, sejam elas religiosas, filosóficas, artísticas ou científicas. Além disso, como estes setores têm denominadores comuns remotos quanto ao objeto (a realidade mesma) e quanto ao fim (otimização da relação entre o ser humano e a realidade), é inevitável que haja sempre, entre eles, mútua solidariedade e uma unidade de fundo entre os seus meios e fins específicos. Nada disso, porém, veda o emprego de tais classificações, pois, mesmo sendo apenas aproximativas (como o são inevitavelmente todas as classificações), elas são suficientemente vantajosas do ponto de vista didático-pedagógico.

(e, aliás, a arte de um modo geral) se serve da religião, na medida em que esta, por consistir em uma dimensão relevantíssima da vida humana, propicia-lhe não só um farto acervo de motivos artísticos valiosos, como também um poderoso motor de inspiração estético-criativa.

Isso tudo explica a razão pela qual não existe sistema religioso conhecido que não se valha da música como um de seus meios ritualísticos mais importantes[3]. No domínio da estética sacra, a música ritual (essencialmente dinâmica e auditiva) desempenha função bastante pronunciada e talvez até central, ao lado das artes plásticas (essencialmente estáticas e visuais, tanto as bidimensionais, como as ilustrações pictóricas de um modo geral, quanto as tridimensionais, como as estátuas, efígies, as próprias oferendas em sua dimensão estética *etc.*).

Com as religiões afro-brasileiras, naturalmente, não seria diferente: em seus Terreiros, há verdadeira profusão de motivos artísticos, todos com funções imprescindíveis para a tríplice dimensão da religião (doutrinal, ética e ritualística), como os pontos cantados, as efígies representativas dos Orixás e Ancestrais Ilustres, a beleza dos arranjos de preceitos, oferendas e arranjos florais, a harmonização olfativa dos Templos *etc.*.

Devido à importância decisiva que a arte desempenha no âmbito religioso, fica claro o seguinte: quem defende a simploriedade (geralmente valendo-se, sem direito, do termo "simplicidade"), só o faz porque considera a beleza como um adorno desnecessário e mais ou menos excessivo, estando por isso impossibilitado de compreender e de ser beneficiado pelos frutos do importantíssimo papel que a arte desempenha na vida espiritual. Por essa razão, do ponto de vista musical, não é um luxo extravagante, mas uma necessidade inegociável, que os Terreiros se empenhem em contar com boa instrumentação ritualística e em fomentar ao máximo o aperfeiçoamento técnico-vocal de seus adeptos.

Mais algumas considerações poderão servir de reforço a esta compreensão, que inibe o aviltamento da arte no contexto da religião: a obra de arte, além de outras coisas, é a representação concreta de ideias (num

3. E se a música é tão relevante para a vida espiritual, então várias analogias entre os dois campos são válidas, lançando luzes um ao outro. Assim, as atividades de *(i)* ler textos doutrinais autorizados, *(ii)* compreendê-los de verdade, *(iii)* aplicar concretamente suas verdades à vida concreta e *(iv)* acessar por si mesmo verdades de complexidade equivalente são atividades respectivamente análogas a *(i')* analisar partituras de grandes compositores, *(ii')* ouvir, compreender e fruir eficazmente as suas músicas, *(iii')* tocá-las de forma virtuosística ou ao menos plenamente satisfatória e *(iv')* compor músicas de qualidade similar. Aquelas atividades são tão distintas entre si quanto estas o são, por mais relacionadas que possam estar umas às outras e por mais benéfica que seja a sua associação circularmente virtuosa.

sentido próximo ao platônico) e de tudo quanto esteja acima do nível grosseiro da matéria sensível; por meio da criatividade e da habilidade técnica do artista, ideias e valores são expressos e concretizados em formas perceptíveis à sensorialidade humana. A arte promove, então, verdadeira mediação entre o invisível e o visível, entre o abstrato e o concreto, entre o espiritual e o material, o que é obviamente pertinente à religião e aos seus propósitos específicos.

Longe, portanto, de pretender apenas dar às pessoas certo deleite estético (embora tal finalidade evidentemente não seja dispensável ou desprezível), função à qual se reduz significativamente a arte profana (e nem sequer esta é sempre bem desempenhada), a arte sacra tem a capacidade de velar e desvelar conhecimentos (*aspecto simbólico-mental*), traduzir, harmonizar ou induzir sentimentos e emoções (*aspecto afetivo*), com base em formas concretizadas na matéria e percebidas pelas vias da sensibilidade física (*aspecto físico denso*), cercando a pessoa "por todos os lados", já que ativa todas essas três instâncias fundamentais da personalidade humana.

No contexto espiritual, a obra-prima consiste em verdadeiro véu que ao mesmo tempo oculta e revela verdades doutrinais por meio da linguagem silenciosa – mas eloquente – do símbolo, que ativa os três domínios fundamentais da pessoa: *(i)* instiga e ativa a inteligência (contemplativa e racional) para que seja decifrado; *(ii)* desencadeia processos afetivo-emocionais, por vezes particularmente intensos e arrebatadores, visando à catarse (purificação) de conteúdos emocionais bloqueados, reprimidos ou desorganizados e, também e mais especialmente, à otimização das condições necessárias para que os adeptos alcancem certos estados interiores que os predisponham aos fins próprios da via espiritual em questão; e *(iii)* no nível físico propriamente dito, o símbolo se constitui de elementos materiais (luzes, sons, aromas *etc.*) que tornam ativa e cada vez mais refinada a percepção sensorial humana.

Como se vê, a arte atinge a pessoa em todas as estruturas que compõem a sua personalidade, como o faz tudo o que, para ele, é existencialmente relevante: a arte informa, emociona, comove e sensibiliza a pessoa (no duplo sentido que todos esses verbos têm), colocando-o em contato com conteúdos cognitivos, afetivos *etc.* que, sem ela, provavelmente ficariam confinados aos limites do inconsciente e, portanto, teriam, no máximo e na melhor das hipóteses, uma eficácia puramente acidental, aleatória.

Para que os cânticos sagrados tenham sua eficácia potencial realmente aproveitada, os adeptos devem se relacionar com eles, no rito, do modo mais abrangente (*extensão horizontal*) e mais profundo (*intensão vertical*) possível:

(a) do ponto de vista da *abrangência*, deverão: *(i)* no *domínio mental*, ter a posse prévia dos diversos conhecimentos necessários à interpretação de suas letras e de sua constituição musical; nesse nível, os pontos consistem em verdadeiros símbolos nos quais se condensam e se compactam, analogicamente, inúmeras informações de ordem doutrinal; *(ii)* no *domínio afetivo*, "deixar-se levar" pela tonalidade emocional de cada um dos vários pontos, não só à luz do conteúdo semântico de suas letras, mas também dos aspectos melódicos, harmônicos e rítmicos de que são constituídos; e *(iii)* no *domínio físico*, ter sensibilidade fina e atenta para poder captar não só os elementos cognitivos e afetivos mais óbvios e evidentes, mas também muitas nuances e sutilezas sempre presentes e sempre relevantes, além de comover-se fisicamente, permitindo que o corpo se deixe conduzir sobretudo em virtude do ritmo;

(b) já do ponto de vista da *profundidade*, todas as faculdades da personalidade humana (a razão, o intelecto, a imaginação, a emoção, o sentimento, a vontade, a percepção sensível, a ação *etc.*) deverão ser progressivamente desenvolvidas e reciprocamente articuladas, de modo a que, na razão direta desse desenvolvimento, o desempenho e o aproveitamento da eficácia ritual sejam cada vez maiores.

Basicamente, os pontos cantados são constituídos de dupla dimensão: a *letra*, por um lado, e a *música* propriamente dita, por outro, pelo que faço, desde já as seguintes considerações a respeito:

(a) quanto à *letra*, quero enfatizar o seguinte: no caso específico da Umbanda, as letras dos pontos cantados, além da importância geral que os cânticos sagrados têm em todas as tradições, ainda têm uma importância especial. Por se tratar de uma religião que não teve ainda o tempo necessário para se desenvolver formal e materialmente no que diz respeito à sua doutrina, através dos esforços humanos destinados para isso, as letras de seus pontos cantados constituem um *manancial originário de informações* relevantes, uma vez que grande parte deles é revelada diretamente pelos Ancestrais Ilustres, razão pela qual há, neles, informações doutrinais fidedignas, ainda que simbolicamente compactadas e, por isso, mais ou menos veladas;

(b) quanto à música *em geral*, ela é basicamente constituída de melodia, harmonia, ritmo e timbre (respectivamente associados ao Ar, à Água, à Terra e ao Fogo). Quanto aos três primeiros fatores, é possível notar uma forte correlação entre eles e as três estruturas da personalidade humana, assim: *(i)* entre a melodia e a mente; *(ii)* entre a harmonia e a afetividade; e *(iii)* entre o ritmo e o corpo físico. O impacto *emocional* da harmonia e a comoção *física* do ritmo são já muito bem conhecidos, mas há ainda outro motivo pelo qual gostamos de música: mais diretamente relacionado à melodia, trata-se de um mecanismo lúdico-*mental* de predição, de brincadeira divinatória, das notas que estão por vir a cada passo. O interessante é que esse mecanismo nos causa prazer não só quando a antecipação é feita *a contento* (ou seja, quando adivinhamos a nota que irá soar), mas também quando ela é *frustrada* por alguma surpresa melódica (isto é, quando erramos aquela antecipação imaginativa). Para a nossa mente, é agradável tanto o *êxito* de seu poder preditivo (regularidade), quanto o seu *fracasso* (surpresa), ambos lhe sendo igualmente deleitosos, cada um ao seu modo peculiar. E isso vale – e deve mesmo valer – não só para a música: devemos aproveitar tanto o lado bom da regularidade quanto o da surpresa que há no mundo e nas circunstâncias da vida. É maravilhoso conhecer o real em sua face ordenada e previsível, tanto quanto o é não poder explicar o seu lado persistentemente misterioso e indomável;

(c) já a música *de Terreiro*, em especial, é basicamente constituída de melodia, ritmo e timbre, cujas variações mais notáveis são as seguintes: *(i)* a *melodia* pode ser formada por tonalidades em "modo maior" (em geral, "alegres") ou em "modo menor"[4] (na maioria das vezes, "graves" ou "melancólicas") e o desenho melódico dos pontos pode ser mais contínuo, ou mais saltado,

4. Toda peça musical, para ser composta, pressupõe a utilização de uma porção delimitada do conjunto total dos sons. Independentemente de qual seja essa porção, ela sempre terá uma nota inicial, um ponto de partida que servirá como nota de referência para a noção de repouso e de resolução. Esta nota fundamental é chamada de "tônica", por "dar o *tom*" (ou *tonalidade*) da música em questão. Já o *modo* da escala – conceito distinto do de *tonalidade* – será determinado não por sua nota fundamental, mas pela forma específica com que se distribuem os tons e semitons em seu interior. A música ocidental moderna conhece apenas dois modos: o *maior* (caracterizado por ser mais alegre, expansivo, leve, claro) e o *menor* (em geral melancólico, introspectivo, pesado, escuro).

A escala de dó, por exemplo, pode ser maior ou menor. No primeiro caso, as notas serão: dó, ré, *mi*, fá, sol, lá e si. Já no segundo, serão: do, ré, *mi bemol*, fá, sol, lá e si (escala de dó menor natural). A principal diferença entre os dois modos está, portanto, na *terceira nota* da escala: *(i)* se ela fizer com a primeira nota um intervalo de "terça *maior*" (dois tons de diferença), então a sonoridade da escala será alegre, aberta, luminosa *etc.*; mas *(ii)* se ela fizer com a primeira nota um intervalo de "terça *menor*" (um tom e meio de diferença), então a sonoridade da escala será mais melancólica, fechada, escura *etc.*.

mais simples ou mais complexo *etc.*; *(ii)* o *ritmo* pode ser mais regular de modo a favorecer estados meditativos-contemplativos, ou mais sincopado de modo a favorecer estados festivos (dança); de outra parte, o seu *andamento* pode ser mais célere e vigoroso ou mais calmo e sereno, e assim por diante; e *(iii)* a variação de *timbre* pode estar simbolicamente associada aos quatro elementos do seguinte modo: os tambores à Terra, os chocalhos à Água, o agogô ao Fogo e a voz humana ao Ar; além disso, por exemplo, certos pontos podem ser cantados exclusivamente por vozes agudas, outros apenas por vozes graves, ou mediante jogral intercalado entre o coro masculino e o feminino, o que também consiste em espécies de variação simbólico-timbrística.

Como já antecipei acima, nessas duas dimensões existem diversos elementos, por vezes apenas muito discretamente insinuados nos pontos, que exigem fina sensibilidade e destreza imaginativa e intelectual para que possam ser captados, compreendidos e, só então, aproveitados pelo adepto. Alguns exemplos disso são os seguintes:

(a) no ponto cantado "*Lanceiros da minha Umbanda, ouvi os Clarins de Ogun chamar!...*"[5], o verbo "*ouvi*" oferece ambiguidade muitas vezes despercebida, por eventual falta de conhecimento de ordem gramatical: ele pode ser cantado e ouvido como *(i)* verbo no *pretérito perfeito do indicativo* (como, por exemplo, em "Eu *ouvi* o pássaro cantar") – e nesse caso o sujeito lírico do ponto está simplesmente afirmando que ouviu os Clarins de Ogun soarem, ou como *(ii)* verbo no *imperativo* e na segunda pessoa do plural (como, por exemplo, em "*Ouçam* o pássaro cantar!") – e nesse caso o sujeito lírico do ponto está conclamando os filhos do Terreiro a ouvirem o chamado dos Clarins de Ogun, o que, evidentemente, muda todo o contexto semântico, simbólico, cognitivo e até emocional de quem canta e ouve este ponto cantado, aliás de beleza ímpar;

(b) no ponto "*Adeus, Umbanda, adeus, Terreiro! Orixá, me alumia na Luz da Estrela Guia!*" há uma ambiguidade que só se resolve na escrita e que é a seguinte: o último verso pode significar: *(i)* "*Orixá me alumia na Luz da Estrela Guia.*", uma sentença *declarativa* (terminada por ponto final), em que "*Orixá*" é *sujeito* (e, nesse caso, não haveria vírgula depois dele, na linguagem escrita) e o verbo "*alumia*" está no *presente do indicativo*; aqui, portanto, o sujeito lírico apenas afirma o fato de que o Orixá o ilumina;

5. "*Lanceiros da minha Umbanda, ouvi os Clarins de Ogun chamar! / Acordem, meus Guerreiros, que Ogun está de ronda! / Ele é Orixá, Ele é Beira Mar, Ele é Beira Mar!*"

ou *(ii)* "*Orixá, me alumia na Luz da Estrela Guia!*", uma sentença *exclamativa* (terminada por ponto de exclamação), em que Orixá é *vocativo* (daí porque esteja, nesse caso, separado por vírgula) e o verbo "*alumia*" está agora no modo *imperativo*; aqui, então, o sujeito lírico roga, pede, implora que o Orixá o ilumine; trata-se agora de uma petição relativa a fato eventual e futuro, e não mais de uma mera afirmação de um fato atual. Na forma cantada (não escrita), os dois sentidos são possíveis e a ambiguidade em questão só se desfaz na forma escrita (pela vírgula ou ausência dela; e pelo ponto final ou de exclamação). Segundo minha interpretação, o segundo sentido é preferível ao primeiro, não apenas porque é mais condizente com a postura devocional (trata-se de um ponto em que os adeptos "batem cabeça" no Congá para se retirar dele, após o rito), mas também porque, musicalmente, o trecho "*Orixá me alumia*" é constituído de aspectos rítmicos e melódicos que, por sua intensidade emocional, aludem antes a fatores como petição, rogo, pedido *etc.* do que a uma mera descrição factual;

(c) no ponto "Ô, Mata! Ô, *Mata medonha! Ô, Mata medonha, meu Deus!, eu vou pisar nela! Ô, Mata medonha, meu Deus!, eu vou passar nela!*", existe um contraste magnífico entre o caráter assustador, terrível, perigoso da "*Mata*" (nesse contexto, o mundo material, em oposição [relativa e ilusória] ao mundo espiritual) e a contagiante alegria do ponto, veiculada pelo ritmo do "samba" (Kabula) e pelo caráter festivo da melodia. Esse contraste sugere pelo menos duas coisas: *(i)* num nível mais óbvio e de superfície, que a Entidade, vendo o mundo onde estamos, embora se espante com o aspecto caótico dos pensamentos, sentimentos e ações humanos, mesmo assim vem alegremente até nós; mas *(ii)* num nível mais profundo, que a "*Mata*" – aqui significando o universo manifestado em sentido amplo (dimensões física, astral e mental) – não é tão ruim quanto parece, o que tem implicações doutrinais e éticas as mais importantes e formidáveis, sobre as quais falarei mais demoradamente ao longo do livro. De um modo geral, porém, isso significa que nós, umbandistas e religiosos afro-brasileiros, sem deixarmos de reconhecer lúcida e realisticamente os diversos dissabores que são experimentados nessa "*Mata*", consideramos que é bom "*pisar*" nela (ou seja, nela *estar* e *permanecer*), assim como é bom "*passar*" por ela (isto é, *transcendê-la* em algum sentido), ambas as coisas tendo sua dignidade e seus deleites próprios;

(d) no ponto "*Soprou na Cachoeira / Trovejou* lá na *Pedreira / Chamei minha Muganga de Guerra / Joguei Água na Terra*", bastante utilizado para a "firmeza" das Tronqueiras[6], fica evidente a alusão aos quatro elementos (pela ordem, Ar, Fogo, Água e Terra, ou seja, do mais sutil para o mais denso), mas essa é apenas a primeira camada, a mais óbvia, de suas alusões simbólicas. Em uma camada mais discreta de significação, o ponto ensina que há coisas em relação às quais dependemos da Graça ou Providência Divina e outras para as quais são necessários esforços nossos, pessoais, humanos; essa noção distintiva é uma mediania virtuosa, incompatível tanto com a soberba pretensamente autossuficiente, quanto com a dependência literalmente irresponsável que terceiriza toda a responsabilidade por nossos êxitos e fracassos aos Orixás e Entidades. Essa interpretação só se capta se se tiver a fina sensibilidade necessária para se perceber que os verbos relativos aos elementos mais sutis (Ar e Fogo) estão conjugados na *terceira pessoa* ("*soprou*" e "*trovejou*"), ao passo que o verbo relativo aos mais densos (Água e Terra) está conjugado em *primeira pessoa* ("*joguei*"). Eis uma nuance muito sutil, elegante e fecunda de significado, que só pude captar depois de quase uma década cantando e ouvindo este ponto no Terreiro.

Conhecimento doutrinal também é necessário, por vezes, para captar certas nuances dos pontos cantados, como exemplifica bem o seguinte: "*Xangô rolou a Pedra na Pedreira / E o Mar estende o Manto de Yemanjá / Mamãe Oxun cantou na Cachoeira / E a Espada de Ogun a batalhar / Ogun Megê,[7] vem d'Aruanda Seus filhos proteger*". Para não falar de sua rara beleza melódica, direi o seguinte: sem qualquer conhecimento teológico-doutrinal não se entenderá por qual motivo são invocados, dentre todos os Orixás, Xangô, Yemanjá, Oxun e Ogun, especificamente; parecerá uma seleção aleatória, arbitrária. Mas basta que se conheça o fato de que um dos denominadores comuns simbólicos entre todos

6. "Tronqueiras" é o nome dos espaços sagrados do Terreiro que, consagrados a Exu, localizam-se logo na entrada e são dotados das funções de proteção, limpeza, purificação *etc.*, ou seja, do equilíbrio energético-sutil do rito. Sobre o tema, dedicarei um capítulo inteiro deste livro (capítulo II).

7. Aqui há a mesma ambiguidade já comentada acima – só percebida a partir da posse de certo conhecimento gramatical – a respeito de "*Ogun Megê*", aí, ser *vocativo* (hipótese em que deve haver vírgula) ou *sujeito* (caso em que não se pode ter vírgula): se se trata de vocativo, então este último verso contém um *pedido*, pelo qual os Filhos de Ogun Megê lhe rogam, respeitosamente, que venha de Aruanda para protegê-los; mas se se trata de sujeito, então o verso apenas *descreve o fato* de que Ogun Megê está vindo de Aruanda para proteger Seus filhos.

esses Orixás é o elemento Água, e imediatamente se perceberá pelo menos um dos motivos desta seleção.

Igualmente, é preciso conhecimento musical para aferir certas implicações simbólicas presentes na musicalidade dos pontos. Um exemplo bastante interessante é o que exige a compreensão do que sejam as escalas *maiores* e *menores*, com o caráter essencialmente alegre, aberto e luminoso das primeiras, de um lado, e o caráter tipicamente melancólico, fechado e escuro das últimas, como ilustram os seguintes exemplos:

(a) o ponto "*Ayé Bàbá Òké lelê Xangô / Fui na Sua Pedreira / Sua Pedreira estourou / Eu chorei, eu gritei / Me valeu Seu Pedra Preta / Que é um Caboclo de Xangô*" usa o modo maior e o modo menor de modo revesado (menor no primeiro, no terceiro e no quarto versos; maior nos demais). Isso, por si, já gera uma instabilidade melódico-emotiva que reproduz o fato de que a vida é integrada por aspectos felizes, mas também por aspectos infelizes, o que afasta tanto a concepção amarga de que a vida e o mundo são maus, quanto a concepção ingênua que desconsidera o mal e o sofrimento que, neles, também têm lugar. Além disso, é pertinente o fato de o modo menor ser utilizado *(i)* no verso que enfatiza a distância de Xangô em relação a nós, mediante o uso da imagem da altura dificilmente alcançável das montanhas (*Òkè*, em yorubá); *(ii)* no verso que utiliza o verbo "*estourar*" para se referir à Pedreira de Xangô, representando o rigor da Lei Divina; e *(iii)* no verso em que o sujeito lírico diz chorar e gritar, talvez justamente pelos impactos dessa mesma Lei. Paralelamente, o modo maior é utilizado *(i)* no verso em que o sujeito lírico se dirige ao sítio natural consagrado a Xangô ("*Fui na Sua Pedreira*"), diminuindo a distância entre o humano e o Divino; e *(ii)* nos dois últimos versos, em que ele é acolhido por um Emissário de Xangô, o que alude ao polo dialético contrário ao do Rigor: o da Misericórdia[8];

(b) em outro ponto, também do Caboclo Pedra Preta, esse mesmo "final feliz" é retratado, mas agora na letra e não tanto na melodia. O ponto é o seguinte: "*Vi o Dia escurecendo / Dentro da*

8. Este ponto, apesar das incursões episódicas no modo menor, é finalizado em modo maior, o que constitui símbolo melódico dos "finais felizes" das histórias e enredos míticos em geral. A finalização em modo maior, aliás, é um recurso abundantemente empregado na música ocidental barroca; confira-se, nesse sentido, o modo de finalização recorrentemente empregado por J. S. Bach em seu Cravo Bem Temperado, no qual mesmo os Prelúdios e Fugas escritos em modo menor são quase sempre finalizados em modo maior, como que num *happy end* musical, tão súbito quanto inevitável.

Noite gemendo / Vi Trovão no Céu gritando / E a Cachoeira chorando / É Xangô da Pedra Preta / E a Sua Banda me chamando / Sua Pedreira clareando". É digno de nota que os verbos utilizados para se referir aos eventos naturais (lembrando que Natureza, aqui, é símbolo do Destino) são todos de valência semântica negativa ("*escurecendo*", "*gemendo*", "*gritando*", "*chorando*"), o que ocupa a porção majoritária do ponto. Porém, ao final, após o Chamado, subitamente, a Pedreira (que aqui é Natureza, mas enquanto Morada Divina, por ser o sítio natural consagrado a Xangô) é sede não de algum evento negativo, como todos os anteriores, mas do evento positivo por excelência: a iluminação espiritual ("*clareando*"). A propósito, a utilização do verbo no gerúndio ("*chamando*" e "*clareando*") indica que a Iniciação é um processo paulatino e gradual para o qual, geralmente, são necessários vários anos de vivências espirituais sob a orientação de um mestre.

Como se vê, este livro, embora tenha como objeto próximo a música sacra afro-brasileira, terá também como objeto remoto, ou indireto, aspectos doutrinais, teológicos, metafísicos *etc.*, já que tais conteúdos estão implícitos e simbolicamente compactados nos pontos cantados.

Aliás, preciso dizer, de passagem: o mesmo cuidado hermenêutico que se deve ter com os pontos cantados obviamente se deve ter, também, com as artes plásticas, outra modalidade artística largamente utilizada nos Terreiros, que se vale inteligente e criativamente de cores, formas, volumes e linhas, que são organizados de modo a, assim como a música o faz por meio dos sons e da letra dos cânticos: *(i)* transmitir determinadas informações veladas por símbolos, mas reveladas por sua interpretação, além de servir de foco de atenção, para facilitar a concentração mental do adepto em suas práticas espirituais; *(ii)* despertar e manifestar no adepto determinados sentimentos e emoções, de acordo com o que está ali representado; e *(iii)* ativar e refinar a atenção e a observação.

Dois grupos de exemplos são particularmente notáveis, nesse domínio: o das efígies ou imagens e o dos preceitos e oferendas.

Quanto às efígies, quero fazer referência ao fato de que, em nosso Congá, por exemplo, há três imagens: o Caboclo, que está em pé, altivo e soberano; o Preto Velho, que está sentado, meditativo e reflexivo; e a Criança, que está prostrada, de joelhos, reverente. Essas três posturas simbólicas retratam as formas específicas e corretas com as quais devemos nos relacionar com os três níveis fundamentais da realidade: em relação à dimensão *material*, devemos ter uma postura de altivez e domínio; em relação à dimensão *humana*, uma postura de reflexividade, horizontalidade e igualdade; e em relação à dimensão *divina*, uma postura de reverência e devoção. O problema é que costumamos embaralhar esses níveis de realidade e suas respectivas posturas, estando aí a razão e a causa de muitos de nossos equívocos e sofrimentos: é comum estarmos prostrados diante de nós mesmos (narcisismo, vaidade) ou diante da matéria (hedonismo vulgar); ou altivos e até desdenhosos em relação ao Divino; ou em posição de igualdade indevida, seja com a matéria bruta, seja com o Divino; *etc.*. O Congá, sem alardes e simbolicamente, nos dá então as chaves para uma reorganização interna, restaurando a forma adequada, ergonômica por assim dizer, de nos relacionarmos com a realidade.

Já os preceitos, as oferendas e as ornamentações dos ritos constituem elementos que, sendo construções dotadas da *função natural-objetiva* de atrair, fixar, invocar e representar os Orixás e Entidades, não deixam de ter, simultaneamente, natureza artística e, portanto, *função estético-simbólica* (que, aliás, também contribui, ela mesma, para a função objetiva anteriormente referida). Vejam-se dois exemplos contrastantes:

> **(a)** um preceito para Ibeji é geralmente constituído de elementos doces, coloridos, suaves e delicados: ao ver um tal preceito, o adepto: *(i)* no campo *mental*, observará o seu possível formato triangular (número 3, associado a essa Deidade), o predomínio da cor rósea e outras correspondências do Orixá com a Natureza (como, por exemplo, o manjericão ou o morango *etc.*), inteligindo os Seus atributos próprios (otimismo, alegria, felicidade *etc.*); *(ii)* no domínio *emocional*, serão ativadas emoções e sentimentos condizentes com a tonalidade afetiva do Orixá que, no caso, é de alegria, doçura, amor, saúde, expansividade, deleite *etc.*; a reação emocional é instantânea e decorre da interação simbólica com os elementos que constituem o preceito; e *(iii)* a relação com a Divindade em questão também ocorrerá em nível *corporal*, a partir da visão de suas cores, formas geométricas e símbolos, da audição de seus cânticos próprios, da olfação dos aromas a ele atribuídos (pois há também simbolismos olfativos, e não apenas visuais ou auditivos), da gustação de alimentos a ele atribuídos (material ou simbolicamente), da relação táctil com seus artefatos sagrados e assim por diante;
>
> **(b)** bem outra é a reação do adepto, em todos os níveis de sua personalidade, a um preceito direcionado a Exu, por exemplo:

por ser constituído de objetos menos delicados, mais escuros e viris, com a utilização do preto, do cinza e do vermelho, a presença de figuras como tridentes ou espadas e de elementos como alho, sal grosso, pimenta, dendê *etc.*, tal preceito desencadeará outros pensamentos, outros sentimentos e outras sensações: *(i)* em nível *mental*, perceberá o adepto a sua possível estrutura octogonal (representativa da Encruzilhada, a Cruz Circulada dos Quatro Elementos dinamizados por Exu através da Magia), a interação cromático-simbólica do branco, do vermelho e do preto (as três modalidades fundamentais do Axé) e, inteligindo tais fatores dentre outros, imediatamente terá noção de algumas das importantes funções desempenhadas por Exu, como a vitória de guerras e demandas, a execução da Justiça Kármica, a frenagem e desagregação de baixas vibrações dinamizadas por *kiumbas* (espíritos inferiores) *etc.*; *(ii)* a reação *emocional*, também instantânea, é a de seriedade, alerta, gravidade, pois "Exu não vem brincar" (pelo menos não sempre, como diz um ponto cantado[9]), diante dele é preciso refletir e prostrar-se respeitosamente (pois Ele é *Mojubá*...); os objetos pontiagudos como agulhas, tesouras, espadas, facas, ponteiros fazem com que o preceito se revista de um caráter algo bélico (no mínimo, para defesa contra agressões externas) e isso se reflete em uma postura emocional conforme tais atributos; e *(iii) fisicamente*, as sensações (visão, audição, olfação, gustação e tato) aqui ativadas provocam, por exemplo, reações instintivas de prontidão e alerta, pela ativação de mecanismos animais aptos a detectar sinais de perigo *etc.*.

À luz de tudo o que expus acima, percebe-se a importância capital que a arte tem para a vida espiritual nos Terreiros, bem como o nível de profundidade e sutileza que a interpretação dos símbolos visuais, auditivos, olfativos, gustativos e táteis pode ter, caso haja refinamento e capacidade para isso.

Aliás, essa capacitação imprescindível ao aproveitamento eficaz das vivências espirituais não é necessária apenas no domínio da arte religiosamente aproveitada, mas de todos os fatores que constituem uma religião, que podem ser basicamente – e talvez muito esquematicamente – resumidos assim: *(i)* no *domínio mental*, a Doutrina, associada à função *cognitiva*, e a Simbólica, associada à função *imaginativa*; *(ii)* no *domínio astral*, a Mística Devocional, associada à função *afetiva*, e a Ética,

9. "*Quem deve paga, quem merece recebe / Ô, você quem deve, vai pagar na Encruzilhada / Exu não vem brincar, Exu vem no Reino pra trabalhar*".

associada à função *volitiva*; e *(iii)* no *domínio físico denso*, a Arte Sacra, associada à função *perceptiva* (ou *sensorial*), e a Ritualística, associada à função *ativa* (ou *motora*).

De fato, há fundamentalmente dois *modos de participação* das vivências espirituais:

> (**a**) de um lado, o modo *predisponente*, *qualificado* ou *eficaz*, caracterizado: *(i)* pelo grau significativo de abrangência e de *profundidade* das estruturas da personalidade do adepto (razão, imaginação, emoção, percepção *etc.*) que estão ativas durante as práticas espirituais; *(ii)* pelo grau de *consciência* e de *intencionalidade* com que estas práticas ocorrem, em função do quanto o adepto está verdadeiramente presente nelas; e *(iii)* pelo grau de *coerência* ou *integração* daquelas estruturas da personalidade do adepto, em função do quanto são mutuamente solidárias umas às outras;
>
> (**b**) de outro lado, o modo *inibitório*, *desqualificado* ou *ineficaz*, caracterizado, ao revés: *(i)* pelo caráter *restrito* e *superficial* com que as diversas estruturas da personalidade do adepto estão ativadas durante as práticas espirituais, em função de hipertrofias de umas e atrofias de outras (racionalismo, sentimentalismo *etc.*); *(ii)* pelo caráter *inconsciente* e *involuntário* dessas mesmas experiências, em função de ausências, distrações, desvios de foco, desinteresse *etc.*; e *(iii)* pelo caráter *conflituoso* e *incoerente* que há entre as várias estruturas da personalidade do adepto, em função do quanto o funcionamento de cada uma prejudica – ou mesmo sabota – o das demais.

Como fica claro, a vida espiritual é dotada de uma complexidade tal que seus frutos exigem, a cada passo, doses crescentes de *integração* e de *capacidade* internas. Como aprendi ainda criança com a Velha Cambinda, a Umbanda é como um vasto Mar ao qual acorrem pessoas que portam Recipientes com distintos graus de capacidade (Ela falou em "dedal", "copo" e "balde", se bem me lembro), tudo em função da necessidade que julgam ter. Segundo a Preta Velha, porém, há também aqueles que, não querendo apenas partes destacáveis deste Mar, percebem que o maior "recipiente" daquela gradação anterior é simplesmente mergulhar nele, mediante uma surpreendente e radical inversão entre continente e conteúdo.

Capítulo I
A Luz Divina

É natural, previsível e mesmo necessário que, tratando-se os pontos cantados de cânticos religiosos, muitos deles versem expressamente sobre a luz, símbolo máximo da Divindade Suprema, dos Orixás e, ao mesmo tempo, da essência mais íntima e radical dos homens: a pura consciência espiritual (*Orí Inú*)[10]. Por isso, a invocação do símbolo da luz é de importância obviamente central no domínio religioso em geral e no âmbito ritualístico em especial, já que uma das finalidades centrais das práticas religiosas é justamente a iluminação (ou deificação) de seus adeptos.

A experiência humana da luz e da treva é uma das nossas experiências mais fundamentais, considerando o prestígio que o sentido da visão tem na dinâmica existencial de um modo bastante geral. Imagine-se o ser humano antes da conquista do domínio eficaz do fogo e da luz artificial: diária e constantemente, ele tinha de se adaptar a diferentes intensidades de luz, até a treva total, na qual se via forçado a permanecer até que os primeiros raios solares o retirassem da temível situação. O homem moderno não tem mais a experiência de uma subjugação forçada à escuridão, pois pode facilmente compensar a treva da noite com a luz elétrica (o que, aliás, está longe de ser uma conquista destituída de riscos). Porém, mesmo assim, a espécie humana tem esta experiência gravada em seu imaginário e em sua memória ancestral.

O ser humano sempre soube que depende da luz para se situar no mundo e, assim, ter viabilizada a prática dos atos próprios de sua existência, inclusive os mais corriqueiros; mas, hoje, sabe ainda mais: que a fonte fundamental de luz (o Sol) é necessária para a própria vida terrestre. A importância física, química e biológica da luz para a vida, incluída naturalmente a a vida humana, simboliza a importância espiritual da Luz Divina para a própria existência universal, tratando-se, portanto, de símbolo que integra o chamado *simbolismo natural* (aquele que se extrai da relação franca e direta do ser humano com a realidade que o circunda) e que se reveste de índole verdadeiramente universal (presente em todas as tradições espirituais do mundo, sem medo de errar).

10. Neste livro, os termos em yorubá serão grafados de acordo com a grafia original, com exceção dos termos que, muito usuais, já foram apropriados pelo português, como "Axé" e "Orixá", por exemplo.

Nos pontos cantados, essa Luz pode ser aludida por vários *modos de expressão*, determinados que são tanto pelo *tipo qualitativo* da fonte luminosa, quanto pelo *grau quantitativo* de sua intensidade. Assim, ela pode ser representada: pelo Sol (nascente, a pino, poente *etc.*), pela Lua (em suas várias fases), pelas Estrelas em geral, pelo Fogo, pelo Raio *etc.*. Essa referência *plural* à luz é muito significativa: de dia, vemos só uma estrela, que ilumina mais; de noite, vemos várias outras, que iluminam menos, pois estão mais distantes; sem o Sol do dia, não teríamos vida; sem as Estrelas da noite, não compreenderíamos o Céu. Além da luz das Estrelas, há vários outros tipos de luz celeste, como a luz instantânea e fulminante dos Raios e a luz branda e tênue da Lua (que é, em verdade, a do próprio Sol refletida). A Luz fala várias linguagens na tentativa de chamar nossa atenção para o Alto, pois, talvez à exceção do Fogo (e só talvez), todas as demais vêm do Céu.

Aliás, essa diversidade não se verifica apenas *entre* os diferentes tipos de fonte luminosa: verifica-se, também, *no interior mesmo da luz branca*, já que esta, potencialmente, contém todas as cores, bastando que seja refratada por um prisma para manifestá-las, todas. Portanto, o fecundo *simbolismo das cores*, aliás utilizado abundantemente nas mais variadas tradições espirituais do mundo, integra, em verdade, o *simbolismo da luz*. Aliás, a propósito do simbolismo cromático, quero abrir um pequeno parêntese:

> **(a)** na Umbanda, a associação simbólica entre as cores e os sete Orixás é uma constante. Essa associação pode ser feita – e é feita – de acordo com vários critérios, que, aliás, não se excluem mutuamente. Dentre outros, faço referência aos seguintes: *(i)* pelo critério do simbolismo natural, Oxalá está associado ao branco (céu), Yemanjá ao azul (mar), Xangô ao marrom (pedra), Ogun ao vermelho (guerra), Oxóssi ao verde (mata) e assim por diante; *(ii)* ainda por dentro do critério simbólico-natural, já com outros referenciais, Oxalá e Yemanjá estarão associados respectivamente ao amarelo-ouro (Sol) e ao amarelo-pálido (Lua), assim como Oxóssi estará associado ao azul-celeste (elemento Ar); *(iii)* segundo critério simbólico mais abstrato, Xangô pode se associar ao verde (cor que está no centro do espectro da luz visível, assim como o chakra cardíaco está no ponto-médio dos sete chakras principais) e Exu pode ser associado ao cinza (por ser a cor resultante da interação entre o branco, relacionado à Luz ou ao Espírito, e o preto, relacionado à Treva ou à Matéria); e *(iv)* já os

Candomblés parecem levar em conta outro critério de associação simbólica, em que as várias cores quase sempre são redutíveis às três cores simbólicas das variantes do Axé (branco, vermelho e preto): o branco é apenas o branco; o vermelho abrange o laranja e o amarelo; e no preto estão o azul e o verde, por exemplo;

(b) mas as cores não são simbolicamente relacionadas apenas aos Orixás, como também o são, por exemplo, às três formas simbólicas de manifestação dos Ancestrais Ilustres na incorporação (Caboclos, Crianças e Pretos Velhos), hipótese em que são consideradas as três cores primárias. Em uma das possíveis associações, nesse contexto, tem-se o seguinte: *(i)* aos Caboclos, por representarem o nível físico, é associado o vermelho (das três primárias, a cor de menor frequência vibratória); *(ii)* às Crianças, por representarem o nível astral, é associado o amarelo (a cor que, das três primárias, tem frequência intermediária); e *(iii)* aos Pretos Velhos, por representarem o nível mental, é associado o azul (das três, a de mais elevada frequência vibratória).

Além da diversidade qualitativa da luz, tem-se, ainda, outro fator que torna plural o símbolo da luz. Trata-se da oscilação quantitativa da intensidade luminosa, oscilação que, além de ser ela mesma imprescindível para a vida, tem sua justificativa simbólica no seguinte: nós não temos condições de suportar por muito tempo a visão da Luz Divina (análoga, aqui, à luz solar); precisamos de sucessivas aproximações e afastamentos que, em movimentos cíclicos, modulem nossa exposição a ela, num movimento intermitente cujos extremos são a luz do meio-dia e a treva da meia-noite, passando por todas as gradações intermediárias ao longo do dia e da noite. Seja como for, o Sol, quase sempre misericordioso e sempre gratuito, mesmo quando a Terra se opõe a ele por seu movimento de rotação e faz noite, envia seus raios refletidos pela Lua, driblando nossa aversão à verdade fulgurante do Espírito.

Mas o símbolo da Noite não é negativo, como se poderia pensar a partir de um manejo simplista e redutivo do simbolismo da luz:

(a) o Sol, por sua luz intensa, nos faz ver a Terra, centrando nela a nossa atenção, ao passo que a escuridão noturna nos faz olhar para o Céu, o que nos permite conceber ao menos parte de sua imensa grandiosidade e estabelecer em nós um senso mínimo, ainda que precário, de transcendência. Ou seja: o modo de manifestação da luz pode ter o efeito de clarear a vida terrena (em sua face "diurna"), assim como pode ter o efeito oposto: o de, escurecida a Terra, revelar-nos o Céu (face "noturna" ou "trevosa"). Eis aqui uma formidável e talvez inesperada associação simbólica entre, de um lado, o Dia e a Matéria e, de outro, entre a Noite e o Espírito, o que constitui uma provocativa inversão da relação simbólica habitual entre o Dia e o Espírito (por conta da luz solar) e entre o breu da Noite e a Matéria (devido ao caráter impenetrável de ambos);

(b) aliás, a Noite, enquanto símbolo, revela que o Céu não deve ser cromaticamente associado apenas ao branco ou ao azul claro, que são as associações simbólico-cromáticas mais imediatas, e nem mesmo apenas ao vermelho ou ao alaranjado da aurora e do poente, mas inclusive – e talvez surpreendentemente – ao preto. Certa feita, o Exu Meia Noite rebateu o vício hermenêutico de se associar o preto a coisas negativas, infernais, diabólicas ou pelo menos irremediavelmente terrestres, dizendo algo como "*É curioso que se esqueça tão facilmente do fato de que o Céu é também preto e de que o preto é a 'cor' que mais absorve luz e calor*".

Existem, portanto, vários tipos de luz, o que representa o aspecto de Graça Misericordiosa e de oniabrangência do Divino: se a do Sol faltar (por ser noite), haverá a da Lua; se não houver esta (por se encontrar a Lua na fase de nova ou encoberta por grossas nuvens), haverá então a do Raio ou, ao menos, a do Fogo. Sempre há alguma luz que, de alguma forma, nos ilumina.

Por fim, rememore-se que o simbolismo da luz tem como uma de suas magnas referências a questão da *verdade*, que pode ser analisada desde duas perspectivas distintas:

(a) do ponto de vista *cognitivo*, a verdade, quando *inteligida*, opõe-se ao *erro ignorante*; sua posse pelo intelecto, quando consciente e justificada, é denominada *conhecimento*. Aqui, a verdade é possuída, na medida em que se entrega ao intelecto, agente, que a merece;

(b) já do ponto de vista ético, a verdade, quando *amada*, opõe-se à *mentira desonesta*; quando a vontade se inclina a ela de forma estável e habitual, tem-se o que se chama de *sinceridade*. Aqui, a vontade é que é possuída, na medida em que, sendo virtuosa, entrega-se e submete-se à verdade sem reservas.

O denominador comum simbólico entre essas duas dimensões da verdade é o justamente a luz enquanto símbolo, ao qual ambas são analogicamente pertinentes:

(a) o conhecimento, que é *a luz no intelecto*, é análogo à luz na medida em que nos permite enxergar a realidade e, por isso, caminhar com segurança dentro dela, ao contrário do que sucede com a sua contrária, a ignorância, que é analogada à treva ou à penumbra e que tem como consequência o medo e a hesitação próprios de quem se move na escuridão;

(b) a sinceridade, que é *a translucidez da vontade*, é análoga não à luz em si mesma, mas aos objetos que, sendo transparentes, são-lhe dóceis e não a distorcem ou desviam através de refrações e reflexões indevidas. Isso fica evidente inclusive do ponto de vista etimológico: "sinceridade", por derivar da expressão latina "*sine cera*" ("sem cera") é ausência de opacidade, ou seja, é transparência, translucidez, permissividade irrestrita à luz.

Muitos são os pontos cantados que versam sobre a simbólica da luz. Escolhi, neste capítulo, pontos que versem sobre este motivo simbólico em sua diversidade de modos e de graus, conforme expliquei acima, procurando contemplar a luz de vários Orixás (aspecto da diversidade qualitativa) e até mesmo a luz em diferentes níveis hierárquico-teológicos (aspecto da diversidade quantitativa), como se verá a seguir.

[1]

Saravá, saravá, saravá

Esse Povo de Pemba que é Filho de Fé no Congá!

Saravá, saravá Oxalá

Que é Pai de Cabeça e não deixa Seus Filhos penar!

Lua, ô!, Lua

Ilumina o Terreiro, que Pai de Cabeça chegou!

Kabula

Este ponto geralmente é cantado na abertura dos ritos, ou em alguma fase inicial ou preparatória deles. Bem interpretado, ele se mostra como veículo poético-musical do pedido de que a Luz Divina ilumine o Terreiro, Luz que, aqui, é invocada mediante a referência ao Orixá Oxalá. Isso se justifica pelo fato de ser Ele, por excelência, o "Orixá da Luz", tema-símbolo fundamental deste ponto e deste capítulo. Embora todos os Orixás, por definição, sejam Senhores da Luz Divina, Oxalá tem certa primazia no que diz respeito ao símbolo da Luz em seu estado puro, originário, indiferenciado ("luz branca"), isto é, anterior à sua refração pelo "prisma" que deflagra a manifestação cósmica ("sete cores"). Isso se depreende especialmente quando se leva em conta o fato de que o próprio nome - yorubano - de Oxalá contém a partícula "*alá*", que se traduz literalmente pelo pano branco, imenso e sem nódoas que constitui o Seu principal artefato e que, portanto, traduz-se simbolicamente por "branco imaculado", isto é, pela pura luz da consciência espiritual.

E essa invocação ou pedido à Luz Divina é feito com a finalidade de que o rito seja realmente eficaz em articular e ligar as dimensões *natural*, *humana* e *divina* - interligação essa que, aliás, é precisamente o que define um rito em tradições espirituais que, como as religiões afro-brasileiras em geral, reúnem tanto aspectos estritamente espirituais, quanto aspectos mágicos, mediúnicos *etc.*. O pedido é, então, de que o rito realmente aconteça *enquanto tal*, e não como mero simulacro de rito, isto é, de reprodução mecânica - e, portanto, exclusivamente humana - de certos gestos e atos exteriores, espiritualmente irrelevantes.

Essa articulação entre as três instâncias fundamentais do rito (natural, humana e divina) é aludida mediante o símbolo numérico do "três", presente já no primeiro verso, através da repetição tríplice do termo litúrgico-laudatório "*saravá*", com a qual a comunidade do Terreiro se volta: *(i)* ao "*Povo de Pemba que é Filho de Fé*" (segundo verso) - dimensão *humana*, enfatizada em seu aspecto *filial* ("*Filho de Fé no Congá*"); *(ii)* a "*Oxalá*" (terceiro verso) - dimensão *divina*, enfatizada em seu aspecto *providencial* ("*não deixa Seus filhos penar*"); e *(iii)* à "*Lua*" (quinto verso) - dimensão *natural*, enfatizada em seu aspecto *iluminado* e *fulgurante*.

Como se pode facilmente intuir, essas três instâncias se estruturam vertical e hierarquicamente da seguinte forma: *(i)* no nível mais grosseiro ou elementar, a Natureza; *(ii)* no nível mais sutil e superior, o Divino; e *(iii)* no nível intermediário, o Homem. Mas não se trata de categorias estanques, rigidamente separadas entre si; há um fio-condutor que as unifica e que é justamente o tema simbólico fundamental deste capítulo: a Luz Divina, em seus distintos graus de condensação ou "opacidade", por assim dizer. Esses três níveis constituem, portanto, domínios *apenas relativamente* autônomos, pois, *em profundidade*, são um só é o mesmo e, além disso, inclusive *em superfície* se articulam e relacionam, tanto ontologicamente (ou seja, na realidade, de forma espontânea), quanto ritualisticamente (isto é, no Templo, de modo intencional).

Aliás, a respeito da não-separatividade entre esses domínios, é importante observar que o refrão do ponto ("*Lua, ô!, Lua, ilumina o Terreiro, que Pai de Cabeça chegou!*") indica inclusive uma *coincidentia oppositorum* (união ou identidade dos opostos) entre, de um lado, a "*Lua*" (Natureza) e a Luz Divina, o que tem implicações simbólicas as mais importantes e sugestivas, sobretudo a de demonstrar ou reafirmar a *unidade contínua da Luz* que, no parágrafo anterior, afirmei existir.

Outro aspecto importante do símbolo ternário presente no primeiro verso é o seguinte: como a tríplice saudação é feita tendo em vista o "*Filho de Fé*" (ou seja, a dimensão humana), tem-se que, aí, o ponto também faz referência à tríplice dimensão do ego-personalidade: Organismo Mental, Organismo Astral e Organismo Físico, como que invólucros do Espírito, que promovem uma progressiva (e aparente) limitação individualizadora da pura consciência espiritual, de modo a expressá-la no cosmo natural, isto é, no âmbito da realidade que concebemos como sendo regido por espaço-tempo-matéria. Isso significa, dentre outras coisas, que esses três níveis de manifestação da pessoa devem estar ativos e participativos no rito, evitando-se, assim, os extremos hipertróficos do racionalismo, do emocionalismo e do mero gestualismo físico, todos incompatíveis com uma vida espiritual séria ou, ao menos, severamente limitantes da eficácia ritual.

Também é curioso notar que, nesse ponto, a Luz Divina, por ser aludida com ênfase em sua "coloração" branca, não é tanto referida analogamente pela luz *solar*, como de costume, mas sim pelo clarão *lunar*[11]. Isso é assim porque o ponto enfatiza o aspecto originário e *sereno* da Luz Divina, sendo que a luz solar, ao contrário, é quente e agressiva, pelo que não se prestaria tão bem a representar esse aspecto

11. É verdade que, objetivamente, a luz solar é também branca, a rigor. Porém, do ponto de vista fenomenológico (isto é, de como as coisas *aparecem* à pessoa e, portanto, de como elas lhe *parecem ser*), ela se mostra como amarela; e isso basta, pois, em simbólica, o que realmente importa é a *aparência* e os *efeitos* que ela desencadeia na pessoa (*dimensão subjetivo-fenomenológica*), e não tanto como as coisas de fato são em si mesmas (*dimensão objetivo-ontológica*). Aqui, as aparências importam mais.

específico da luz original do Espírito, no contexto simbólico particularmente empregado no ponto[12].

Do ponto de vista simbólico-musical, chamo a atenção para os seguintes aspectos:

(a) o ponto é marcadamente alegre (melodicamente construído em modo maior), o que condiz com o fato de: *(i)* na primeira estrofe, haver uma referência laudatória ("*Saravá*") tanto às pessoas presentes (os "*Filhos de Fé*"), quanto ao Divino (representado por "*Oxalá*"), o que indica ter sido, no rito, restaurada ou reatualizada a relação eficaz entre ambos os domínios; e *(ii)* no refrão, apoteoticamente feliz, haver alusão ao fato de que o Divino se faz *realmente presente* no rito ("*Pai de Cabeça* – [o Orixá] – *chegou*"). Em ambos os casos, o ponto se refere à *relação eficaz, conquistada no e pelo rito, entre o humano e o Divino,* motivo que é de deleite, felicidade e celebração – e não só de paz, elevação e recolhimento interior, é preciso dizer;

(b) acima, foi demonstrada a importância do símbolo do número três no contexto do ponto, pois no rito se dá tanto a articulação entre as três instâncias fundamentais *da realidade* (natural, humana e divina), quanto a ativação sincrônica das três instâncias fundamentais *do ego-personalidade* (Organismo Mental, Organismo Astral e Organismo Físico). Do ponto de vista poético-musical, esse simbolismo ternário está muito bem representado, aliás duplamente: *(i)* de um lado, no ritmo ternário da *métrica* (sílaba forte – sílaba fraca – sílaba fraca), ao longo de todo o ponto; e *(ii)* de outro lado, no desenho também ternário de alguns *platôs melódicos triplos* ("*Saravá, saravá, saravá*"; "*Saravá, saravá, Oxalá*"; "*Que é Pai de Cabeça e não deixa Seus filhos penar*"; e "*Ilumina o Terreiro, que Pai de Cabeça chegou*"), como ilustra a imagem a seguir:

12. Alguém poderia objetar que é simbolicamente impróprio o uso da Lua para simbolizar a luz *original* do Espírito, já que, astronomicamente, a sua luz é mero reflexo da luz do Sol, o que demonstraria seu caráter meramente *derivado, reflexivo, mediato*. Porém, de novo: a contemplação simbólica, enquanto exercício espiritual, deve ser avaliada principalmente em termos de *eficácia subjetivo-fenomenológica*, e não tanto de *veracidade objetivo-ontológica*, até porque sua finalidade é bem distinta da que têm as investigações empírico-científicas da realidade material, como é óbvio.

(c) outro fator interessante do simbolismo *melódico* deste ponto é o seguinte: quando faz referência ao Homem ("*Saravá, saravá, saravá / Esse Povo de Pemba que é Filho de Fé no Congá*"), a nota mais aguda e a mais grave, se se considerar a escala de dó maior, serão respectivamente sol e si (assinaladas abaixo); mas ao fazer referência ao Divino ("*Saravá, saravá, Oxalá / que é Pai de Cabeça e não deixa Seus filhos penar*"), a melodia atinge o dó na nota mais aguda e mantém o si enquanto nota mais grave (notas também assinaladas abaixo). Isso é uma indicação simbólico-melódica de que *o humano está contido no Divino*, embora um dos extremos do conjunto (a nota mais grave) coincida em ambos os casos, o que por sua vez demonstra que, *em profundidade, há plena identidade entre o humano e o Divino.* Ou seja: o Orixá é hierarquicamente superior e ontologicamente mais vasto que o humano, mas ambos são metafisicamente idênticos em nível último;

(d) as notas que fazem referência à Luz Divina ("*Lua*" e "*Ilumina*") são por demais relevantes, na sintaxe melódica do ponto: *(i)* a primeira ("*Lua*") é o clímax melódico, que se dá justamente no momento em que o ponto faz referência à *fonte da iluminação* (no caso, a Lua, de forma direta e próxima, e o Sol, de forma indireta e remota): como se poderá observar facilmente ao ouvi-lo, o canto alcança seu momento apoteótico justamente no verso "*Lua, ô!, Lua*", o que faz todo o sentido do ponto de vista simbólico, já que é o verso que mais diretamente se refere à Luz Divina, origem e fim de toda via espiritual digna do nome; e *(ii)* a segunda ("*Ilumina*") é a mais aguda do ponto, o que denota a superioridade ontológica que a Luz Divina (ou seja, a da pura consciência) desempenha no arranjo metafísico umbandista;

(e) a propósito dessa nota mais aguda do ponto (dó, se se adotar a escala de dó maior), é curioso notar que ela é a nota empregada para fazer soar não só o termo "*Ilumina*", referido no item anterior, como também os termos "*ô!*" e "*Pai*". Essa circunstância tem relevância evidente: *(i)* de um lado, porque a interjeição exclamativa "*ô!*", justamente por ser uma interjeição (e não um substantivo ou um verbo, por exemplo), tem caráter ao mesmo tempo devocional e não-conceitual, o que condiz com o fato de que esse nível – o da Luz Divina – transcende aquele em que têm lugar e no qual são relativamente úteis os conceitos da mente analítico-discursiva; e *(ii)* de outro lado, porque o termo "*Pai*" está claramente associado ao Divino, no contexto do ponto. Assim, em apenas três momentos o ponto se vale da tônica em oitava superior (a nota mais aguda do ponto) e em todos os três a referência é ao Divino ("*Pai*", "*ô!*" e "*Ilumina*"). É, portanto, possível construir uma frase somente com as notas mais agudas: "*Ô!, Pai, ilumina!*";

(f) acima, indiquei o fato de que a referência à luz lunar (sobretudo quando comparada à luz solar) se justificava pelo seu caráter ameno, não-agressivo. E essa justificativa se confirma do ponto de vista musical, bastando que se ouça o trecho "*ô!, Lua*" para se perceber, imediatamente e com clareza, o aspecto de *distensão* e de *relaxamento* produzido pela sequência melódica descendente desse trecho (dó-sol-mi). Esse efeito *apaziguador* é de fato muito claro: *(i)* a primeira nota do trecho ("*ô!*") é a mais tensa, tanto por ser, musicalmente, a mais aguda, quanto por veicular, semanticamente, o conteúdo de um pedido clamoroso; aliás, o sujeito lírico já havia invocado a "*Lua*" antes de cantar a interjeição "*ô!*", o que reforça o aspecto de tensão, por se tratar de uma *reiteração insistente* do pedido por iluminação; *(ii)* na sequência, a sílaba "*Lu-*" é entoada em nota mais grave que a anterior, mas ainda revestida de alguma tensão melódica, já que é entoada no quinto grau da escala (dominante), além de ser cantada de forma prolongada (o que ainda mantém, nela, aquele caráter de rogo e petição iniciado com a interjeição "*ô!*"; e *(iii)* por fim, a sílaba "*-a*" (de "*Lua*"), além de cantada com menor intensidade sonora, repousa sobre o terceiro grau da escala (mediante), grau que, além de promover uma resolução parcial da tensão da dominante, é justamente o que confere caráter melodicamente alegre ao modo maior;

(g) finalmente, e aproveitando o que expus no parágrafo anterior, destaco que o caráter melodicamente descendente do trecho "*Lua, ô!, Lua*" (lá-fá / dó-sol-mi) faz clara referência simbólica ao *vetor de cima para baixo* pelo qual o Divino alcança o humano, vetor esse que é simétrico ao *vetor de baixo para cima* pelo qual o humano busca o Divino. Trata-se aqui de enfatizar, portanto, em símbolo melódico, a importância da Providência Divina para a iluminação espiritual (ver, com muito mais detalhe e profundidade, o capítulo V, inteiramente dedicado que foi a esse tema).

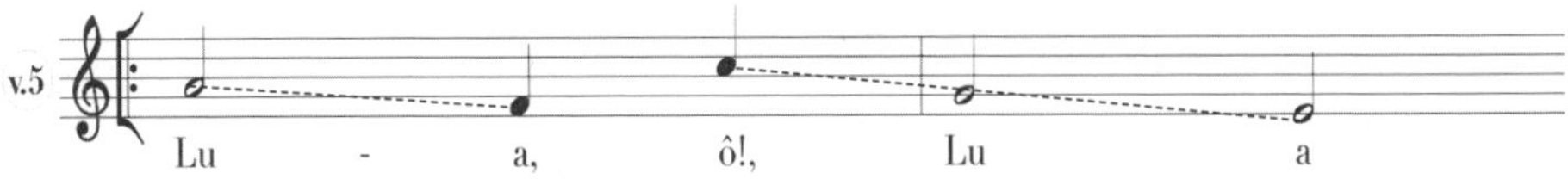

[2]

Já clareou o Dia na Aruanda
Já clareou o Dia no Congá!
O meu Congá, que é de Oxalá
O meu Congá, de todos Orixás
O meu Congá, que tem a Estrela Guia
E tem as Bênçãos de Urubatão da Guia

O ponto faz referência não só à Luz Divina, como também à ligação entre o plano físico (representado pelo "*Congá*", visível) e o espiritual (referido pela "*Aruanda*", invisível). O sentido é o de haver um *paralelismo* (ou até uma *identidade profunda*) entre o mundo dos homens e o dos Orixás, decorrente precisamente da ligação essencial, mas constantemente reafirmada e conscientemente restaurada a cada rito (pois antes fora ilusoriamente cindida pela visão enevoada do profano), entre ambos: com a mesma Luz que brilha e faz ser dia na Aruanda, o Congá se ilumina, sendo dia também nele. Ou seja: como já é dia na Aruanda, também é dia no Congá (embora, fora dele, no "mundo profano", onde as coisas não são vistas corretamente, ainda seja – ou pareça ser – noite).

Isso significa que, em certo sentido, o Congá – isto é, o Templo – *é a própria* "Aruanda terrestre", visível, a Morada dos Orixás no mundo. Só isso já demonstra que a concepção que se tem do Terreiro – ou que se deveria ter – é a de que ele, muito mais do que apenas um prédio humano-natural, é verdadeiramente um espaço qualificado, superior, em que é possível uma ligação mais verdadeira, mais direta e mais intensa com o Divino.

E que Luz é essa que traz o dia? A dos Orixás, ("*Oxalá*" e "*todos Orixás*"), Senhores do Congá (já que este, como diz o ponto, "é <u>de</u> *Oxalá*" e "<u>*de*</u> *todos Orixás*"), Luz que se expressa tanto através da Natureza (representada no ponto pela "*Estrela Guia*"), quanto dos Ancestrais Ilustres (por sua vez representados pelo "*Caboclo Urubatão da Guia*"). Trata-se, então, da Luz Divina, ou seja, da pura consciência espiritual, razão pela qual o "*Dia*" de que fala o ponto é a *maioridade espiritual* do adepto, isto é, a sua *iluminação*, que o faz ver as coisas – sobretudo a si mesmo – exatamente como são.

Note-se, ainda, que tanto a "*Estrela*" quanto o "*Caboclo*" são, em suas respectivas ordens de realidade (natural e teológica, respectivamente), representantes de Oxalá, Orixá que assume certa centralidade neste ponto, já que, nele, a tônica simbólica é a da luz solar especificamente. Se no ponto anterior ([1]) Oxalá estava associado à brancura tênue e suave da luz lunar, neste, agora, está associado à luz dourada do Sol[13],

---

13. Isso não deve inquietar nem espantar: assim como um símbolo pode ter diferentes simbolizados, um mesmo simbolizado pode ser aludido por símbolos diversos. Portanto, o binário simbólico entre o Sol e a Lua pode representar respectivamente os Orixás Oxalá e Yemanjá *em certa clave hermenêutica*, que, porém, não impede que, *em outra*, ambos sejam associados, sob aspectos diferentes, a um Orixá ou a outro. A esse respeito, veja-se que o caráter *masculino* atribuído ao Sol por certa forma de contemplação e interpretação simbólica não é incompatível com a concepção de certas doutrinas hindus segundo a qual o Sol é o *brinco delicado* de uma Deusa ou com a associação xintoísta entre o Sol e Amaterasu, deidade feminina.

responsável que é pela possibilidade de que *as coisas sejam vistas como de fato são*, o que só é possível *de dia*. A luz solar é aquela que, sem poder ser vista diretamente ela mesma, torna possível que todas as outras coisas o sejam; a rigor, inclusive, não vemos outra coisa senão ela mesma – a luz solar – refletida e refratada de mil-e-uma formas diferentes.

Mas é importante dizer: essa centralidade de Oxalá não afasta "*todos os* [outros] *Orixás*". Isso denota a pluricentricidade inerente à visão teológica afro-brasileira e que faz com que cada Orixá possa ser considerado como sendo, *em certo sentido e de certo modo*, o "centro" (do panteão, do contexto ritual ou da realidade mesma), por "conter" todos os demais e por ser Senhor(a) de todas as coisas *ao seu modo*.

(a) a propósito, o tema da pluricentricidade e o da presença de tudo em tudo são de grande importância nos sistemas teológicos ditos "politeístas" de um modo geral. A distribuição de domínios, entes naturais e atributos entre os Orixás não é estanque e exclusivista; há uma integração entrecruzada, fluida, excêntrica, que faz com que cada Orixá "esteja" em todos os demais e vice-versa, já que, em nível teológico, separações, como as que vemos em nossa existência ordinária – elas mesmas ilusórias, aliás – simplesmente não existem. É, portanto, uma simplificação que flerta com o erro dizer-se, por exemplo, que Xangô é "o Orixá da Justiça", como se nada mais lhe interessasse e como se os outros Orixás fossem indiferentes ou, pior ainda, hostis à Justiça;

(b) ora, a Justiça – para ser tudo o que é e para que se possa realizar de verdade – depende não só daquilo que lhe é mais obviamente relacionado (como a Razão "de Xangô" e a Força "de Ogun"), como também de aspectos que lhe são menos claramente associados (como o Amor "de Oxun" e a Paciência "de Oxalá"). Assim, cada valor ou atributo é a síntese unitiva que centraliza todos os outros *de um determinado modo*, assim como cada Orixá é o Divino *por inteiro, mas de um modo singular*: o Amor, por exemplo, pode ser afirmado como paternal, maternal, filial, fraternal, conjugal, amistoso, devocional, divino *etc.*: ele *é* um só (por jamais deixar de ser amor, precisamente) e ao mesmo tempo *não é* um só (por não ser redutível a uma unidade simples no sentido numérico da expressão);

(c) para dar outro exemplo, a Música também resulta das atividades-atributos de *todos* os Orixás: o seu aspecto catártico-festivo está associado a Exu; sua composição matemático-proporcional, a Xangô; sua beleza, a Oxun; *etc*.. E ela pode servir de instrumento à contemplação mística (Oxalá), ao apaziguamento (Yemanjá), à diversão (Ibeji) e mesmo à guerra (Ogun);

(d) logo, não é que cada coisa ou atributo seja "de um Orixá", somente, mas sim que tudo o que existe é "de vários Orixás", em seus "enredos", ou até necessariamente "*de todos Orixás*". Essa conclusão está compactada nos versos do ponto que relacionam um Orixá ("*Oxalá*") com todos os demais ("*todos Orixás*").

Quero ressaltar também o aspecto tensional e aparentemente paradoxal dos versos que, em relação ao "*Congá*", antepõem o pronome possessivo "*meu*" (referente ao sujeito lírico *humano* que canta o ponto), mas logo em seguida atribuem sua propriedade aos Orixás, através da preposição "*de*". Observe-se como de fato são curiosas as construções feitas pelo ponto, nessa parte: "*O <u>meu</u> Congá, <u>que é de</u> Oxalá*" e "*O <u>meu</u> Congá, <u>de</u> todos Orixás*". Não há, no entanto, qualquer contradição aí; é que, como se verá com mais detalhe depois (capítulo IV), não há propriamente uma separação rígida e dualista entre o Divino e o humano, segundo a concepção de nossa tradição. Mas mesmo uma concepção teológica dualista é capaz de estar representada nesses trechos do ponto: assim como um filho pode dizer "Estou na *minha* casa" sem deixar de reconhecer que, *a rigor*, a propriedade da casa é de seus pais, também assim o devoto pode dizer que o Congá é seu, como que por herança, já que ele é *filho* dos Orixás.

Do ponto de vista simbólico-musical, destaco o seguinte:

(a) tal como o ponto anterior, este é pautado emocionalmente pela alegria, pelo contentamento e até por certo ar festivo. As linhas melódicas sempre se iniciam em notas agudas, cantadas com intensidade, o que imprime energia e vigor à felicidade que é inerente ao ponto em virtude do conteúdo central da letra: o fato de já ser "*Dia*" e, assim, ser possível enxergar as coisas com clareza;

(b) assim como a luz solar vem de cima (Céu) para baixo (Terra), a melodia do ponto é obstinadamente descendente: a cada verso, a linha melódica se inicia com notas agudas que, gradativamente, vão sendo sucedidas por notas cada vez mais graves. Trata-se, novamente, de uma alusão simbólico-musical do *fluxo descendente da Providência Divina*;

(c) mas o ponto tem esse aspecto descendente não só no que diz respeito à *altura* das notas, como também à sua *intensidade*:

as notas iniciais de cada verso, inclusive por serem mais agudas, são cantadas com mais força e as notas seguintes o são de forma cada vez mais branda, num *decrescendo* de energia sonora que tem, também, sua respectiva significação simbólica: a de que quanto mais superior é um nível ontológico – isto é, quanto mais próximo ele é do Divino, ou do Espírito – tanto mais *forte* ele é, em termos de "Axé" (como se diz no jargão de Terreiro). Esse símbolo tem particular pertinência com o tema da luz solar e de sua relação com a matéria viva: a energia que torna possível a vida terrestre advém prioritária e originariamente da luz solar e a cadeia alimentar se estrutura em níveis tróficos distintos (as plantas, primeiramente; depois, os animais herbívoros; depois, os carnívoros). Trata-se, aqui, então, de um simbolismo melódico do *gradiente de densidade da matéria*, em função de sua maior ou menor proximidade com o Espírito;

(d) mais acima, fiz referência ao paralelismo entre a "*Aruanda*" e o "*Congá*". Isso também está retratado musicalmente, no ponto, pela utilização do *mesmo intervalo* de sétima havido no primeiro verso (alusivo à "*Aruanda*" – intervalo entre o dó e o ré) e no segundo (alusivo ao "*Congá*" – intervalo entre o si e o dó). O paralelo Aruanda/Congá é, então, melodicamente representado por um paralelismo melódico-intervalar (aliás, de "sétima", o que não deixa de ser sugestivo, dada a importância do número sete na Umbanda). Note-se que, ademais, o primeiro intervalo (relativo à "*Aruanda*") é um pouco superior que o segundo (relativo ao "*Congá*"), porque a nota mais aguda daquele é um semitom mais alta que a nota mais aguda desse, enquanto a nota mais grave daquele é um tom mais alta que a nota mais grave desse;

(**e**) no ponto, não apenas todos os versos contemplam um intervalo de sétima, como também todas as sete notas fundamentais (dó-si-lá-sol-fá-mi-ré) são utilizadas na melodia, aliás quase em sequência. Isso parece querer retratar melodicamente o fato, indicado no quarto verso, de que o Congá é "*de todos* [os] *Orixás*", especialmente quando se considera a importância do setenário no panteão umbandista. Trata-se, aqui, da simbolização melódica da *descida dos Sete Orixás*, representada justamente pelas sete notas que, enfileiradas, soam uma de cada vez, de cima para baixo.

[3]

Clareou o Dia na Choupana da Jurema!

Na Luz de Oxalá, Seu Guarani vem saravá

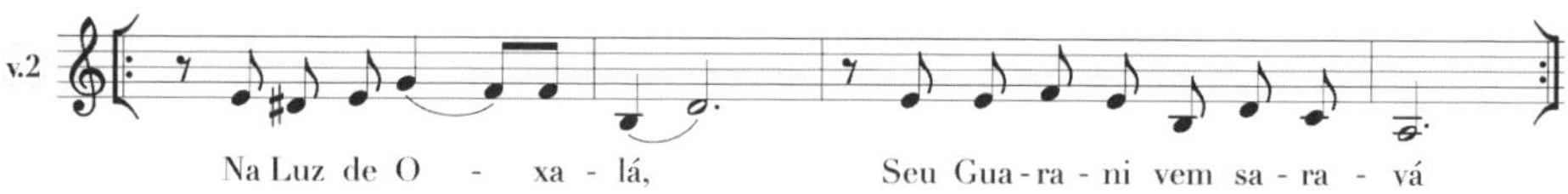

Este é um ponto de invocação. Invocação de uma Entidade específica, o Caboclo Guarany, que, segundo nossa tradição, pertence à Falange de Oxalá e faz "ponte" para a de Oxóssi, unindo e articulando essas duas "séries divinas", para me utilizar aqui do conceito neoplatônico que aponta para o fato de que tudo o que existe está relacionado com uma ou mais Divindades, dela(s) "*participando*". Segundo essa concepção ontoteológica, abaixo das Divindades, tudo o que existe decorre das – ou consiste nas – "agências divinas", de modo que, por exemplo, na "série" de Apolo, existem minerais apolíneos, ervas e animais apolíneos, almas apolíneas e até mesmo formas geométricas e números apolíneos *etc.*. Essa é, portanto, uma concepção segundo a qual a Natureza é essencialmente *organizada* (ordenada, cósmica) e *teofânica* (resultado de – ou consistente em – fulgurantes manifestações divinas).

No referido sistema neoplatônico, cada Divindade deflagra uma "série" através da qual transita o seu Poder, o que engloba desde Divindades até os entes do mundo natural. Portanto, a série como que "liga" o transcendente e o imanente, articulando e unindo todos os níveis da realidade, de alto a baixo. As séries são como "escadas", cuja "descida" constitui o processo *cosmogônico* e cuja "subida" constitui a *ascese espiritual*. Esse conceito também tem implicações teúrgicas: todos os elementos, naturais ou simbólicos, por integrarem determinada série (ou conjunto de séries), são eficazes nas invocações das Divindades, facilitando, otimizando e potencializando o acesso ao Poder Divino.

A Umbanda endossa essa visão encantada da realidade cósmica e, para nós, tudo o que existe mantém relações ontológicas e analógico-simbólicas com os Orixás, Seres primordiais estruturantes do Universo. Ocorre que a complexidade da realidade cósmica exige que as "séries divinas" não sejam estanques, simplistas, rigidamente separadas umas das outras. Há uma profunda interação entre as agências divinas, resultando em diversos "enredos" teológicos cuja trama é a causa da riqueza hiperabundante do real.

Eis aí a origem do conceito teológico de "intermediação", fartamente referido na literatura da Umbanda Esotérica: assim como os entes que integram a Natureza são diversos e complexos o suficiente para que não possam resultar em fileiras incomunicáveis das "séries divinas", também assim a Sagrada Corrente Astral de Umbanda é organizada de um modo tal que os Ancestrais Ilustres não se enfileiram de forma simples e absoluta abaixo de apenas um Orixá, mas de forma profundamente *comunicada*, *relacional* e, portanto, *integrada*. O conceito de "intermediações", portanto, dilui as fronteiras entre os Orixás e suas manifestações, esfumaçando os contornos separativos que se poderia imaginar haver entre Eles e seus domínios. Tudo isso para explicar o que significa dizer, como dizemos, que o Caboclo Guarany é "de" Oxalá "para" Oxóssi, ou "de Oxalá, mas cruzando ou intermediando para Oxóssi": esta Entidade reúne atributos ou aspectos de Oxalá (principalmente) e também de Oxóssi (secundariamente), com todas as implicações daí decorrentes.

Eis o que quer dizer o ponto, quando diz que o Caboclo Guarany vem "*na Luz de Oxalá*", portanto: *(i)* primeiro, que, como dito, Ele integra a Falange de Oxalá; *(ii)* segundo, que, embora o Caboclo Guarany seja também, em essência, puro espírito (e, portanto, ultrapasse, nesse "nível", os limites da faixa vibratória de Oxalá), Ele é visto a partir da "*Luz de Oxalá*", ou seja, tem realçados, por essa iluminação específica, os atributos que condizem com este Orixá (assim como um ambiente iluminado por uma luz amarela parece conter objetos amarelados); e *(iii)* terceiro, que, como indica a parte final deste verso, a "*Luz de Oxalá*" é a tônica de sua agência espiritual, psíquica, magística *etc.*, pois o termo "*saravá*", sobretudo quando usado como verbo (como é o caso) significa movimentação, atividade, poder. Uma atuação espiritual com esse motivo de base (as agências próprias de Oxalá) significa, por exemplo, trazer elevação, apaziguamento, paciência, contemplação mística, sabedoria e outros fatores associados a essa "vibração" espiritual. Em outras palavras, a atividade espiritual feita com base nesta Luz específica (a de Oxalá, no caso) é diferente das que são feitas com base em outras modalidades da Luz Divina, tanto no que diz respeito ao *método*, quanto no que diz respeito aos seus *fins* particulares.

Agora, algumas palavras sobre a parte inicial do primeiro verso ("*Clareou o Dia*"), especificamente no que diz respeito a um tema que será abordado em detalhe mais à frente (ver o capítulo V, que dediquei à controvérsia a respeito de a iluminação espiritual decorrer de atividades humanas ou divinas):

> **(a)** desde uma perspectiva existencial humana, a aurora é incontrolável: nada podemos fazer para que ela rompa as trevas da noite e traga consigo o dia. Nesta acepção, ela representa *pura gratuidade divina* (Graça ou Providência) sobre a qual o ser humano não tem qualquer domínio ou manejo eficaz, devendo apenas aguardar passivamente que a luz solar vença as trevas noturnas. Faz-se referência, aqui, à compreensão de que a realização espiritual não é algo que tenha como causa *eficiente* as ações humanas,

mas apenas as divinas, de modo que os atos humanos necessários ao caminho espiritual não seriam mais do que a mera "remoção de obstáculos" (o que, porém, está longe de ser fácil ou banal). Na paisagem simbólica do ponto, um obstáculo a ser removido seria, por exemplo, o deixar-se ficar no interior de uma caverna, onde a luz do sol não pode penetrar, mesmo ao meio-dia;

(b) já desde uma perspectiva que não tenha como referência fixa a Terra (que foi a adotada no parágrafo anterior), mas o Sol, este verso ("*Clareou o Dia*") terá outro significado: nesta dimensão, o raiar do dia já não é algo que dependa da atividade solar, pois, no modelo heliocêntrico, o Sol dispensa luz de forma inevitável, constante e onidirecional, competindo apenas *à Terra* perfazer o movimento de rotação de modo a não mais se opor à luz solar, gratuita e sempre-disponível que é. Na acepção simbólica anterior, a realização espiritual era resultado da agência divina; nesta, agora, é resultado dos esforços próprios do ser humano. Aqui, o protagonismo iniciático é *humano* e a realização espiritual é algo proporcionado ao seu alcance técnico-metodológico;

(c) como se verá no capítulo próprio, essas duas noções *não encerram um dilema verdadeiro* e, como não são incompatíveis entre si, ambas estão contempladas no verso em questão ("*Clareou o Dia*"): *(i)* de um lado, a compreensão que enfatiza o protagonismo divino não afasta as atividades humanas destinadas à remoção de obstáculos (pois sempre a pessoa poderia se deixar em um local inacessível à luz solar); e *(ii)* de outro lado, a que enfatiza o engajamento humano obviamente não torna dispensável a Providência Divina (pois, se não houvesse o Sol, de nada adiantaria a Terra girar, pois não haveria dia jamais). É necessário tanto que o Sol brilhe, quanto que a Terra e a pessoas não se oponham à sua luz.

Interpretando o ponto a partir da clave simbólico-musical, é possível concluir o seguinte:

(a) a atmosfera emocional deste ponto é mais grave e melancólica, o que se denota por se tratar de tonalidade em modo menor e pelo andamento lento. Isso poderia causar algumas perplexidade ou dúvida, já que se trata de ponto que alude ao processo de iluminação, o que seria mais claramente condizente com uma melodia alegre e até festiva como a dos pontos interpretados anteriormente (ver pontos [1] e [2]). Mas a complexidade das coisas autoriza tanto uma coisa quanto outra: melodias em modo menor são mais circunspectas, interiorizantes, contemplativas, o que as torna plenamente compatíveis com a alusão ao processo de iluminação, no qual não se avança sem um progressivo conhecimento de si mesmo e uma reidentificação da pessoa, também paulatina, com sua essência espiritual mais íntima e radical. Ou seja: a iluminação é referida de modo feliz, deleitoso, celebratório quando se tem em vista os seus *efeitos*, mas, quando se levam em conta os *meios* necessários à sua realização, pode perfeitamente ser aludida de modo contemplativo, lento, silencioso *etc.*;

(b) outro aspecto a ser destacado é o de que este ponto é *marcadamente solene* do ponto de vista musical (o que reforça ainda mais o que fiz constar no parágrafo antecedente): como tantos outros, ele deve ser cantado sem o acompanhamento rítmico-percussivo da orquestra ritual (atabaques, agogô e xequerê), já que se trata de *canto litúrgico sem métrica*, no qual as durações das notas não são rigorosas e no qual se aproveita a ressonância e o eco como fatores que acentuam o seu aspecto místico-devocional, tal como ocorre, por exemplo, com o canto gregoriano;

(c) esse aspecto místico da melodia está presente principalmente pela utilização, a certa altura de linha melódica, de duas notas que, juntas, perfazem a sequência da chamada escala menor harmônica (se se tratar de lá menor: lá-si-dó-ré-mi-*fá natural*-sol sustenido-lá, conforme notas circuladas na imagem abaixo). Essa sequência é muito empregada na musicalidade árabe, na oriental *etc.*, cujo apelo místico é bastante conhecido. Aliás, três tipos de escalas menores estão contemplados no desenho melódico deste ponto: a escala menor *natural* (segundo verso), e escala menor *melódica* (três primeiros compassos do primeiro verso) e escala menor *harmônica* (último compasso do primeiro verso), já que o sol e o fá ora são sustenidos, ora naturais. As referidas modalidades de escala menor são estas:

Menor natural

Menor melódica

Menor harmônica

(**d**) observo, enfim, que o desenho melódico do segundo verso ("*Na Luz de Oxalá, Seu Guarany vem saravá*") é, apesar de alguma ligeira oscilação, precipuamente *descendente*, o que, atrelado ao simbolismo da Luz, evidentemente indica o vetor de cima para baixo que caracteriza o influxo da Providência Divina. Este influxo descendente, aliás, é muito bem representado pelo símbolo da Aurora, já que a trajetória que faz com que os raios solares atinjam a Terra é uma trajetória de *descida* (termo que, a propósito, é utilizado no jargão afro-brasileiro para aludir ao fato de as Entidades "*baixarem*" no Terreiro, o que denota que os Ancestrais Ilustres são verdadeiros Emissários da Luz Divina).

[4]

A Lua clareou as Águas
E a Onda no Mar cresceu
Glória a Deus e ao Senhor Jesus!
Chegou Cabocla Yara na Sua Luz!

Este ponto cantado se refere à faixa espiritual de Yemanjá, de modo que, nele, a Luz Divina se expressa ao modo lunar. Vários motivos simbólicos do ponto são importantes:

(a) a "*Lua*", por ser o satélite que reflete a luz solar (sendo esta última a representação por excelência do *princípio espiritual*), simboliza o anteparo que recebe a luz solar e a projeta reflexivamente sobre "*as Águas*" (símbolo universal do *princípio material*). A Lua representa, então, nesse contexto específico, a Alma Universal, instância intermediária entre o Espírito (Sol) e a Matéria (as Águas – ou, também, a Terra);

(b) a luz da Lua refletida no mar – reflexo de um reflexo – é símbolo da manifestação cósmica (Natureza), ou seja, do universo tal como o conhecemos, em suas dimensões grosseira (*física densa*), sutil (*astral*) e sutilíssima (*mental*);

(c) as "Águas", como dito, constituem o símbolo universal do princípio material da realidade, anteriormente à sua ordenação pelo Espírito ("anteriormente" do ponto de vista lógico, não cronológico);

(d) a "*Onda no Mar*" simboliza o processo de individuação, que faz com que, na manifestação cósmica, as coisas sejam distintas e relativamente separadas; apenas relativamente, pois nunca a separação individualizante é – nem poderia ser – total ou absoluta;

(e) portanto, o primeiro verso contém a *causa* do segundo, de modo que: *(i)* "*A Lua clareou as Águas*" significa o processo de criação ou manifestação cósmicas, isto é, a luz espiritual penetrando e ordenando a potencialidade infinita do princípio material; e *(ii)* uma vez que ele tenha acontecido, e somente então, é que, do mar indiferenciado, uma onda individualizada possa se levantar ("*E a Onda no Mar cresceu*").

Como se vê, o ponto, em dois pequenos versos, seus dois primeiros, faz alusão aos vários níveis da realidade, em conformidade com os arranjos metafísicos tradicionais, presentes de modo mais ou menos uniforme em inúmeras tradições espirituais.

Por sua importância metafísica, quero destacar e aprofundar as reflexões relativas à "*Onda no Mar*", enquanto símbolo da individuação, que bem demonstra a visão que temos a respeito da individualidade, enquanto meio-termo que afasta tanto o extremo do que se poderia chamar de "excesso de *união*, ou de *semelhança*, ou de *abertura*" (cujo limite é o de uma *identidade absoluta*) e o "excesso de *desunião*, ou de *diferença*, ou de *oclusão*" (cujo limite é o de uma *separação absoluta*). Sobre o tema, digo ainda o seguinte:

> **(a)** cada coisa que existe só pode existir graças ao fato de ter certo coeficiente de *abertura* e ao mesmo tempo certo coeficiente de *oclusão* em relação à realidade que o circunda: enquanto suas aberturas lhe garantem a possibilidade de manter relações imprescindíveis com as outras coisas, as oclusões lhe garantem a possibilidade de, apartando-se e distinguindo-se delas em alguma medida, adquirir identidade;
>
> **(b)** sem suas aberturas relacionais, as coisas estariam condenadas a um isolamento hermético que tornaria a sua existência não só impossível, como inclusive sem sentido; por outro lado, sem as suas oclusões, elas seriam maximamente desagregadas, como que "diluídas" na realidade em torno, que é o que define o processo de corrupção e morte, processo que consiste justamente na intensificação progressiva do coeficiente relacional;
>
> **(c)** tanto o extremo da "união/semelhança/abertura total" quanto o da "desunião/diferença/oclusão total" são incompatíveis com a *existência*, que se define exatamente pelo equilíbrio dinâmico e pela síntese misteriosa entre identidade e alteridade, suficiência e dependência, interioridade e exterioridade, essência e contingência, permanência e mudança: existir é ainda ser o mesmo, mas não ser mais, nem jamais, exatamente o mesmo;
>
> **(d)** então, como se pode ver, a "*Onda no Mar*" é um símbolo muito adequado a essa síntese: ela, ao "crescer", destaca-se – *relativa e temporariamente* – do Mar, com o qual, porém, ainda mantém uma relação de certa identidade substantiva. A "*Onda no Mar*" não é nem absolutamente distinta, nem absolutamente indistinta do "*Mar*".

Quanto ao símbolo da luz lunar, enfatizei, para este ponto, o sentido relativo ao da manifestação cósmica, enquanto reflexo da luz solar. Porém, a luz lunar concentra ainda pelo menos dois outros sentidos relevantes:

> **(a)** o da Luz Divina em seu aspecto de Amor, Graça, Providência, o que é condizente com a maternidade representada por Yemanjá e com a tônica emocional lenta, suave e, portanto, ma-

ternal do ponto cantado. A luz solar, por sua intensidade, é até demasiado severa com entes cujo modo de ser é fortemente telúrico (embora seja ao mesmo tempo a condição de possibilidade da vida desses mesmos entes); a seu turno, a luz lunar é suave, convidativa, sempre agradável, nunca oferecendo qualquer risco de queimaduras, cegueiras, desconfortos térmicos *etc.*.; e

(b) o da Luz Divina adaptada – ou proporcionada, isto é, feita proporcional – à visão humana, já que a luz solar é intolerável ao olho humano se vista diretamente e por mais de poucos segundos: enquanto esta sempre é vista de forma um tanto borrada e com grande dificuldade, aquela, a lunar, é vista muito nitidamente, com contornos claros e sem o mais mínimo incômodo visual. Metafisicamente, então, a luz solar é a Luz Divina em sua *apofaticidade* (aquilo sobre o que não é possível falar, descrever e compreender exaustivamente) e em sua *infinitude supraformal*, ao passo que a luz lunar é a mesma Luz Divina em sua *catafaticidade* (aquilo sobre o que é possível falar, descrever e compreender) e em sua *finitude formal*.

O terceiro verso do ponto traz uma diferença fundamental entre a doutrina umbandista e a católica a respeito de Jesus Cristo: como o verso em questão faz referência distintiva entre "*Deus*" e o "*Senhor Jesus*", mediante o emprego da conjunção aditiva "*e*", fica nítida a divergência com a proposição doutrinal católica segunda a qual Jesus Cristo *é* Deus, ou melhor, a sua encarnação única, absoluta, exaustiva e perfeita. Ainda que tendo de fato recebido influência cristã, a Umbanda não endossa a referida proposição – pelo menos em certo nível de contemplação da questão e pelo menos no que se refere ao dogma da encarnação exclusiva.

O último verso encerra uma formidável ambiguidade: em "*Chegou Cabocla Yara na <u>Sua</u> Luz!*" é impossível saber se o pronome "*Sua*" se refere a "*Deus*", ao "*Senhor Jesus*" ou à própria "*Cabocla Yara*". Afinal, de quem é a Luz em questão? Considerando que, metafisicamente e a rigor, a Luz é sempre uma só e a mesma, parece que a ambiguidade é intencional, tendo o objetivo de demonstrar que, se a pergunta *não pode* ser respondida, é também porque *não precisa*: há um *continuum* de luz, que se mantém sempre a mesma, em todos os níveis hierárquicos da ontoteologia umbandista, de modo que a Luz Divina, a Luz do Orixá, a Luz do Ancestral Ilustre e mesmo a Luz da consciência espiritual de cada pessoa é uma só e a mesma, ainda que se expresse, em cada um desses casos, em modos diferentes (tanto em termos de *qualidade* – cores, matizes *etc.* –, quanto de *quantidade* – intensidade). Ou seja: a Luz da Cabocla Yara *é* a Luz Divina, mas devidamente expressa *em certo nível* e *de certo modo*.

Musicalmente, é possível destacar, dentre outras coisas, o seguinte:

(a) o ponto é lento e em modo menor: como faz alusão ao vetor descendente da Luz Divina, pelo qual ela se converte em matéria densa individualizada, isso é compatível com a noção – verdadeira apenas em parte – de que o mundo, embora divino, é marcado pela divisão, pela separação e, portanto, pelo sofrimento *etc.*. Em relação a essa temática, porém, é preciso equilíbrio, senso de nuances e respeito escrupuloso à complexidade das coisas: a doutrina umbandista não endossa nem uma visão negativa do mundo (ao modo das tradições que o enxergam como tendo sido criado por um Demiurgo mau, ou das que o veem como um "vale de lágrimas", como se aqui não fosse também, licitamente, um lugar de sorrisos e mesmo gargalhadas), mas também não deixa de reconhecer o que parece indisputável: a existência individualizada tem de fato o seu preço, às vezes alto, e que se expressa na finitude e, portanto, na imperfeição do conhecimento, do amor e de outros bens congêneres. É por isso compreensível e mesmo razoável o impulso ascético que objetiva transcender o mundo e instalar-se permanentemente na unidade espiritual que lhe subjaz, o que não significa, como é óbvio, que o exagero ou a absolutização deste impulso seja justificado;

(b) o desenho melódico do ponto imita, com muita clareza, o vai-e-vem instável das ondas e marés: no primeiro verso, há uma subida e uma descida; no segundo, duas subidas e duas descidas; no terceiro, duas descidas, intermediadas por uma subida; e, no quarto, novamente dois ciclos completos de sobe-e-desce. Ganha destaque, nesse contexto, o ponto culminante da melodia, que se dá justamente na primeira sílaba do verbo "*cresceu*", imitando, perfeitamente, uma onda que se levanta demoradamente, como que se avolumando cumulativamente, para de repente quebrar na arrebentação.

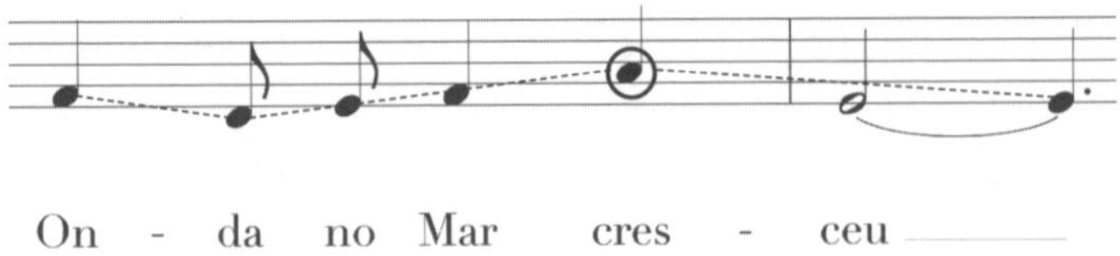

[5]

Estrelinha do Céu, em nome de Jesus
Manda os Anjinhos da Santa Cruz!
Estrelinha que corre todo o Céu de Papai Oxalá
Estrelinha que corre todo o Céu, vem no Congá!

Este ponto cantado insere-se no contexto da faixa espiritual do Orixá Ibeji, denominado "Yori" por W. W. da Matta e Silva. Por isso, a Luz Divina, aqui, se expressa ao modo infantil, o que está presente nos diminutivos "*Estrelinha*", "*Anjinhos*", no substantivo "*Papai*" e no aspecto profundamente dinâmico presente não só na constituição musical, como se verá abaixo, como também na letra, especialmente em "*Estrelinha que corre todo o Céu*".

Do ponto de vista simbólico-fenomenológico, a Luz Divina se nos afigura "pequena", tal como minúsculas nos parecem as colossais estrelas da abóboda celeste. Isso significa que: *(i)* aquilo que nos parece pequeno pode nos parecer assim apenas pela distância a partir da qual o avistamos; *(ii)* o tratamento pueril com que são tratadas as Entidades que se manifestam simbolicamente como "Crianças" é inteiramente despropositado, uma vez que, se vistas de perto, são imensamente grandiosas, de modo que toda impressão de puerilidade não passa de grosseira incompreensão (lamentavelmente ainda presente na prática umbandista em um grau muito maior que o tolerável); e *(iii)* mesmo que estejamos distanciados da Luz Divina, ainda assim as estrelas brilham para nós: elas sempre nos alcançam de algum modo, ainda que Sua grandiosa luz seja tida por nós como pontinhos de luz fugidia, pelo efeito ilusório da distância que nos separa delas.

Sobre o símbolo do infinitamente grandioso que se faz pequeno, quero enfatizar o seguinte:

> **(a)** este símbolo é uma constante nas tradições espirituais de um modo bastante geral. Veja-se, por exemplo, a figura do Menino Jesus (simbolicamente, o Deus infinito e onipotente manifesto como pequeno e impotente) e a de *Kṛṣṇa*, enquanto Suprema Personalidade Divina que se fez criança para desse modo, esquecendo-Se de Sua infinitude divina, poder fruir do indizível deleite de ser amado por uma mãe – e, também, é claro, do deleite não menos insubstituível proporcionado pelas brincadeiras e travessuras infantis. É isso, dentre outras coisas, que está implicado na simultaneidade tensional entre o grande e o pequeno que há no símbolo da "*Estrelinha*";
>
> **(b)** aliás, após tantos diminutivos e referências às dimensões pontuais (isto é, mínimas) da "*Estrelinha*", o ponto cantado dá um jeito de reafirmar a sua *vastidão ilimitada*, quando diz que ela "*corre todo o Céu*", outra forma de repetir o conhecido e inspirado *insight*, geometricamente paradoxal, de que o Divino é um cír-

culo infinito cujo centro está em toda parte e cuja circunferência não está em parte alguma. A propósito, esse aspecto de vastidão todo-abarcante também está presente em diversas tradições espirituais, como se depreende, por exemplo, dos termos utilizados para aludir ao Deus Supremo tanto na tradição yorubá (*Elédùmarè,* cuja partícula *Òdù* significa "grande", "extenso"), quanto nas tradições hindus (*Brahman*, traduzido precisamente por "vasto", em virtude de sua raiz *brih*, que alude a "crescer", "expandir");

(c) essa *coincidentia oppositorum* entre o infinitamente grande e o infinitamente pequeno, entre o centro e a circunferência, é realmente formidável: o Divino é ao mesmo tempo *mínimo* (porque pontualmente central) e *máximo* (porque irrestritamente vasto). E, para isso, nada mais conveniente do que o símbolo da Estrela, que, como visto, reúne simultaneamente as características de se apresentar como um ponto delicado na abóbada celeste e de ser, apesar disso, uma vastidão coruscante e avassaladora.

No primeiro verso, a expressão "*Estrelinha do Céu*" é vocativo e se refere a Ibeji, Orixá a que o adepto se volta para pedir não tanto a sua *presença direta e imediata* (já que Ele está lá, tão longe, no "*Céu*" e já que sua proximidade poderia ser fulminante, insuportável), mas sim a sua *presença indireta e mediada* pelos "*Anjinhos da Santa Cruz*", ou seja, pelas Entidades desta faixa espiritual. O ponto se refere, aqui, ao princípio pelo qual os Orixás se fazem presentes, dentre tantas outras formas possíveis (como a Natureza, por exemplo), através de seus Emissários, os Ancestrais Ilustres. Isso se reforça pelo fato de que a "*Estrelinha*" (isto é, o Orixá) "*vem no Congá*", graças aos seus raios de luz, que correspondem exata e simbolicamente aos Seus Emissários.

Do ponto de vista simbólico-musical, julgo oportuno evidenciar o seguinte:

(a) o aspecto infantil destacado no primeiro parágrafo se expressa não apenas no conteúdo da letra (diminutivos, vocativo afetuoso *etc.*), mas também no caráter musical da melodia, marcadamente alegre, inocente e como que "saltitante", já que a linha melódica é marcada, inclusive, pela utilização de *staccatos* (notas com duração encurtada pela metade, o que as "desune" das notas que lhes sucedem);

(b) esse aspecto gracioso e feliz do ponto não só muito convém ao Orixá Ibeji, como também condiz com o fato de que o ponto faz referência ao encontro iminente entre a pessoa e o Orixá, devidamente mediado pelas Entidades Espirituais, que estão – como o ser humano também está, embora menos conscientemente – a meio caminho entre o "*Céu de Papai Oxalá*" e o mundo terrestre no qual está o "*Congá*" ou, mais precisamente, a sua parte propriamente física;

(**c**) nos dois últimos versos, todas as notas da escala são utilizadas (dó-ré-mi-fá-sol-lá-si-dó, se se adotar a escala de dó maior), embora não em sequência. Isso tem clara pertinência simbólica, pois há um paralelismo evidente entre a "*Estrelinha*" correr "*todo o Céu*" e a linha melódica cobrir todas as notas da escala. Além disso, o fato de o desenho melódico não ser *tediosamente sequencial* (dó-ré-mi-fá-sol-lá-si-dó), mas *cheio de ziguezagues* (dó-dó-fá-fá-sol-lá-dó-si-lá-sol-dó-fá-fá-mi-ré-mi *etc.*) indica claramente o aspecto infantil (lúdico-dinâmico) do Orixá Ibeji: o Divino, além de muitas outras coisas, também *brinca*;

(**d**) a escala, aliás, é coberta não só nas sete notas fundamentais, mas nas oito, ou seja, englobando duas vezes a tônica, em duas oitavas distintas. Então, nesse caso a escala serve de *ponte* entre dois termos que, distantes que estejam por uma oitava, *são essencialmente idênticos* (dó). Nesse arranjo, é evidente que, simbolicamente, o dó em oitava superior é o "*Céu de Papai Oxalá*" e o dó em oitava inferior, o "*Congá*";

(**e**) uma última consideração: no último verso, o trecho "*corre todo o Céu, vem no Congá*", após o grande vai-e-vem melódico precedente, é afinal *linear e descendente* (dó-si-lá-sol-fá-mi-ré-dó): trata-se do já aludido *vetor descendente* que simboliza o influxo da Providência Divina como sendo "de cima para baixo". Isso significa que assim como as estrelas cobrem vastas distâncias a ponto de podermos enxergá-las, o Divino também nos alcança de algum modo, especialmente nos Templos de fato e de direito ("*vem no Congá*"). E, no ponto, essa certeza é afirmada prioritariamente nas quatro últimas notas (fá-mi-ré-dó), *após certo prolongamento da nota sol (grau dominante, de grande tensão), prolongamento este que causa como que um suspense ou uma dúvida:* para onde irá, afinal, a Estrelinha, após correr todo o Céu? Um compasso inteiro é dedicado a explorar esse suspense e essa hesitação, até que a resposta vem clara e direta: "*vem no Congá*".

[6]

Na Mata eu vi o clarão da Trovoada!
Se tudo 'tava escuro, Seu Raio clareou!
Estava perdido na Macaya, Caboclo quem me guiou!
Ele é Caboclo, é de Xangô, Sete Pedreiras quem me abençoou!
Ele é Caboclo, é de Xangô, Sete Pedreiras quem me salvou!

Barravento

Este ponto cantado se refere, diretamente, à Entidade denominada "Caboclo Sete Pedreiras" e, assim, por via indireta, ao Orixá Xangô, divindade associada simbolicamente à Justiça, à Realeza e, no que mais interessa a esse ponto e ao presente capítulo, à Luz, tanto em sua modalidade instantânea (dos Raios), quanto em sua modalidade gradual e continuada (do Fogo). Essa dupla modalidade, no âmbito cognitivo, fica assim representada: *(i)* o Raio tem ação instantânea e clarão intenso, razão pela qual é análogo ao conhecimento intuitivo, marcado que é por seu aspecto imediato, direto; e *(ii)* o Fogo é de ação progressiva, gradual e sua luz é mais branda, motivo pelo qual é análogo ao conhecimento racional, por seu caráter discursivo, "por etapas".

A "cena" do ponto congrega diversos elementos simbólicos relevantes:

(a) a "*Mata*" (ou "*Macaya*"), que, no contexto, representa a realidade manifesta, o cosmo natural onde a dinâmica existencial se dá;

(b) no ponto, a "*Mata*" em questão é retratada em sua fase noturna, escura, na qual o sujeito lírico do ponto se sabe "*perdido*": esta imagem faz clara referência ao "emaranhado kármico" e às dificuldades próprias da consciência espiritual, obnubilada por sua manifestação no tecido matéria-espaço-tempo, em reidentificar-se com a sua verdadeira natureza, por identificar-se com os agregados e instrumentos de que se vale justamente para manifestar-se de forma individualizada, situada no tempo e no espaço[14];

14. Aquilo que chamamos de "eu" engloba características e estados notavelmente efêmeros, como "ser advogado" ou "pesar 85 quilos". Em nossa autoimagem, aliás, estes atributos adjetivos muito transitórios costumam ser preponderantes, quando não exclusivos. Mas essa dimensão de contingência e acidentalidade não define exaustivamente – nem principalmente – o que somos, pela razão simples de que, se assim fosse, "eu" teria de ser advogado para sempre e não poderia alimentar a mais mínima esperança de perder alguns quilos.

Sistemas filosóficos e religiosos, quando falam em "eu", "si mesmo", "espírito", "alma" *etc.*, em certo sentido de tais termos, evidentemente não se referem a este "*eu periférico*" (ou "*ego empírico*"). E há pelos menos dois modos de se negar aquela errônea identificação entre o "eu" e os seus estados cambiantes: ou **(a)** afirmar que a essência espiritual última do ser humano não tem atributos, qualidades e determinações; ou **(b)** afirmar que nem sequer existe uma essência espiritual última, imutável *etc.*.

Qualquer que seja o caso, o fato é que a realidade a nosso respeito é muito distinta daquela que concebemos de ordinário. E é quase uma regra sem exceção: tão logo alguma via espiritual comece a insinuar estas coisas, nosso primeiro movimento é o de *defender o nosso ego*, pois a noção metafísica de que nosso "eu de superfície" não é eterno nos soa agressiva, insuportável.

Mas é exatamente o contrário disso: o fato de não termos uma essência última *limitada por qualificações permanentes*, longe de ser uma limitação do "eu", é a única garantia de que ele poderá ter todas as experiências possíveis: trata-se, então, de uma concepção libertadora que nos entrega nada menos que o Infinito – e ainda reclamamos, pois nos sentimos ameaçados pelo Infinito, que sempre nos causa vertigem e estupor.

(c) essa "*Mata*" escura, no ponto, é a certa altura iluminada pelo "*Raio*", como um *flash* de luz que, instantaneamente, dá à pessoa a possibilidade de situar-se em meio ao caos da selva escura; estes clarões súbitos, verdadeiros *insights* espirituais adquiridos ao longo da jornada iniciática da pessoa, como que antecipam, de modo intermitente, a iluminação contínua que virá com a luz solar da aurora, simbolicamente associada a Oxalá;

(d) o guiamento feito pelo Caboclo não diz tanto respeito a exposições discursivas e instrutivas, embora isso também ocorra, evidentemente; no contexto do ponto, este guiamento providencial alude mais propriamente à vivência religiosa e iniciática que, no interior do Templo, fomenta e propicia a ocorrência dos lampejos intuitivos em questão;

(e) ao final, o ponto diz que este guiamento é uma bênção salvífica, o que significa que essas compreensões súbitas e cumulativas vão, ao longo do tempo, permitindo que o discípulo supere aquelas dificuldades já referidas, próprias do mundo natural ou, mais precisamente, decorrentes da ignorância do espírito a respeito da realidade, inclusive e sobretudo a de si mesmo.

Entendido em sua integralidade e com alguma profundidade, o ponto cantado ainda deixa insinuado que a "*Mata*" não é má ou indesejável; a meta não é tanto *abandoná-la*, mas antes *compreendê-la adequadamente*. O temor angustiado e os sofrimentos vários da pessoa perdida na "*Mata*" escura se devem à sua ignorância, ou seja, à incapacidade de enxergar a realidade corretamente, e não à existência da "*Mata*" em si mesma[15].

Outro tema fundamental deste ponto é o da figura do Mestre, enquanto elemento imprescindível para quem está espiritualmente "*perdido*":

(a) com isso, fica claro que nossa tradição não endossa a noção equivocada (ou a meia-verdade que mais confunde do que esclarece) segundo a qual cada um "é mestre de si mesmo". É, sim, necessário receber instruções (em vários níveis) com alguém que já trilhou o caminho iniciático antes e, dado o nível precário de conexão com o Divino apresentado pela maioria das pessoas, é imprescindível que esse alguém esteja encarnado, afastando-se, assim, o elevado risco de delírios, fantasias e autossugestões daqueles que "se guiam a si mesmos";

15. Porém, esta mesma ignorância é *condição de possibilidade* de certos deleites, como a "graça" dos jogos, das aventuras *etc.*. A ignorância é, portanto, de aspecto *ambíguo*, não admitindo análises simplistas e maniqueístas.

(b) por outro lado, não caímos no extremo contrário de não excepcionar jamais esta ampla regra geral: há casos excepcionalíssimos em que alguém, mesmo sem Mestre encarnado, efetivamente alcança realizações espirituais e até mesmo funda tradições espirituais ou vertentes específicas dentro de alguma já existente. Não fosse assim, a maioria, senão a totalidade, das tradições espirituais existentes seria originariamente ilegítima, pois nada explicaria a existência de um primeiro e espontâneo iniciado;

(c) portanto, a regra geral, válida para quase todas as pessoas, é a de que dependemos, sim, de um vínculo iniciático que nos permita aprender e crescer espiritualmente de forma ordenada e lúcida, no mínimo pela razão simples de que duas cabeças pensam melhor do que uma só, especialmente quando uma delas é *Olórí rere* (isto é, portador de uma "cabeça boa", iluminada), como é o caso dos Mestres verdadeiros. Nossa tradição, então, não compactua de maneira alguma com a ausência de uma relação pessoal qualificada entre Mestre e discípulo, como se vê tristemente em um número bastante elevado de Terreiros, nos quais o Pai ou Mãe espiritual é visto de forma mais ou menos banal e horizontalizada demais. Isso para não falar da forma apequenada e mesquinha com que um grande número de adeptos concebe as Entidades (Mestres espirituais), como se fossem "espíritos de pessoas falecidas quaisquer", aos moldes kardecistas, quando esse evidentemente não é o caso;

(d) aqui, um desabafo e um alerta. Em relação ao mestrado, é preciso evitar dois extremos indesejáveis: *(i)* de um lado, o daqueles que acham que mestre é coisa dispensável, que o que importa é "fazer a caridade" e "se guiar pelo mestre interior"; e *(ii)* de outro, o daqueles que fetichizam a relação mestre-discípulo, mas consideram dispensáveis justamente os frutos que poderiam advir dela e que, aliás, a justificam. Enquanto os primeiros dispensam um meio imprescindível para os fins que dizem buscar, estes últimos dispensam os fins preciosos que poderiam decorrer dos meios que idolatram em si e por si mesmos. Em relação a esses últimos, nunca me esquecerei do que aprendi com o Exu Meia Noite: "*Um meio ilicitamente convertido em fim é um obstáculo intransponível*";

(e) é ainda interessante notar que o ponto se utiliza de três verbos para se referir à ação do Mestre sobre o discípulo ("*guiou*", "*abençoou*" e "*salvou*"): *(i)* o primeiro ("*guiou*") diz respeito à atividade de orientar ou nortear (curiosamente, verbos relacionados ao Leste e ao Norte) o discípulo, isto é, de *indicar o caminho*; *(ii)* já o segundo ("*abençoou*") se refere à atividade de dar alimento e energia (isto é, poder) ao discípulo, ou seja, à de *lhe dar forças para caminhar*; a "bênção", então, é como um poder transmitido, uma força disponibilizada; e *(iii)* o terceiro ("*salvou*") tem relação com o *resultado* do guiamento e da bênção: uma vez orientado e fortalecido, e só então, o discípulo terá condições de abandonar as velhas formas ilusórias de pensar, sentir e agir no mundo;

(f) falando em verbos, há outro fator notável no ponto a esse respeito: em contraste com a utilização de verbos conjugados *no pretérito* (ora perfeito, ora imperfeito) para tratar do mundo *profano* ("*vi*", "'*tava*", "*estava*" *etc.*), o ponto, ao se referir ao "*Caboclo*" (realidade *espiritual*), sempre se vale *do tempo presente* e, não à toa, do verbo "ser" ("*é*"). Isso parece querer indicar que, de um lado, o modo profano de ser é instável, passageiro, ilusório, enquanto, de outro, a realidade espiritual é eterna, permanente, inabalável. Há um contraste dialético claro entre meramente *estar* ("*estava* [perdido]") e *ser* ("*é*").

Enfim, passo a fazer algumas breves considerações quanto ao aspecto simbólico-musical do ponto:

(a) coerente com a sua "paisagem" simbólica (que fala de perdição e guiamento, medo e consolo, perigo e salvação, dificuldades e poderes, enfim da ação benéfica de um Pai generoso e diligente), a tônica emocional do ponto é marcadamente alegre e conduzida pelo célere ritmo percussivo do *Barravento*. Trata-se, mesmo, de uma comemoração, quase festiva, em virtude da ocorrência de uma salvação imprevista, que bem poderia não ter acontecido, mas aconteceu, comemoração esta que é feita por quem contrastou a experiência atemorizante da "*Mata*" escura, em meio a um sem-número de perigos, com os efeitos da Graça providencial estendida por Xangô, através de um "*Raio*" (Emissário) seu: o "Caboclo Sete Pedreiras", precisamente;

(b) esse clima de comemoração celebratória – presente também no fato de todos os versos encerrarem sentenças *exclamativas*, e não meramente *declarativas* – se justifica pelo fato de que o sujeito lírico, no momento em que canta, *já se encontra salvo*, referindo-se às dificuldades pelas quais passou *apenas preteritamente* (daí o uso de verbos todos no pretérito: "*vi*", "'*tava*", "*clareou*", "*estava*", "*guiou*", "*abençoou*", "*salvou*");

(c) o verbo "*clareou*" alcança a nota mais aguda da linha melódica e é quase todo entoado em melodia decrescente (lá-dó-sol-mi), o que novamente faz referência ao recurso, muitas vezes utilizado, de melodias descendentes representarem o *vetor descendente* pelo qual o Divino e Seus representantes exercem ações positivas sobre as pessoas. Aliás, essa estrutura descendente que finaliza todos os versos é uma indicação constante da Providência Divina, ocorrendo não só no trecho "*clareou*", mas também em "*Trovoada*" (verso 1), "*Macaya*" (verso 3), "*Caboclo quem me guiou*" (verso 3), "*é de Xangô*" (versos 4 e 5), "*me abençoou*" (verso 4) e "*me salvou*" (verso 5);

(d) aliás, esses trechos descendentes sempre se revestem de uma certa nota emocional de *alívio*, isto é, de um bem-estar que se segue a dificuldades e tormentos. Ao ouvir o ponto, deve o adepto buscar perceber isso e, mais, sentir este alívio, essa distensão, esse conforto advindo da ação do Divino sobre si. Musicalmente, isso se dá justamente porque a nota que encerra tais sequências melódicas é quase sempre a tônica, nota fundamental da escala (nota de repouso e estabilidade).

[7]

Estrela no Céu brilhou
Minha Choupana já clareou!
Eu vem lá do Humaitá
Eu é Seu Sete Espadas na Luz de Oxalá

Ijexá

Neste ponto cantado, a Luz Divina se apresenta como Aurora, a Luz da Manhã, trazida por Ogun, o Senhor da Guerra que venceu precisamente as trevas da Noite. Não à toa, o período do dia simbolicamente consagrado a Ogun é compreendido entre as 3h e as 6h, justamente o período que de início é constituído de trevas, vencidas que são, porém e inevitavelmente, pela luz, com o advento do Sol nascente. É por isso mesmo que o ponto faz referência explícita ao instante em que a "*Estrela*" (no caso, o Sol) brilha no Céu, fazendo, por consequência, que a "*Choupana*" (isto é, o Templo) se ilumine também.

Aliás, os dois primeiros versos do ponto estabelecem um nítido paralelismo entre o que se passa no Céu ("*Estrela no Céu brilhou*") e o que se passa na Terra ("*minha Choupana já clareou*"), embora em uma parte específica desta (o Terreiro), que tem conexão mais desimpedida com o Céu do que outros espaços terrenos, caracterizados que são pelos atributos dos espaços *profanos* (literalmente, *diante* – e, portanto, – *fora* do Templo). Como se vê, a iluminação, neste caso, é aquela que se processa em partes específicas do mundo, justamente as que não se opõem nem desprezam a luz solar (celeste), isto é, os Templos, nos quais se processam vivências espirituais genuínas. Isso significa que, embora o mundo profano ainda esteja imerso em escuridão ou penumbra (simbolicamente associadas à ignorância, ao egoísmo e a outros flagelos espirituais), na "*Choupana*" de Caboclo (o Terreiro) já é dia (símbolo da iluminação espiritual).

O termo "*Humaitá*" faz referência ao local simbólico da Aruanda (Cidade Celeste) em que se reúnem os Caboclos de Ogun, assim como *Tembetá* diz respeito aos de Oxalá, *Inayá* aos de Yemanjá, *Jacutá* aos de Xangô, *Juremá* aos de Oxóssi e assim por diante. A propósito, como o ponto se refere à interação entre Ogun e a luz solar (eminentemente relacionada a Oxalá), seu último verso enfatiza justamente a interação entre a faixa espiritual de Ogun, em que se situa prioritariamente o "Caboclo Sete Espadas", e a de Oxalá. Neste enredo teológico, o concurso das agências divinas de Ogun e Oxalá tem como motivo simbólico comum precisamente a luz solar: enquanto Ogun é aquele que *traz a Aurora*, Oxalá a faz perdurar e, mais do que isso, torna-a progressivamente mais intensa até o seu ápice (meio-dia).

A constituição musical deste ponto pode ser interpretada da seguinte forma:

> **(a)** do ponto de vista *rítmico*, a célula empregada para este ponto é a do Ijexá, ritmo binário que, neste ponto, assume caráter

claramente *marcial*, verdadeiramente *bélico*, o que tem clara pertinência simbólica com o Orixá Ogun. Simbolicamente, o Ijexá constitui-se de um revezamento entre *unidade* (uma nota, para o tempo forte) e *dualidade* (duas notas com metade da duração da nota anterior, para o tempo fraco), respectivamente o primado da paz (unidade) e do conflito (dualidade). Sempre que a dualidade rompe a unidade inicial, esta é logo recuperada no início do compasso seguinte, de modo que o Ijexá, pelo menos nessa clave simbólica, representa uma *continuada e persistente restauração da unidade*, o que muito convém aos propósitos espirituais, já que a vida espiritual pretende, dentre outras coisas, justamente a reconciliação (isto é, a recuperação da paz) e a otimização da relação *(i)* entre a pessoa e a natureza (domínio da *objetividade*); *(ii)* entre a pessoa e ela mesma (domínio da *subjetividade*); *(iii)* entre a pessoa e as outras pessoas (domínio da *intersubjetividade*); e *(iii)* entre a pessoa e o Divino (domínio da *transcendência*);

(b) do ponto de vista do *andamento*, o ponto é entoado de modo célere, o que é condizente com o seu aspecto vibrante, enérgico mesmo, e com a tonalidade emocional mais notória do Orixá Ogun. Digo "a mais notória" porque, como tenho insistido, cada Orixá apresenta uma riquíssima e irredutível complexidade própria, não se acomodando bem a arranjos simbólicos empobrecidos pelo esquematismo simplista e vulgar. Assim, embora inequivocamente apresente aspecto marcial e bélico, Ogun também oferece outros atributos e características, às vezes surpreendentemente diferentes desse (como ilustrarei no próximo ponto cantado – [8], abaixo), bastando pensar-se, por exemplo, em um Caboclo de Ogun com intermediação para Yemanjá ou para Ibeji, hipótese em que este aspecto estará fortemente atenuado pelos temperamentos próprios dessas combinações ou cruzamentos "vibratórios";

(c) do ponto de vista *harmônico*, embora a tonalidade do ponto seja em modo menor, o seu "humor" não é o de tristeza ou melancolia, mas sim o de uma sóbria gravidade, própria de quem está ou esteve em luta há pouco tempo, ainda se lembrando, por isso, das trevas que, mesmo já vencidas, ainda assombram a memória, ainda persistindo, tardiamente, alguns de seus efeitos emocionais;

(d) do ponto de vista *melódico*, há três aspectos que quero enfatizar (e que estão ilustrados respectivamente nas ilustrações abaixo): *(i)* o primeiro verso abre em melodia rapidamente ascendente, o que lhe confere certo aspecto "rasgante", de modo a representar precisamente o rompante triunfal da luz sobre as trevas; note-se que, em só dois compassos, a melodia parte de uma nota mi e logo atinge uma oitava acima, intervalo imenso em termos de canto (ver a primeira linha de pauta abaixo, em que as duas notas estão destacadas); *(ii)* o segundo verso contém um interessante espelhamento melódico entre os trechos "[mi]-*nha Choupa*-" e "-*na já cla*-[reou]", o primeiro descendente e o segundo ascendente, ambos constituídos das mesmas três notas (fá-mi-ré e ré-mi-fá, destacadas na segunda linha de pauta abaixo); eis aqui respectivamente representados os motores *divino* e *humano* da Iniciação (iluminação), de modo a deixar claro que a "*Choupana*", para estar iluminada, depende tanto de ações divinas, quanto de ações humanas[16]; e *(iii)* no terceiro verso, o trecho "*eu vem lá*" é entoado em melodia também descendente (nas mesmas notas fá-mi-ré, conforme tracejado na última linha de pauta abaixo), o que tem se mostrado um motivo simbólico-melódico muito recorrente: trata-se do "Caboclo Sete Espadas" dizendo que vem *do* Humaitá *para* o Terreiro, ou seja, de cima para baixo.

16. Sobre essa temática, remeto o leitor ao longo desenvolvimento que farei abaixo, no capítulo V.

[8]

Clareia, clareia a minha Mata!

Clareou, eu é Ogun Matinata!

Canta, minha Andorinha; canta, minha Sabiá

Canta, minha Uirapuru; canta, minha Boitatá!

Ogun de Lei, Ogun Mbeitá

Eu é Ogun ao raiar do Dia; eu é Ogun-Oxalá!

Este ponto cantado evidencia a complexidade irredutível que há no domínio teológico, em relação ao qual, portanto, abordagens simplistas e demasiado esquemáticas nunca são adequadas ou, pelo menos, são sempre gravemente insuficientes; isso porque, embora se trate de um ponto relativo a Ogun, sua tônica rítmico-melódica é *surpreendentemente suave*, ao contrário do que uma concepção estanque de sua simbólica guerreira poderia sugerir ou fazer esperar.

Isso também se reflete no conteúdo simbólico da letra, já que: *(i)* o ponto não invoca o Poder de Ogun para fins relacionados a "demandas", "lutas", "enfrentamentos" *etc.*, mas sim à iluminação espiritual, o que, numa abordagem categorial mais simplista e tabelar, seria considerado como sendo mais condizente a Oxalá, por exemplo (embora esta também esteja contemplada no ponto, através da figura do Caboclo Ogun Matinata, que, sendo de Ogun, é também de Oxalá, segundo o conceito de intermediações teológicas, já brevemente explicado acima, no ponto [3]); e *(ii)* a letra do ponto não é integrada por elementos simbólicos como "Espada", "Lança", "Escudo" e demais artefatos bélicos, mas sim ao canto de pássaros e à amena luz do sol nascente.

Como visto, isso demonstra a complexidade pluricêntrica que existe entre as Divindades, que, por assim dizer, estão umas nas outras, cada uma a seu modo. Essa noção, com o perdão da repetição, está presente, na Umbanda, no conceito teológico de intermediações (como o Caboclo Ogun Matinata, que "intermedia" de Ogun para Oxalá) e, no Candomblé, nas "qualidades dos Orixás" (como Yemanjá Oguntê, Xangô Ogodô *etc.*), noções aliás bastante assemelhadas sob certo aspecto. Essa complexidade, a propósito, decorre do fato de que o nível teológico transcende o da razão humana, que, portanto, não o pode abarcar senão de modo aproximativo, tangencial, ou mesmo aporético e paradoxal.

Mas isso também demonstra outras coisas: *(i)* em primeiro lugar, que as virtudes e finalidades "próprias" (ou "mais características") de um Orixá dependem de todas as demais e vice-versa: assim, o ponto cantado diz, sem dizer expressamente, que a iluminação espiritual depende, dentre outras coisas, da força (atributo mais característico ou proeminente em Ogun) – e, também, o contrário, ou seja, que a força, por sua vez, também depende de graus crescentes de realização espiritual; e *(ii)* em segundo lugar, que a verdadeira força – a do espírito – se expressa através da serenidade e da mansidão, e não – pelo menos não tanto ou principalmente – da violência e da agitação, pois que estas sempre revelam alguma dose de fraqueza e impotência, das quais se originam, apesar de todos os esforços que seus portadores costumam dispensar para fazerem crer que sua origem é outra.

Em verdade, a tônica do ponto não é somente serena, mas encerra também uma noção de *alívio*: é como se ele fosse cantado em algum pós-guerra; depois do duro enfrentamento de dificuldades, conflitos e temores, a vitória costuma se expressar em paz e descanso. Guerras que não findam também *não fazem sentido*: mesmo as guerras internas, voltadas ao desenvolvimento espiritual da pessoa, enquanto não acabam, podem muito bem - e talvez até devam - comportar certos armistícios, pausas intermitentes e até desistências temporárias. É como aprendi com Exu, certa feita: "*Guerras podem ser externas e podem ser internas; podem ser fraternas e até paternas; às vezes podem ser inclusive surpreendentemente ternas: elas só não podem ser eternas*".

Mas em suma: no ponto, o sujeito lírico pede por luz a Ogun, pela luz solar (análoga à Luz Divina); o que se pede é iluminação espiritual e isso é pedido, no caso, a Ogun Matinata, "*Ogun-Oxalá*" que traz a Aurora anunciada pelo canto dos pássaros, símbolo do magistério espiritual (as "Vozes do Céu"). Aliás, estas vozes são também múltiplas e variadas, o que explica a referência a aves diversas: a "*Andorinha*", o "*Sabiá*", o "*Uirapuru*". O cenário se completa com o "canto" não mais de uma ave (símbolo celeste), mas de uma serpente (símbolo terrestre): o "*Mboitatá*", um ser mítico indígena, uma cobra ígnea - cujo fogo, naturalmente, é também luz - que protege a "*Mata*", justamente aquela por cuja iluminação se rogava no início do ponto. Ou seja: vozes celestes e ígneo-terrestres cantam com a intenção de preparar a iluminação do adepto, para a qual todas as forças, as de cima e as de baixo, devem concorrer simultaneamente, assim como o crescimento de uma árvore depende tanto do alimento hídrico-telúrico ("terrestre") obtido pelas raízes, quanto do alimento ígneo-eólico ("celeste") obtido pelas folhas[17].

Outra relação que se pode fazer, de passagem, a respeito da "*Andorinha*", do "*Sabiá*", do "*Uirapuru*" e do "*Mboitatá*" é, como talvez se pudesse prever, a relação analógica entre estes seres e os quatro elementos: Ar (princípio expansivo), Água (princípio fluente), Terra (princípio coesivo) e Fogo (princípio radiante), respectivamente.

---

17. Aliás, o Exu Meia Noite, certa vez, ao final de um rito cujo enredo era justamente o ciclo vegetal, aconselhou-nos a ser como as árvores, que se multiplicam maximamente *para cima* (através da ramificação infindável de suas *folhas*), abrindo-se o mais possível para as influências *celestes* (espirituais), mas também se multiplicam, com a mesma obstinação, *para baixo* (através da ramificação não menos incontável das *raízes*), abrindo-se também o mais possível para as influências terrestres.

Em clave simbólico-musical de interpretação, observo o seguinte, do ponto de vista melódico:

(a) nos trechos em que o adepto (um dos sujeitos líricos em interlocução, no ponto) faz seus pedidos ("*Clareia a minha Mata!*", "*Canta...*" *etc.*), a melodia assume a forma de *ostinato*[18], por ser entoada a mesma nota repetidas vezes (conforme demonstram as três linhas de pauta abaixo). Nesses casos, é como se a melodia mimetizasse um certo *limite intransponível sem a ajuda do Orixá*, um obstáculo que o adepto não pode ou não consegue superar sozinho. Isso faz com que o ponto assuma, nesses trechos, um aspecto *insistente* e *tensional* que é condizente com o clamor do adepto por bênçãos espirituais superiores, corretamente vistas por ele como imprescindíveis. Também não se deve deixar de observar que esses pedidos são dirigidos tanto a Ogun (Providência Divina), quanto aos animais referidos no ponto (Natureza), o que indica que a realização espiritual depende de uma integração entre as três instâncias fundamentais da realidade (Natureza, Homem, Deus), de modo que o seu termo médio (o Homem) depende tanto de forças superiores (divinas), quanto inferiores (naturais), tal como a árvore depende tanto de alimentos que lhe vêm de baixo (Terra/sais minerais e Água), quanto de alimentos que lhe vêm de cima (Fogo/luz solar e Ar);

cla - rei - a'a mi

Can - ta, mi-nha An -

Can - ta, mi-nha'Ui

18. "*Ostinato*", em música, consiste em motivos musicais (notas, frases, padrões rítmicos *etc.*) que se repetem persistentemente, isto é, de forma "obstinada", donde o seu nome.

(b) após o pedido, quando Ogun responde dizendo que o pedido *já foi atendido* ("*Clareou!*"), a melodia *finalmente consegue ultrapassar*, com grande alívio, aquela *trava melódica* do *ostinato* referido no parágrafo anterior, imediatamente assumindo desenho decrescente. O termo "*Clareou!*" é cantado em quatro notas, a primeira na mesma nota do pedido (lá), a segunda, que, vitoriosa, a ultrapassa, em um tom e meio acima (dó5); a partir daí a melodia vai sempre decrescendo, num simbolismo melódico claro de satisfação e apaziguamento (sol e mi). Ou seja: a tensão gerada pelo *ostinato* do pedido é primeiramente *vencida* por uma nota mais aguda e triunfal, para em seguida ser *suavizada* por duas notas cada vez mais graves. Essa distensão está presente tanto na melodia (como demonstrei acima), quanto na letra (afinal, Ogun responde que "[já] *Clareou!*");

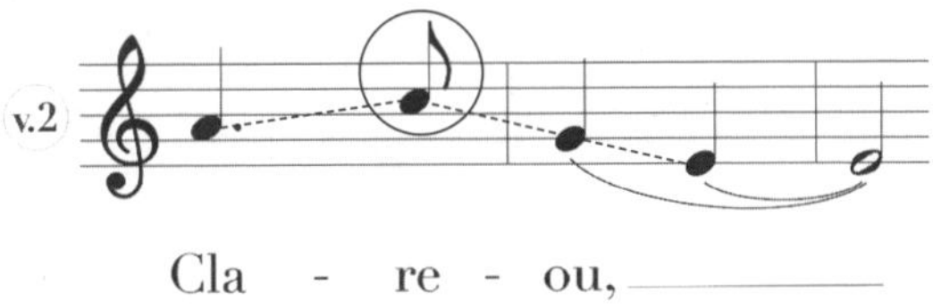

(c) a expressão "*raiar do Dia*", também dita por Ogun, é entoada em notas decrescentes (lá-lá-sol-sol-mi-dó), o que reproduz, melodicamente, o fato de que a luz solar vem do Céu para a Terra, isto é, de cima para baixo;

(d) anoto enfim de passagem que a escala utilizada neste ponto é a chamada escala *pentatônica*, na qual, das sete notas da escala *diatônica*, estão ausentes o quarto e o sétimo graus. Assim, na escala de dó, por exemplo, as cinco notas presentes são apenas dó-ré-mi-sol-lá, excluídas, portanto, o fá e o si. Essa circunstância imprime certo aspecto místico e um caráter mais solene ao ponto; aliás, por alguma razão, qualquer sequência melódica na escala pentatônica "faz sentido" e é agradável ao ouvido, tratando-se de um dispositivo escalar de facílimo manejo. Finalmente, observo que, considerada a escala de dó, a recorrente finalização lá-dó (sexto grau, primeiro grau), havida no ponto, é algo mais "sóbria" e "cerimoniosa" do que a costumeira finalização si-dó (sétimo grau, primeiro grau), como ocorre, em geral, quando se utiliza a escala diatônica.

[9]

Clareou, vem clareando
Essa Choupana, aonde Oxóssi mora
A Luz já vem surgindo, vem no romper da Aurora
Clareia essa Choupana, aonde Oxóssi mora

Este ponto é cantado geralmente no início dos ritos, pois se destina à invocação da Luz Divina a fim de que "ilumine o Terreiro" e, como se sabe, o rito se destina, dentre outras coisas, justamente – e fundamentalmente – à conexão efetiva entre as dimensões física e humana do Terreiro e as Divindades e seus Emissários (sua contraparte espiritual).

Do ponto de vista teúrgico e litúrgico, o ponto faz clara referência à ligação, ou ao contínuo, que há entre a Luz Divina (Orixá Oxóssi, no caso, englobados os seus Emissários) e o Terreiro (dito no ponto como "*Choupana*"), este último reunindo, por definição, elementos naturais, humanos e divinos. Sobre isso, é preciso ver que:

> **(a)** esse contínuo (ou seja, essa não-separação) entre os níveis citados é exemplarmente referido no trecho "*aonde Oxóssi mora*": em certo nível de percepção e de realidade, não há propriamente a "*Choupana*" e, distante dela, o Orixá; não é que a Deidade se limite a visitar episodicamente o Terreiro, mas sim que nele Ela *faz morada*. E o faz de múltiplos modos, aliás: não só através dos elementos naturais e estéticos que a representam e manifestam (ou a "assentam", no jargão de Terreiro), mas também porque, idealmente ao menos, deve estar também "assentada" ou "firmada" no coração mesmo dos filhos do Terreiro – e, como se viu, tanto a dimensão natural, quanto a humana são partes constitutivas do Templo;
>
> **(b)** o Templo não se reduz à sua dimensão física (o terreno e o prédio em que a maioria de seus ritos é processada); também obviamente não se identifica com a sua regulamentação jurídico-civil (a sua personalidade jurídica) e nem mesmo com o grupo social humano que o integra. O Templo é a síntese de elementos divinos, humanos e naturais, tanto que seus ritos, também por definição, só são ritos mesmo caso promovam uma articulação eficaz entre esses três níveis de realidade.

Em uma variação do mesmo ponto, "*Oxóssi*" é substituído por "*Caboclo*", mas essa substituição encerra apenas uma questão de ênfase a distintos níveis devocionais (o nível do Orixá e o do Ancestral Ilustre), pois, uma vez considerado o *continuum* que há entre os Orixás e seus Emissários, o sentido simbólico geral, descrito no parágrafo anterior, permanece exatamente o mesmo.

Agora, algumas palavras sobre o conteúdo simbólico da letra. De início, observem-se os tempos verbais: *(i)* "*Clareou*" está no pretérito perfeito e se refere ao romper da Aurora, algo que já ocorreu, mas alhures, em outro lugar; *(ii)* "*vem clareando*" é modo gerúndio e se refere ao processo pelo qual a luz se aproxima gradativamente do local onde está o sujeito lírico do ponto; *(iii)* o gerúndio é reiterado no trecho "*A Luz já vem surgindo*"; e *(iv)* "*Clareia*", pelo contexto do ponto, está no modo indicativo (denotando um fato que está a ocorrer no presente) e não tanto no modo imperativo (hipótese em que se trataria de um pedido), já que o seu sujeito sintático é "*A Luz*" e não há qualquer vocativo no ponto (como haveria em fórmulas do tipo "Meu Pai, clareia essa Choupana!", por exemplo).

Em resumo, trata-se de uma nítida alusão ao *processo gradual de iluminação*, em que a fonte de luz é externa (o Orixá, o Ancestral, o Mestre encarnado), mas cujos raios se aproximam gradativamente do local onde o adepto se encontra (isto é, o seu *estado pré-iniciático*). Porém, essa aproximação só ocorre graças ao concurso do próprio movimento terrestre de rotação, o que denota que a realização espiritual depende também – e decisivamente – do próprio discípulo, através das *aberturas* que progressivamente ofereça à influência espiritual.

O ponto faz, então, referência a um duplo movimento de encontro: de um lado, a luz que, muito rápida, certeira e infalível, desce em direção ao que será iluminado e que, antes, estava encoberto por treva ou penumbra; de outro, o movimento terrestre que, mais lento e hesitante, acaba por aceitar a luz solar e se esforça, "girando", para recebê-la. Trata-se de um "sim" recíproco, em que o discípulo aceita o Mestre e este aceita aquele – se bem que o Sol, por seu caráter onidirecional, jamais diz "não" a quem quer que seja, razão pela qual o "sim" decisivo acaba sendo sempre o do discípulo, porque apenas este pode, mesmo que sem razão ou vantagem, dizer "não".

Do ponto de vista simbólico-musical, ressalto o seguinte:

(a) o ponto não apenas é alegre, como já inicia com uma tônica emocional verdadeiramente triunfal, gloriosa: a primeira palavra do primeiro verso ("*Clareou*") é entoada de modo a que suas três sílabas perfaçam uma ascensão rápida, muito "íngreme", pois a terceira nota já atinge, em relação às duas primeiras, um intervalo de sexta maior – intervalo que, em termos de canto, é bastante amplo. Simbolicamente, esta subida célere indica uma *vigorosa ascensão espiritual*, expressando as alturas a que se pretende acessar mediante o rito, além de dar conotação musical apoteótica, vitoriosa. É como se o ponto rompesse a "treva" do silêncio de forma rápida, decidida e, sem qualquer dificuldade, alcançasse a luz;

(b) melodicamente, o ponto indica o fato de que o caminho espiritual é constituído de *fases* ou níveis. Isso acontece de forma clara – mas talvez discreta a quem não leve em conta que o aspecto musical dos pontos é tão simbolicamente instrutivo quanto o são as suas letras – nas três primeiras metades dos dois últimos versos. Cada uma delas constitui um "bloco rítmico-melódico", perfazendo-se uma estrutura musicalmente *escalonada*: *(i)* degrau superior: "*A Luz já vem surgindo*" (dó5-lá); *(ii)* degrau intermediário: "*Vem no romper da Aurora*" (si-sol); e *(iii)* degrau inferior: "*Clareia essa Choupana*" (lá-fá), conforme ilustram as imagens abaixo. Todos esses trechos se referem à Luz Divina: o primeiro garante que ela está se dirigindo a nós; o segundo indica a sua fonte original (o Sol); e o terceiro explicita o seu efeito salvífico (iluminação). Note-se que essa mesma escada de três degraus pode ser percorrida em sentido *ascendente* (vetor da realização espiritual, por parte do devoto) ou *descendente* (vetor da Graça Divina, por parte das Divindades e seus Emissários – este vetor é o referido no ponto, pois os três referidos blocos rítmico-melódicos são progressivamente descendentes). Ambos os sentidos (de baixo para cima e o contrário) são expressões do *Amor*: no sentido ascendente, trata-se do *amor devocional* (do inferior pelo superior); já o descendente, inversa e reciprocamente, consiste no *amor sacrificial* (do superior pelo inferior);

(**c**) os três níveis dessa "escada" podem representar, dentre outras coisas: *(i)* os *três níveis da realidade*, cuja articulação constitui o propósito de todo rito (Deus, Homem, Natureza; ou Providência, Vontade, Destino; *etc.*); *(ii)* os *três níveis da personalidade humana* que são alvos do processo de desenvolvimento espiritual e que servem de meios ou suportes à realização espiritual; são os "agregados" ou "corpos", do físico denso ao mental, passando pelo domínio intermediário dos sentimentos e emoções; e (**c**) o *tríplice caminho espiritual*, que integra e articula a via da ação ou do trabalho ("Caboclo", *em pé*), a do amor devocional ("Criança", *prostrada*) e a do conhecimento espiritual ("Preto Velho", *sentado*)[19], respectivamente associadas aos três frutos da realização espiritual: o Poder, o Amor e a Sabedoria;

(**d**) para encerrar, é digno de nota o fato de a melodia do ponto não terminar na *tônica* (primeiro grau de uma escala: nota de repouso, de definição, de estabilidade final), mas na *dominante* (quinto grau da escala: nota de instabilidade, de suspensão, que clama pela definição a ser feita pela tônica). Esse tipo de "finalização inconclusiva" pode indicar duas coisas: *(i)* em primeiro lugar, trata-se de um símbolo musical do anseio humano por realização e completude espiritual, já que este consiste, idealmente, em uma necessidade tão acentuada quanto é a que a dominante tem pela tônica, apesar do nome[20]; e *(ii)* além disso, trata-se de indicação simbólico-musical do fato de que, pelo menos dentro do horizonte de possibilidades visíveis ao homem médio, a Iniciação "não tem fim", sempre admitindo desenvolvimentos cujo termo final não se conhece nem se sabe se existe.

19. Essas três vias estão presentes universalmente em praticamente todos os sistemas religiosos e iniciáticos. A associação delas às três formas de manifestação simbólica das Entidades na Umbanda é bastante intuitiva e direta, já tendo sido melhor explicada na Introdução com base no simbolismo de suas respectivas posturas fundamentais.

20. Arnold Schoenberg, em seu magistral livro *Harmonia*, ressalta que, a rigor, a nota *verdadeiramente "dominante"* numa escala é justamente a sua tônica (primeiro grau), e não aquela que veio a receber este nome (quinto grau). Trata-se, aqui, porém, apenas de uma curiosidade e de um escrúpulo semântico, já que esta nomenclatura é a oficial e, naturalmente, continuará sendo utilizada.

[10]

Eu vi chover, eu vi relampear
Mas mesmo assim o Céu estava azul!
Firmei meu Ponto na Folha da Jurema
Eu é Caboclo Aracaty

Este ponto de Oxóssi é de beleza singular, tanto por sua constituição musical, quanto pelo conteúdo simbólico de sua letra: *(i)* melodicamente, o ponto é em modo menor, entoa-se em andamento lento e se reveste de ar ao mesmo tempo solene e místico, com destaque para a linha melódica descendente empregada no trecho "*estava azul*", muito comum em escalas orientais e que confere forte conotação de mistério; e *(ii)* simbolicamente, o ponto se refere ao contraste entre a penumbra e a tormenta ocasionadas por nuvens em forte precipitação ("*chover*" e "*relampear*") e a luminosidade e a calmaria que jamais são comprometidas nos níveis atmosféricos superiores àquele em que se dão as tempestades ("*Mas mesmo assim o Céu estava azul*").

Tudo isso indica que o sujeito lírico do ponto ocupa uma posição que, de tão alta, garante-lhe uma *visão privilegiada*. Somente por estar vendo as coisas "de cima" é que ele pode constatar que existe uma "dimensão", inclusive em nós, que não é abalada no mais mínimo que seja pela agitação caótica das tormentas que ocorrem nas dimensões inferiores.

Há uma conhecida variante deste ponto, em que o último verso faz referência à vastidão do domínio sobre o qual o Orixá exerce sua regência ("*Oxóssi reina de norte a sul*"), o que Lhe atribui notas inequívocas de poder e majestade e reforça a gravidade solene da constituição musical do ponto.

Quanto à primeira metade do ponto – relativa ao *grau supremo de Luz e Paz* –, há que se observar o seguinte:

> **(a)** nessa parte, o ponto ensina que, na realidade (e, por extensão, em nós mesmos), há uma dimensão de paz e luz imperturbáveis, ou seja, que está permanentemente blindada contra toda desordem, ignorância, ódio, apegos *etc.*, fatores que existem em boa quantidade nos níveis cada vez mais periféricos ou inferiores. A propósito, no Terreiro onde me iniciei, usávamos abundantemente um termo de raiz dúplice, de origem indígena, que se costumava traduzir por "Luz e Paz": *Aranauan*, constituído de *Ara* (= Luz) e *Anauan* (= Paz). O conteúdo semântico deste termo remete, em profundidade, precisamente a este "nível" em que há não apenas alguma luz e boa paz (que, afinal, existem inclusive nos níveis mais grosseiros da realidade), mas sim uma Luz que nada pode obscurecer ou eclipsar e uma Paz que absolutamente não pode ser abalada. A analogia com o ponto é clara: embora no nível terrestre haja luz solar e calmaria meteorológica, somente quando estamos acima do nível das nu-

vens é que a luz solar não pode ser obscurecida e a calmaria jamais é perturbada pelo mau tempo;

(b) tudo isso nos faz lembrar que algo em nós jamais é abalado pelas circunstâncias negativas com que nos defrontamos na vida, sejam elas quais forem. É certo que esse algo indestrutível e imperturbável não é de fácil acesso consciente, mas é, afinal, exatamente aquilo que somos, em profundidade. Aliás, é justamente a consciência desse algo que nos dá acesso ao que as tradições indianas chamam de *Ananda*, o supremo deleite autoconsciente de ser e esse talvez seja o objetivo mais alto e ambicioso das práticas espirituais: a comunhão consciente e suprema com o Divino, seguida do consequente gozo supremo de ser.

Já quanto à segunda metade da variante a que me referi acima – relativa, agora, a "*realeza*" *do Orixá* –, quero chamar a atenção para o seguinte:

(a) nessa parte, o ponto faz referência ao aspecto majestático dos Orixás, enquanto seres dotados de poder e domínio sobre parcelas ou aspectos da realidade cósmica: *(i)* o terceiro verso diz "*Firmei meu Ponto na Folha na Jurema*", onde "firmar o Ponto", seja ele traçado, seja cantado, tem notória conotação de comando, ordem, sanção, como é de conhecimento e de abundante uso no jargão dos Terreiros; e *(ii)* o último verso é ainda mais explícito e direto: Oxóssi (assim como qualquer Orixá) "*reina*", e aliás o faz não em certo domínio muito restrito, mas vastamente, "*de norte a sul*";

(b) a indicação simbólica de que os Orixás são "reis" quer significar que a realidade como um todo não é senão o resultado de suas agências ou atividades teofânicas. É o "agir divino" que, em sua unidade singela, faz com que a realidade *seja* e é também ele que, em sua pluralidade hiperabundante, faz com que a realidade seja dotada de *diversidade harmoniosa*. Todas as coisas só existem e só são o que são e como são na medida em que participam da natureza espiritual dos Orixás. É como se em todos os planos da realidade, em todos os níveis cósmicos, os Orixás tivessem seus "representantes": *(i)* em nível físico denso, pedras, metais, vegetais, animais *etc.* integram a faixa de um Orixá (ou mais de um, através de mil-e-uma combinações possíveis); *(ii)* em nível anímico, as várias almas também são ditas como sendo "filhas" desses ou daqueles Orixás, de acordo com suas inclinações, tendências e formas constitucionais próprias; *(iii)* as várias atividades inerentes à natureza humana também são, cada uma a seu modo, expressões das atividades divinas, razão pela qual se pode afirmar que a linguagem é mercurial (Ibeji, Exu), o afeto, afrodisíaco (Oxun), a bravura e a diligência, marciais (Ogun) *etc.*; e assim por diante, nos diversos domínios ontológicos possíveis;

(c) portanto, reinar "*de norte a sul*" significa ter domínio em todos os estratos da realidade, de alto a baixo. Nada acontece à revelia do Divino, de forma independente ou divorciada dos Orixás; tudo é divino, de forma mais ou menos direta, ou mais ou menos intensa, ou mais ou menos pura, ou mais ou menos consciente. Segundo Tales de Mileto, "*Tudo está cheio de deuses*" e, como observou Heráclito, "*Mesmo aqui* [ou seja, num lugar qualquer] *os deuses estão presentes*", tal é a vastidão do domínio de regência dos Orixás;

(d) a oniabrangência do domínio divino, acima retratado do ponto de vista *espacial* ("norte a sul") é também retratado, já do ponto de vista *temporal*, em outro ponto cantado, referido na Introdução ("*Xangô <u>rolou</u> a pedra na Pedreira / E o Mar <u>estende</u> o Manto de Yemanjá / Mamãe Oxun <u>cantou</u> na Cachoeira / E a Espada de Ogun <u>a batalhar</u> / Ogun Megê, <u>vem</u> d'Aruanda Seus filhos <u>proteger</u>*"). A variedade temporal da conjugação dos verbos *é notável: dois verbos estão no pretérito prefeito* ("*rolou*" e "*cantou*"), um verbo no *presente* ("*estende*"), um verbo no *imperativo* ("*vem*", aqui fazendo alusão ao futuro, por se tratar de um pedido), um verbo no *presente contínuo* ("*a batalhar*"), ou seja, no *gerúndio* ("batalhando") e um verbo no *infinitivo* ("*proteger*"). E o sentido dessa aparente inconsistência temporal dos verbos *é evidente,* pois denota tanto a *vastidão temporalmente ilimitada* do domínio divino (passado, presente e futuro), quanto a *eternidade* (isto é, o "eterno agora", sinalizado pelo presente contínuo).

Do ponto de vista simbólico-musical, já antecipei acima algumas características gerais do ponto (modo menor, andamento lento *etc.*), restando, agora, anotar duas outras, mais específicas:

(a) o segundo verso ("*Mas <u>mesmo assim</u> o Céu estava <u>azul</u>*"), como visto, se refere à verdade de que a consciência espiritual é imperturbavelmente feliz e pacífica, de modo que todos os estados de sofrimento só ocorrem em dimensões mais ou menos periféricas da manifestação do Espírito. Essa verdade, porém, só se alcança ou realiza por via *mística contemplativa*, o que explica o caráter de mistério, de solenidade e de interiorização meditativa presente na linha melódica desse segundo verso. A linha melódica em questão é construída com base em motivos da chamada "escala oriental" ou "escala árabe" (lá-sib-dó#-ré-mi-fá-sol#-lá, por exemplo), o que lhe confere este mesmo aspecto "místico", espiritualmente predisponente;

(b) a constituição musical do primeiro verso mantém uma relação claramente dialética com a do segundo: *(i)* de um lado, o primeiro verso é entoado em uma linha melódica melancólica, quase exasperada, o que muito convém ao fato de a sua letra indicar a dimensão do adepto em que ele vê "*chover*" e "*relampear*"; mas *(ii)* de outro lado, o desenho melódico do segundo verso, além de solene e misterioso, como visto, propicia um claro alívio melódico em sua parte final ("*o Céu estava azul*"), o que é bastante condizente com o emprego da expressão concessiva "*mesmo assim*", que, de resto, torna evidente a relação de antagonismo dialético entre os dois versos em questão.

[11]

Estrela Guia, que clareia Noite e Dia
Estrela Guia, na Luz do Orixá, me alumia
Clareia a Choupana de Velho Guiné!
Abençoa e ilumina Seus filhos de fé!

Da letra deste ponto é possível extrair vários significados importantes. O seu primeiro verso expressa o fato de que a Luz Divina tem a eficácia de iluminar não só quando é "*Dia*" (o que é óbvio), mas também quando é "*Noite*", isto é, quando as dificuldades exteriores e interiores são muitas e, portanto, *quando menos se espera*. Este verso também nos traz à lembrança o fato de ser ilusório pensar, sejam quais forem as circunstâncias em que nos encontremos, que a Luz Divina deixou de brilhar, pois ela brilha sempre, mesmo quando é "*Noite*": toda impressão de que ela se apagou ou deixou de brilhar para nós decorre do fato de nós mesmos termos operado o movimento terrestre de revolução, que, de forma consciente e intencional ou não, acabou por nos afastar dela.

Nos três últimos versos, há uma constante reiteração da ambiguidade decorrente da possibilidade simultânea de os verbos estarem em modo *indicativo* (quando *descrevem um fato presente*) e em modo *imperativo* (quando *rogam por um fato futuro*): é possível ouvir estes versos no sentido de que a Luz do Orixá está já me alumiando, clareando a Choupana do Preto Velho (o Templo) e abençoando os adeptos do Terreiro; mas, de outro lado, é também possível ouvir estes verbos com valência de rogo ou petição, como se, pelo ponto, o filho de fé estivesse a pedir que a Luz do Orixá o alumie, clareie a "*Choupana de Velho Guiné*" e abençoe os filhos do Terreiro. Ambos os modos verbais são simultaneamente possíveis e igualmente significativos, pelo que não são mutuamente excludentes: é verdade que, em um sentido lato, já somos iluminados e abençoados, mas também é verdade que, em sentido mais estrito, relativo à realização espiritual, precisamos da reiteração e do aprofundamento da iluminação e das bênçãos espirituais que recebemos de cima e, portanto, em certo sentido, de fora.

Há que se notar, também, que os alvos da Luz da "*Estrela Guia*" são tanto o *Templo* quanto os seus *agentes humanos*, em seus vários e respectivos graus de realização espiritual, do mestre-raiz ao mais novo aspirante a neófito (afinal, o ponto não faz distinção entre os integrantes do grupo, maximamente inclusivo porque genérico e sem ressalvas, dos "*filhos de fé*"). Aliás, na sequência dos três últimos versos, há um *curioso entrelaçamento* entre o Templo e seus filhos: o segundo verso alude à iluminação de uma pessoa que participa do Templo (o sujeito lírico cantor); o terceiro, à do próprio Templo; e o quarto, novamente à dos filhos do Congá. Esse entrelaçamento demonstra a profunda interdependência que existe entre a dimensão humana do Templo e suas outras dimensões (física, social, espiritual *etc.*), além da óbvia dependência e subordinação de todas elas à Luz Divina.

A respeito do trecho "*Choupana de Velho Guiné*", convém dizer o seguinte:

(**a**) o Templo, enquanto realidade constituída pela articulação de vários níveis da realidade – fundamentalmente, o Divino, o humano e o natural –, pode ser dito como sendo "*dos Orixás*" (caso se enfatize o nível teológico ou divino), ou "*do Orixá*" (caso se enfatize aquele que assume certa centralidade para a comunidade espiritual em questão), ou "*do Caboclo*", "*da Criança*" ou "*do Preto Velho*" (caso se enfatize o nível hierárquico dos Mestres espirituais), ou "*do Exu Guardião*" (caso se enfatize a Entidade responsável pelo nível mais fundamental e preparatório da Iniciação), ou "*do Sacerdote ou Sacerdotisa*" (caso se enfatize o representante mais espiritualmente realizado no nível humano), ou mesmo "*dos filhos de fé*" (caso se enfatize a comunidade espiritual que dinamiza as suas atividades próprias e se beneficia mais diretamente delas) *etc.*;

(**b**) então, a "propriedade" ou a "posse" do Templo podem ser entendidas de forma plural, a depender da dimensão dele que seja enfatizada em cada caso. No ponto em questão, enfatiza-se o Templo como um espaço em que o Preto Velho atua, sendo, portanto, nessa dimensão, de "sua" propriedade. Em casos assim, quando se enfatiza que o Templo é "de" alguma Entidade ou Orixá, o adepto tem uma sensação de que está tendo a oportunidade de pisar um chão *que não é seu*, o que favorece sentimentos de gratidão, reverência, escrúpulo solene, cuidado zeloso e similares, todos muito importantes em qualquer via espiritual genuína;

(**c**) é como no caso de outro ponto cantado – que será analisado abaixo ([20]) – no qual o sujeito lírico é a Entidade espiritual, que se declara dona do Congá, dirigindo-se aos filhos do Terreiro de modo a lhes fazer simultaneamente um *convite* e uma *advertência*: "*Pisa na minha Angola, mas pisa devagar / tenho Ordens e Direitos das Santas Almas de Oxalá*". A exigência de que pisemos devagar, com cuidado, no chão do Congá pretende exatamente restaurar no adepto a noção de que há espaços mais sagrados do que outros e de que só podemos pisar nos espaços sagrados se cumprirmos certos requisitos, que não são formalidades burocráticas vazias, mas que, muito ao contrário, induzem a pessoa a certos estados interiores indispensáveis à consecução dos fins próprios da vivência religiosa que neles têm lugar.

Do ponto de vista simbólico-musical, quero enfatizar o seguinte:

(a) o ponto é em tonalidade maior, com andamento lento e aspecto geral suave, limpo e sereno, como em geral convém aos pontos que fazem referência, mais do que à mera esperança, à *garantia* de que a Providência Divina não falhará em seu propósito gratuito de iluminar, acolher e propiciar realizações espirituais a todos. Essa tônica emocional, aliás, é muito pertinente a certo aspecto do complexo simbolismo dos Pretos Velhos, integrantes da faixa espiritual invocada no ponto e centralizada no Orixá Obaluayê ou Omulu (o Velho, sincreticamente analogado a Saturno, por exemplo), como indica o terceiro verso, com a menção que faz a "*Pai Guiné*"[21];

(b) é muito nítido o simbolismo melódico dos trechos "*que clareia Noite e Dia*" e "*na Luz do Orixá me alumia*": ambos são constituídos de linhas melódicas descendentes, o que tem o claro sentido de expressar, musicalmente, o *vetor descendente* da Graça Divina (que faz contraste simétrico e recíproco com o *vetor ascendente* do processo de realização espiritual, mas que é a este imprescindível);

(c) há ainda outro símbolo presente na estrutura melódica do ponto, relativo à dialética estabelecida entre Céu e Terra, entre Luz e Treva, entre Superior e Inferior *etc.*: *(i)* nos dois primeiros versos, de idêntico desenho melódico, a nota *mais aguda* (isto é, a mais *alta*) do ponto é atingida precisamente nos momentos em que a letra faz referência à *Luz* (e, portanto, ao *Divino*), seja indiretamente mediante o uso do verbo "*clareia*", seja diretamente pela alusão explícita à "*Luz do Orixá*"; e *(ii)* dialeticamente, nos dois últimos versos, também de igual melodia, a nota *mais grave* (isto é, a mais *baixa*) do ponto é entoada quando a letra se refere ao que é *Humano* e *Terrestre*, seja pela referência indireta ao Orixá "*Velho*" (associado que é ao elemento "Terra"), seja pela referência expressa ao "*Filho de Fé*" (claramente associado à dimensão humana do Templo).

---

21. Digo "convém a *certo aspecto*", pois a mansidão, a quietude e atributos correlatos não são os únicos a integrar um simbolismo tão complexo como o da figura do Preto Velho. Além disso, outros atributos mantêm com estes certa relação tensional, como a densidade do elemento "Terra" (associado por excelência a este Orixá), o aspecto de temor reverencial que os Pretos Velhos podem inspirar, o grande poder magístico destes, sobretudo no que diz respeito ao enfrentamento e frenagem do baixo mundo espiritual *etc.*.

que cla - rei - a na Luz do O - ri - xá,

Chou - pa - na de Ve - lho

lu - mi - na Seus fi - lhos

[12]

O Mato 'tá mexendo, alevanta o pé
Chama a minha Banda, eu quero ver quem é!
Olha, pula de lá, vem cá! Olha, pula de lá, vem cá!
Oh! Lua, Oh! Lua, a Lua clareou
Eu pensava que era Dia, mas a Lua me enganou!

Em certa clave simbólica, o "Orixá" (em gênero) está associado à "luz" e "Exu" à "treva", devido a funções específicas que este ocupa na dinâmica da realidade:

(a) do ponto de vista *cosmológico*, Exu está relacionado ao princípio *concretizador* ("matéria", analogada à "treva", em oposição dialética ao "espírito", analogado à "luz") e ao princípio *individualizador* ("multiplicação aparentemente separativa do Princípio Supremo", marcado por certo aspecto lúdico-ilusório, analogado à "treva", em oposição à realidade soberana e a rigor única do Espírito, analogada à verdade e, portanto, à "luz");

(b) do ponto de vista *mítico*, Exu, por seu caráter hiperabundantemente multifacetado, representa a irredutibilidade do Divino às categorias mentais humanas e, por isso, o aspecto impenetravelmente misterioso do Divino (à mente humana). Exu é, nesse contexto simbólico, como que a "escuridão" do Divino, que as poucas luzes da razão não podem iluminar;

(c) do ponto de vista *psicológico*, Exu se relaciona ao "inconsciente" (já classicamente simbolizado pela "treva"), em contraste com a Luz Divina, relacionada ao "supraconsciente";

(d) do ponto de vista *existencial*, Exu está relacionado aos processos de "desagregação" (ou, para evitar o eufemismo, mas ainda assim sem qualquer conotação pejorativa, de "destruição" e "morte"); e assim por diante, desde outros tantos pontos de vista.

Apesar disso, seria um erro que a essa clave simbólica fosse conferida validade exclusiva e absoluta de modo a se concluir que Exu não tem qualquer relação – inclusive simbolicamente muito significativa – com a Luz Divina. Ora, Exu também é uma divindade e por isso mantém, por definição e como qualquer outro Orixá, pertinência simbólica com a Luz Divina, como o ponto cantado em epígrafe indica em seus dois últimos versos, que serão interpretados abaixo.

Analisando-se a letra, tem-se o seguinte:

(a) O primeiro verso contém um *alerta* e um *conselho*: *(i)* o alerta é de que "*O Mato 'tá mexendo*", o que indica a existência de animais perigosos ocultos, não percebidos por nós (no símbolo do ponto, possivelmente "cobras"); já *(ii)* o conselho ("*alevanta o pé*") é o de tomarmos as providências necessárias à prevenção eficaz do mal, tanto no sentido de não sermos vítimas de males externos (hipótese em que as "cobras" representarão agressores externos), quanto no sentido de não causarmos o mal nós mesmos, nem a nós, nem a terceiros (quando então as "cobras" representarão nossos vícios interiores). Ou seja: há perigos, externos e internos, e com eles devemos tomar cuidado;

(b) o segundo verso contém um *pedido* e um *objetivo*: **(a)** diante do perigo anunciado, clama-se pela presença da "*Banda*", termo que, no jargão dos Terreiros, consiste em contração de "*Um-banda*", aludindo, portanto, à via espiritual da Umbanda ela mesma e, então, englobando todos os Orixás, Ancestrais Ilustres, Mestres encarnados e técnicas espirituais que a fomentam e dinamizam; e **(b)** o objetivo inicial do apelo é o de que o mal seja identificado ("*eu quero ver quem é* [que está 'mexendo o mato']*!*"), em termos de origens e de causas, tudo a fim de que, evidentemente, ele possa ser evitado ("prevenção") ou neutralizado ("cura");

(c) o terceiro verso contém já um *apelo* ("*Olha, pula de lá, vem cá!*"), ou seja, uma intensificação do pedido feito no verso anterior. Aqui, o sujeito lírico chama por Exu, pedindo que venha com urgência (o que se denota pelo verbo "pular") da Aruanda ("*lá*") ao Terreiro ou ao Mundo ("*cá*"). A referência aos "saltos" de Exu, entre "*lá*" (transcendente) e "*cá*" (imanente), pretende simbolizar, obviamente, tanto o seu caráter veloz, ágil, hiperdinâmico (com o uso do verbo "pular"), quanto sua capacidade de trânsito todo-permeante (com o contraste entre "*lá*" e "*cá*");

(d) ao final, o quarto e o quinto versos contêm uma *reverência agradecida* e um *espanto admirado*: neles, Exu é a Lua (enquanto *refletor noturno da Luz Divina*), que, atendendo aos apelos, não só estendeu o seu clarão a quem dele precisava, como o fez em abundância. Trata-se de referência à lua cheia, que, de tão luminosa, fez parecer que era dia. Ou seja: mesmo estando mais diretamente associado à noite, à treva ou à meia-luz, Exu pode fazer clarear de modo quase análogo à luz solar. Isso, num sentido mais profundo, significa também que a noite pode ser tão boa (tão deleitosa, alegre e "colorida") quanto o dia. Exu ensina que a noite não é ruim e isso me faz lembrar da ocasião em que aprendi com Exu, no Terreiro, que, seja como for, "É melhor uma noite de verdade do que um dia de mentira*!*";

(e) ainda quanto ao poder fascinante (e em certo sentido ilusório) da Lua ("*a Lua me enganou*"), é possível lembrar o conceito metafísico indiano de *Māyā*, não exatamente como erro, engano ou irrealidade, como superficialmente se costuma traduzir o termo "ilusão", mas antes do fascinante e hiperabundante "poder mágico" de projeção divina das formas. Exu, no contexto teológico-metafísico afro-brasileiro está associado, dentre outras coisas, justamente a essa *demiurgia cósmica* – a um só tempo fascinante e terrível, deleitosa e arriscada – que se define precisamente pela "projeção mágica" das mil-e-uma formas que perfazem o domínio cósmico (também chamado, na literatura da Umbanda Esotérica, de "Reino Natural").

Já do ponto de vista musical, chamo a atenção para o que segue:

(a) coerentemente com a descoberta de que, mesmo em meio à penumbra da noite e aos perigos que furtivamente se escondem nela, é possível que a noite seja boa, o caráter musical do ponto é profundamente alegre, festivo, marcado pelo ritmo que deu origem ao "samba" (Kabula), que é fortemente sincopado e, portanto, convidativo à dança, quase irresistivelmente. Aliás, "levantar o pé" é uma forma diferente de dizer "dançar" e é assim que Exu nos ensina a evitar o ataque das "cobras", o que me traz à memória uma das famosas iconografias do jovem *Kṛṣṇa* dançando alegremente sobre as mil cabeças do terrível *Kaliya Naga*, à qual remeto o leitor, que a encontrará com facilidade;

(b) note-se o contraste: apesar de o ponto versar sobre perigos e enfrentamentos, ele tem uma têmpera musical divertida, lúdica, bem-humorada. É assim que Exu nos ensina a viver: com uma alegria inegociável e incondicionada, mesmo em meio a perigos temíveis. Foi também com Exu, no Terreiro, que aprendi, certa vez, que rir é uma das formas de "mostrar os dentes" e, portanto, uma forma de prevenção e defesa;

(c) no cômputo geral, então, o ponto propõe que se tenha tanto *cautela*, quanto *alegria*, de modo a recuperarmos um equilíbrio que nos permita evitar tanto o extremo de uma paranoia amedrontada, pessimista e lamuriosa, quanto o extremo oposto de uma euforia irresponsável, abobada e histérica, tão ruim quanto.

CAPÍTULO II
O Portal do Templo:
Exu e Suas "Tronqueiras"

A rigor e por natureza, o mundo é um templo e a vida, um rito, pois tudo é sagrado. Porém, esse caráter fundamentalmente divino de todas as coisas costuma passar ao largo de nossa consciência de superfície, seja porque *(i)* habita em um nível de realidade tão radical e profundo, que não conseguimos captá-lo com facilidade, *distraídos* (ou *fascinados*) que estamos com a miríade de aparências que o *encobrem* (ou *prolongam*)[22], seja porque *(ii)* mesmo que se entenda que o Divino se estende até aos níveis mais superficiais da realidade, fato é que, nesse caso, por sua onipresença e infinitude mesmas, Ele é literalmente imperceptível, pois nossa percepção e nossa mente analítica funcionam sempre e apenas por contraste e limite. Ora, algo que está em tudo, que em certo sentido é tudo, que é infinitamente abrangente e que, portanto, não tem limites para ser contrastado com outras coisas que o tornem discernível é algo que simplesmente não pode ser visto, percebido ou mesmo pensado como "algo".

Devido a essas dificuldades – profundidade ou oniabrangência do Divino –, a existência de *espaços* (templos) e de *tempos* (ritos) qualificados se justifica plenamente, por tornarem possível a concretização de um método prático-pedagógico de viabilização ou facilitação da relação entre o humano e o Divino. Templos e ritos constituem, portanto, fatores de *evidenciação do invisível*, através de certas delimitações espaço-temporais dentro das quais os estímulos sensíveis e simbólicos do Divino são *intensificados por isolamento, depuração e filtragem*. Ou seja: nos templos e nos ritos, são empregados recursos que: *(i)* para contornar a primeira dificul-

22. Usei, de um lado, dois termos "negativos" ("*distraídos*" e "*encobrem*") e, de outro, dois termos "positivos" ("*fascinados*" e "*prolongam*") para me referir à estratificação da realidade em níveis (profundidade *vs.* superficialidade), devido à seguinte ambiguidade de sua valoração: *(i)* vistas as coisas pelo lado "negativo", as aparências são consideradas como ilusões que nos *separam* da Realidade Suprema, razão pela qual o fato de nos ocuparmos delas é visto e sentido como *dispersão alienante*; mas *(ii)* vistas pelo seu lado "positivo", as aparências se mostram como manifestações da Realidade Suprema, *ligando-nos* a ela justamente por serem fulgurações suas; por isso, nesse caso, o fato de nelas nos demorarmos é visto e sentido como um *justo deleite* que decorre da apreciação das formas, cores, sabores, aromas e de tudo o mais que, brotando abundantemente da Realidade Única, esteja ao alcance dos instrumentos de nossa consciência (mente, corpo *etc.*).

dade ("*profundidade invisível*"), trazem o Divino da profundeza radical em que habita à superfície que a consciência humana pode acessar mais facilmente; e *(ii)* para contornar a segunda ("*oniabrangência indiscernível*"), demarcam o Divino o mais nitidamente possível, através da forja de uma dualidade significativamente marcada – embora forçosamente aparente e relativa – entre o "sagrado" e o "profano".

Nesse contexto é que se evidencia com clareza a importância das Tronqueiras (ou seja, dos Assentamentos de Exu instalados junto ao Portal de acesso ao Terreiro), importância ao mesmo tempo material e simbólica, na medida em que promovem: *(i)* a *purificação energética sutil* do Templo, tornando possível a emergência do Divino aos planos acessíveis à consciência mediana e de vigília, afastando a primeira dificuldade aludida acima, e também *(ii)* a *demarcação simbólica* entre o espaço exterior ao Terreiro – profano, caótico, turbulento e no qual, portanto, o Divino não se vê facilmente – e o espaço interior – sagrado, ordenado, harmônico e no qual, portanto, o Divino já pode ser visto ou ao menos entrevisto com maior facilidade –, afastando a segunda dificuldade referida[23].

Talvez uma imagem da solução simultânea dessas duas dificuldades seja uma que, certa vez, foi ilustrada no Terreiro pela "Criança" Ori: em casos de dificuldade auditiva – seja por razões externas (*ruídos obstativos*), seja por razões internas (*surdez parcial*) –, é preciso que os estímulos sonoros sejam, em compensação, suficientemente *fortes* e *claros*. Os templos e os ritos fazem exatamente isto: de um lado, promovem um silenciamento dos ruídos exteriores (abafando não só os ruídos físicos, mas também o "barulho" das ideias e sentimentos agitados e do falatório espiritualmente irrelevante) e, de outro lado, "aumentam o volume" das vozes divinas, de modo a sanar a dupla dificuldade, extrínseca e intrínseca, que atrapalha a nossa audição a respeito das coisas espirituais.

---

23. Essa demarcação simbólica entre os espaços exterior e interior aos templos é amplamente discutida no valioso e já clássico trabalho de Mircea Eliade intitulado *O sagrado e o profano: a essência das religiões*, no qual o "espaço sagrado" é definido como aquele separado do "espaço profano" por *rupturas* e *descontinuidades* que, no caso dos Terreiros, consistem justamente nos seus Portais e seus adjuntos denominados "Tronqueiras". Num plano mais geral, Eliade estabelece que a diferença entre o homem religioso e o homem profano é a percepção do espaço e do tempo: enquanto o primeiro percebe o espaço como *heterogêneo* e o tempo como *cíclico*, o segundo, ao contrário, percebe o espaço como *homogêneo* e o tempo como *linear*. Assim, para o homem religioso: o templo é o espaço sagrado, o centro do mundo, que é atravessado pelo *axis mundi* (o eixo vertical que comunica todos os níveis da realidade); e o rito é o tempo sagrado, essencialmente cíclico, recuperável, que repete incessantemente os mitos, que não são narrativas literais sobre eventos ocorridos em algum ponto da linearidade histórica, mas narrativas simbólicas do que sucede sempre e em toda parte.

Em outras palavras, existem basicamente duas formas de acesso aos níveis de realidade que transcendem o da vida cotidiana: *(i)* uma "para dentro", já que o próprio ser humano participa desses níveis: aqui, estão as práticas meditativas e contemplativas, silenciosas e solitárias por natureza; e *(ii)* outra "para fora", já que, mesmo sendo inferior às realidades superiores, o mundo sensível as simboliza: já aqui, estão os diversos ritos engendrados pela interação da pessoa com símbolos exteriores. Convém analisar essas duas formas mais detidamente:

A primeira forma ("para dentro") reduz ao mínimo a percepção de estímulos exteriores, para que o aspecto geralmente desordenado e ruidoso deles não constitua obstáculo à prática espiritual. Porém, como o mundo interior também é caótico e mais ou menos poluído, sobretudo no início do caminho espiritual, o emprego de práticas exclusivamente interiorizantes pode levar à confusão entre o psíquico e o espiritual, ou, pior ainda, à evasão do mundo mediante a equivocada negação de seu valor.

Já a segunda forma ("para fora") não cessa a estimulação exterior, mas a filtra e organiza de modo a que os estímulos sensíveis funcionem como símbolos que traduzam e manifestem o Divino o mais nitidamente possível. Contudo, como a experiência do mundo exterior pode ser de um fetichismo fortemente antimetafísico e vulgar, o excesso de práticas exteriorizantes pode levar à confusão entre o símbolo e o simbolizado, ou, pior ainda, à alienação da pessoa de seu próprio mundo interior.

Portanto, ambas as formas são fundamentais à vida espiritual – e até uma para a outra: o mundo exterior é organizado pela estética espiritual e se torna símbolo; o ser humano é aprimorado pela ética espiritual e se deifica. Portanto, não se trata de uma classificação estanque, antes um esquema de *ênfases* e *predominâncias*. Há práticas que se valem simultaneamente de elementos interiores e exteriores, em medidas equilibradas; além disso, no limite, todas as práticas sempre têm um mínimo de ambos os domínios necessariamente. A demarcação distintiva entre ambas é maior no início da vida espiritual. Com o passar do tempo, porém, o trânsito entre ambas se torna bastante fluido e desimpedido, com reciprocidades magníficas e praticamente instantâneas: a percepção de algo exterior logo provoca ressonâncias interiores e vice-versa.

Assim, embora em circunstâncias ideais e talvez utópicas os templos não fossem estritamente necessários – uma vez que, nessas situações, o mundo mesmo seria entendido como um "templo" –, a sua importância é crucial para que pessoas largamente afastadas do Divino como nós, homens ocidentais herdeiros de influências culturais ateístas, materialistas *etc.*, tenham *viabilizada* ou pelo menos *facilitada* uma via espiritual autêntica. Dito de outro modo: embora as dualidades entre o "profundo" e o "superficial", entre o "central" e o "periférico" e entre o "sagrado" e o "profano" sejam a rigor ilusórias (por não corresponderem propriamente a nenhuma realidade, decorrendo, isso sim, de uma representação subjetiva e errônea da realidade), não há dúvidas de que elas têm grande *valor pedagógico-espiritual* e poderosa *eficácia prático-metodológica* quanto à relação entre o humano e o Divino, especialmente no que diz respeito às fases iniciais da vida espiritual.

Antes de continuar, quero abrir um parêntese para dedicar mais algumas linhas ao tema, relevante, das "dualidades", com o intuito de demonstrar a impossibilidade de que elas sejam absolutas: em virtude de um imperativo lógico-metafísico, é simplesmente impossível que haja qualquer dualidade (como "espírito/matéria", ou "celeste/terrestre" *etc.*) que não se reduza a alguma unidade mais profunda, pois isso pressuporia a existência de um "nada absoluto" que separasse de forma total – ou seja, "mais que abissal"[24] – ambos os termos da dualidade, o que é absurdo. É claro que as dualidades não são completamente inexistentes ou ilusórias, mas elas só existem – e só é possível que existam – *relativamente*, ou seja, em planos mais ou menos superficiais da realidade, que necessariamente são sustentados por outros mais profundos e nos quais elas se resolvem em unidades cada vez mais abrangentes.

Retomando o assunto anterior, preciso ressalvar o seguinte: o fato de que formas religiosas exteriores (símbolos, ritos, práticas espirituais *etc.*) são *mais* importantes nas fases iniciais do desenvolvimento espiritual não implica nem *(i)* que elas *devam ser* superadas, como se fossem nocivas, males necessários dos quais devemos nos desvencilhar o quanto antes, nem *(ii)* que sejam *facilmente* superáveis, como se fossem úteis apenas para fases introdutórias, cujos frutos espirituais são ainda muito modestos ou instrumentais. Ao contrário, *(i)* formas religiosas em geral *não precisam* ser dispensadas, mesmo quando eventualmente possam sê-lo, pois são boas, agradáveis, dotadas de verdade, beleza e poder; e *(ii)* além disso, elas *não podem* ser dispensadas com facilidade, pois são suportes espirituais funcionalmente imprescindíveis durante vastíssimo período da vida espiritual, e não apenas nas suas etapas iniciais. Ora, do

24. A expressão "mais que abissal" é bastante adequada aqui, já que os abismos, mesmo quando muito profundos, acabam sempre por encontrar um solo comum em que os dois blocos de terra se encontram e se mostram como sendo, em verdade, um só e o mesmo. Não fosse assim, o abismo dividiria a realidade em duas partes incomunicáveis, como é evidente.

fato de que algo não seja *eternamente imprescindível* não se segue nem que seja *inconveniente*, nem que seja *pouco importante*, nem que seja importante *só por pouco tempo*. Para dar um exemplo particularmente ilustrativo e encerrar a questão: um filho não é rigorosamente "necessário" para a vida de sua mãe e, mesmo assim, esta jamais cogitaria de sacrificá-lo só por isso, nem suportaria limitar sua convivência com ele a alguns poucos meses, como se fosse um bem de pouco valor ou, pior ainda, um mal necessário a ser superado o mais rápido possível.

Feita esta introdução geral a respeito da importância dos templos e dos ritos, farei breves considerações a respeito da estrutura dos Terreiros na tradição que sigo, para, no contexto dessa estrutura, enfatizar o tema próprio deste capítulo: as Tronqueiras.

Como visto acima, o Terreiro como um todo é sagrado, de modo que ele inteiro é um espaço qualitativamente superior ao espaço exterior que o circunda (mundo profano). Porém, isso não significa que todas as suas partes internas sejam sagradas *em igual medida* (aspecto quantitativo), nem que o sejam *de igual modo* (aspecto qualitativo):

> **(a)** do ponto de vista do *grau de sacralidade*, existem diferenças, até significativas, entre os vários recintos do Terreiro, que vão desde *(i)* espaços "quase-profanos" – embora nenhum jamais o seja completamente –, como aqueles cuja funcionalidade está associada à satisfação de necessidades mais triviais dos seres humanos (a exemplo de cantinas, vestiários, sanitários *etc.*), até *(ii)* aquele que é "maximamente sagrado" (o "Congá", ou altar), por servir de símbolo do que há de espiritualmente mais alto, passando por um amplo espectro de *(iii)* espaços de sacralidade "intermediária" por assim dizer (como os diversos assentamentos, pontos ostensivos ou ocultos de movimentação material e simbólica de forças sutis as mais variadas *etc.*;
>
> **(b)** do ponto de vista do *modo de sacralidade*, as diferenças não são menores: uma vez que o Divino é infinito e portanto inesgotável, suas manifestações materiais e representações simbólicas podem assumir formas igualmente infinitas; como, porém, em nível prático, não é nem possível, nem recomendável, que o número de representações das Divindades, em um templo, seja indefinidamente grande – pois isso tornaria inviáveis as práticas espirituais devocionais, por seu caráter ilimitadamente dispersivo –, é necessário que, de forma inteligente, o número de representações materiais e simbólicas do Divino seja delimitado de modo esquemático e cria-

tivo. Ocorre que, mesmo assim reduzidas, essas representações são em número bastante significativo, razão pela qual costumam existir espaços consagrados aos diversos Orixás e aos diversos Ancestrais Ilustres, cada qual com sua modalidade divina específica, com seus humores espirituais próprios, com suas respectivas tonalidades afetivas, atributos, características, com seus distintos papéis teúrgico-ritualísticos e assim por diante;

(c) a respeito da *simplificação convencional* que está na raiz da constituição dos panteões teológicos referida no parágrafo anterior, quero fazer uma pequena digressão: assim como a figura *limitada* das formas geométricas nos faz compreender o Espaço *infinito* justamente na medida em que aparentemente o delimita; e assim como a estrutura *seletiva* e *parcial* das escalas e sistemas de afinação permite que, do arco *contínuo* e *infinito* do Som, sejam extraídas músicas, a Religião, em seu panteões *delimitados* nos faz compreender e nos relacionar com a *infinitude* do Divino mais ou menos dessa mesma forma: *convencionalmente limitada*. Ora, tudo o que existe "para o ser humano" deve ajustar-se à forma específica – e, portanto, limitada – de sua personalidade. Por isso, dizer que as Religiões não esgotam o Divino e que os panteões são construções humanas mais ou menos arbitrárias – embora compreensível, diante da incrível pretensão que algumas doutrinas têm de consistirem na "verdade absoluta" – é um truísmo desnecessário para várias delas. Fazê-lo seria o mesmo que alguém interromper o clímax de uma interpretação sinfônica de rara beleza, para "denunciar" o fato de que aquela música, bela o quanto seja ou pareça, não ultrapassa os limites convencionais do sistema tonal temperado. Esse alguém estaria erradissimamente certo.

O Terreiro tem, em geral, uma *forma estrutural* que imita simbolicamente a anatomia fundamental do corpo humano; do seu Portal até o Congá, encontram-se os seguintes pontos de força fundamentais, sem prejuízo de tantos outros pontos secundários, terciários *etc.*[25]: *(i)* os *Pés do Axé* (*sustentação* e *dinamismo*): são as duas Tronqueiras, consagradas fundamentalmente a Exu e nas quais o templo como um todo "se apoia" e através das quais pode "mover-se"; *(ii)* o *Ventre do Axé* (*concepção* e

25. Em todos esses "pontos de força" (sete, no total) são acondicionados elementos materiais e simbólicos dos *três axés* (axé branco, axé vermelho e axé preto). Naturalmente, as proporções entre as três "qualidades do Axé" variam de ponto para ponto, assim como variam seus respectivos elementos correspondentes.

gestação); *(iii)* os *Braços do Axé* (*realização*); *(iv)* o *Coração do Axé* (*vitalidade* e *comunicação*); e *(v)* a *Cabeça do Axé* (*coordenação* e *direcionamento*). Os *Pés do Axé* serão analisados neste capítulo, enquanto os seguintes, aqui só indicados, constituirão o objeto do próximo capítulo.

Como visto, as Tronqueiras são duas, já que dois também são os pés, no corpo humano. Aliás, a analogia com os pés é bastante sugestiva, sobretudo no que diz respeito às imprescindíveis funções teúrgico-ritualísticas das Tronqueiras: *(i)* primeiro, porque alude a apoio, sustentação, base; *(ii)* segundo, porque faz referência a dinamismo, mobilidade, equilíbrio cinético; *(iii)* terceiro, porque, assim como os pés, a função de Exu aqui enfatizada está intimamente associada à "terra", símbolo por excelência da matéria e seus movimentos, forças e poderes; e *(iv)* quarto, porque a relação de complementariedade imprescindível que há entre os pés (*esè*) e a cabeça (*orí*) – a cabeça dirige os pés, que por sua vez permitem à cabeça que se movimente e desloque – é a mesma que existe entre a agência de Exu e a dos demais Orixás[26].

As duas Tronqueiras são estruturadas de modo *reciprocamente espelhado*, o que alude ao símbolo de dois espelhos que, postos frente a frente, reproduzem ou mimetizam o Infinito:

(a) na *Tronqueira de desagregação ou descarga*, prepondera a cor vermelha, há elementos cortantes ou contundentes (como ponteiros, agulhas de aço, ervas "quentes", sobretudo pontiagudas, ossos *etc.*), os símbolos alimentares são em geral mais densos (como farofa e pipoca no dendê *etc.*) e a representação dos quatro elementos se dá a partir dos seguintes elementos e na seguinte ordem (do mais denso ao mais sutil): *(i) Terra*: quartinhas e alguidares de barro, pedras avermelhadas *etc.*; *(ii)* Água: cachaça ou álcool etílico; *(iii) Fogo*: vela vermelha ou taça de metal com fogo ou lamparina no azeite de dendê; e *(iv) Ar*: charuto aceso;

(b) na *Tronqueira de agregação ou imantação*, prepondera a cor branca, há elementos suaves e apaziguadores (como algodão, areia do mar, ervas "frias", sobretudo cheirosas, conchas *etc.*), os símbolos alimentares são em geral mais sutis (como

26. É isso o que explica a existência de certa dualidade do tipo "superior/inferior" entre "Orixá" e "Exu" (embora Exu seja também Orixá), dualidade que é, em geral, muito mal compreendida e, portanto, objeto de abusos pela prática umbandista majoritária. Porém, essa dualidade não deve ser entendida em sentido "forte", mas apenas de modo "suave", isto é, relativo apenas a *certo aspecto* das coisas, já que, no nível propriamente teológico, Exu também é Orixá, não sendo menos divino do que qualquer outro.

mingau, doces *etc.*) e a representação dos quatro elementos se dá a partir dos seguintes elementos e na seguinte ordem (do mais sutil ao mais denso): *(i) Ar*: incenso ou essências aromáticas; *(ii) Fogo*: vela branca ou lamparina em azeite doce (de amêndoas, por exemplo); *(iii)* Água: água fresca; e *(iv) Terra*: quartinhas e alguidares de louça branca, pedras esbranquiçadas *etc.*[27].

Vários são os pontos cantados que expressam o que expus acima. Passo a interpretar alguns deles, tanto do ponto de vista de seus respectivos conteúdos simbólico-verbais, quanto do ponto de vista musical.

27. O espelhamento se dá também na ordem de "alimentação" ou "ativação" de cada Tronqueira, como visto. Nesse sentido, ver as notas ao ponto cantado que será interpretado na sequência ([17]).

[13]

Minha Kimbanda, minha Kimbanda!
Nessa Porteira sou eu quem manda!
Sou Aluvaiá, Aluvaiá!
Sou Kimbandeiro, Guardião desse Terreiro!

Este ponto cantado faz clara referência à *função demarcatória* de Exu[28] e de Suas Tronqueiras, na estrutura e na dinâmica de Terreiro, conforme referida e explicada no texto de introdução a este capítulo: "*Nessa Porteira sou eu quem manda!*" e "*Sou Kimbandeiro, Guardião desse Terreiro!*" são versos que indicam de forma evidente que o Portal do Templo ("*Porteira*") não é um espaço qualquer, sem dono, aleatório, mas sim que, muito ao contrário, exerce importante função de *ruptura* e *descontinuidade* entre o espaço externo (profano) e o interno (sagrado). E não é só isso: as Tronqueiras não constituem apenas um espaço de transição entre fora e dentro, mas de transição *vigiada, controlada, ordenada*, pois nele Exu guarda o Terreiro através da filtragem que faz do que entra e do que sai.

Exu então é investido de *autoridade* no que concerne ao primeiro espaço do Templo a que as pessoas têm acesso e pelo qual – e, aliás, *só* pelo qual – nele fazem ingresso: na topologia do Terreiro, as Tronqueiras e o Portal constituem o Seu Reino por excelência, embora Exu seja a Divindade que transita entre todos os espaços e lugares: nada é Seu, mas justamente por isso tudo é Seu, como nos revela um importante e profundo *Ìtàn* (mito de Ifá). Confirma-se, assim, em mais um contexto e aspecto, o epíteto teológico segundo o qual Exu é "*Aquele que vem primeiro*" (*Aṣíwájú*, em yorubá). Outros epítetos de Exu também estão relacionados a esta função, especialmente *Oníbodè* ("Porteiro", "Guardião", "Sentinela") e *Ọló pá* ("Policial", "Fiscal", "Inspetor").

O ponto como um todo faz referência à *Kimbanda*, o Reino de Exu, que é dialética mas não antagonicamente oposto à *Umbanda*, por sua vez o Reino dos demais Orixás e Seus Emissários ("Criança", "Caboclo" e "Preto Velho", principalmente). Esta oposição perfaz uma *simetria complementar*, e não, obviamente, um *conflito antagônico* (ver, sobre o tema, as anotações que farei, a seguir, ao ponto [16]).

Retornando ao ponto aqui interpretado: trata-se de invocação cantada da função de Exu que se relaciona com a ativação e a firmeza das Tronqueiras e com os atos preparatórios para os rituais, junto ao Portal do Templo. A tônica do ponto é a de conferir ao espaço sagrado da entrada do Templo atributos como limpeza, purificação, organização, resistência, fortalecimento *etc.*, tudo para que as Tronqueiras estejam ativas e funcionais de modo a poderem cumprir com seus propósitos neutralizadores e propiciatórios.

---

28. Para as tradições espirituais bantas (Congo, Angola *etc.*), "*Aluvaiá*" – termo especificamente referido no ponto – é um Inkice em tudo análogo ao Exu yorubano.

Do ponto de vista simbólico-musical anoto o seguinte:

(a) apesar da referência simbólica às demandas e aos enfrentamentos necessários para que as funções espirituais do Terreiro possam ser desempenhadas sem transtornos (isto é, a certo aspecto severo e combativo de Exu), o ponto é cantado com a marcação do ritmo Kabula, que deu origem ao "samba" (fortemente sincopado e naturalmente vocacionado à dança, como já vimos), e sua linha melódica é notavelmente alegre, expansiva, até descontraída. Trata-se desses contrastes que se encontram sem dificuldade nos pontos cantados, enriquecendo-lhes a significação: Exu é aquele que, mesmo em combate, comporta-se de forma divertida, alegre, já que, como nos ensina outro ponto cantado, "*Ele corta a Demanda com a Força da Sua Risada*"[29]; nada disso, porém, diminui a contundência de seu rigor e, em certos casos, de sua justa ira. A gargalhada mesma de Exu contém essa ambiguidade, por poder fazer alusão tanto ao *humor* quanto ao *terror*, inclusive simultaneamente;

(b) há ainda outra característica notável neste ponto, no que diz respeito ao seu aspecto rítmico: *(i)* de um lado, o primeiro tempo de cada verso é iniciado em silêncio (pausa), pois a primeira nota é cantada apenas na segunda metade do primeiro tempo; e *(ii)* de outro, o último tempo de cada verso é constituído pelo mero prolongamento da sílaba métrica iniciada no tempo anterior (essa é a definição técnico-musical de "síncopa"). Confira-se a imagem abaixo: nela, assinalei os tempos do compasso com circunferências abaixo da pauta e destaquei o primeiro e o último tempos com retângulos. O denominador comum entre ambos é o fato de que nenhum deles corresponde a alguma sílaba métrica: é como se o início e o fim de cada verso não pudessem comportar sílabas cantadas, pois o primeiro se inicia com o silêncio e o último simplesmente prolonga a duração da sílaba anterior. Mais uma vez, é ilustrada simbolicamente a repulsa de Exu por limites, barreiras e exatidões tediosas: com Ele, todos os contornos separativos são esfumaçados, o que faz de Exu uma Divindade particularmente

29. "*Ibeji, Ibeji, onde está Tiriri? / Tá cortando Demanda no meio da Encruzilhada / Ele corta a Demanda com a Força da Sua Risada*". Este ponto é particularmente significativo para a ambiguidade referida acima, por se referir ao Exu relativo à faixa espiritual de Ibeji (Exu Tiriri), o que acentua o comentado aspecto da graça, no duplo sentido do termo, mas particularmente o sentido do cômico, do engraçado, do graciosamente infantil *etc.*, para não falar no sentido etimológico do termo "*tiriri*", associado que é à rapidez, à velocidade e a atributos congêneres, inclusive foneticamente.

relacionada aos temas da *interdependência*, do *trânsito fluido* e do *contínuo*, que caracterizam a realidade como um todo e que são da maior relevância numa vida espiritual digna do nome.

[14]

Quem pisa na Encruza também pisa na Tronqueira
Ninguém entra, ninguém sai, sem Agô de Exu Porteira
Ninguém faz e nem desfaz, sem Agô de Exu Mangueira

No primeiro verso deste ponto, a Tronqueira de Exu é identificada ou analogada com a Encruzilhada ("*Encruza*"), que é um dos símbolos mais importantes de Exu e que tem múltipla significação:

> **(a)** de um ponto de vista mais imediato, a Encruzilhada representa a "Rua", ou seja, o *Espaço* por onde todos transitam, o que denota o fato de Exu ser um Orixá em trânsito, percorrendo e regulando todos os espaços, sejam internos ou externos, públicos ou privados, sagrados ou profanos *etc.*;
>
> **(b)** desde um perspectiva magístico-alquímica, a Encruzilhada representa justamente a *cruz dinâmica dos quatro elementos* ("Ar", "Fogo", "Água" e "Terra"), que está na base do acontecer cósmico, já que os seus dois sentidos giratórios possíveis, o "horário" (do mais sutil [Ar] ao mais denso [Terra]) e o "anti-horário" (do mais denso ao mais sutil), representam os processos construtivos (agregação, vida, inspiração, sístole, dia *etc.*) e destrutivos (desagregação, morte, expiração, diástole, noite *etc.*), respectivamente;
>
> **(c)** a partir de uma clave simbólica mais geral, a Encruzilhada representa a possibilidade do exercício da *liberdade*, uma vez que se define justamente pelo entroncamento de vários caminhos possíveis, a partir de seu centro, no qual a consciência exerce justamente suas atividades de deliberação ou ponderação;
>
> **(d)** do ponto de vista analógico, a Encruzilhada representa todos os *símbolos quaternários*, como as quatro estações, os quatro períodos do dia, as quatro fases da lua, os quatro temperamentos *etc.*; e assim por diante.

A associação feita, neste verso, entre a "*Encruza*" e a "*Tronqueira*" denota que aquilo que foi dito acima quanto à primeira é também válido para a segunda, já que o espaço ocupado pelas Tronqueiras, no Templo, constitui o espaço que é, por excelência, dedicado a Exu, como já visto. Assim: *(i)* a região das Tronqueiras constitui o espaço mais aberto, público e acessível do Terreiro, sobretudo quando comparado aos espaços cada vez mais reservados e privativos; e *(ii)* é nas Tronqueiras que a atividade magística de Exu é desempenhada majoritariamente, sendo elas, portanto, que tornam possível a vida espiritual e ritualística do Terreiro, assim como é nelas que todos os ritos são tanto iniciados, quanto finalizados.

O segundo verso deste ponto faz alusão direta à função demarcatória entre o espaço exterior ao Terreiro (profano) e o seu espaço interior (sagrado), conforme se expôs com mais detalhe no texto introdutório deste capítulo: "*Ninguém entra, ninguém sai sem Agô de Exu Porteira*". Há três elementos distintos, nesse verso tão curto, que intensificam a referida função demarcatória: *(i)* o óbvio "ninguém-entra-ninguém-sai", que dispensa comentários; *(ii)* o termo yorubá "*Àgò*", que significa "licença", "permissão", "autorização"; e *(iii)* o "nome" específico adotado, dentre tantos outros possíveis (pois qualquer um poderia ser): "*Exu Porteira*", em direta associação ao epíteto yorubá que faz referência ao seu caráter de sentinela ("*Oníbodè*").

O último verso mantém um nítido paralelismo com o verso anterior: se neste se dizia que "ninguém entra e ninguém sai", agora se diz que "ninguém faz e nem desfaz", o que significa que, se a autorização de Exu é necessária para entrar no Templo, suas funções são também imprescindíveis para todas as realizações e transformações. Aliás, o caráter imprescindível de Exu é uma constante em ditos e cânticos afro-brasileiros, como, por exemplo, em outro ponto bastante difundido nos Terreiros segundo o qual "*Sem Exu não se faz nada!*"[30]. Além disso, os termos "*faz*" e "*desfaz*" estão – óbvia e respectivamente – associados aos processos de *agregação* (processos construtivos) e *desagregação* (processos destrutivos).

Do ponto de vista musical, destaco o seguinte:

(a) o ponto é marcado pelo ritmo Kabula (uma das bases do "samba"), sendo por isso de matiz emocional essencialmente alegre e dançante;

(b) a métrica da letra, nos dois últimos versos, contém um claro mecanismo de tensão e distensão, tanto rítmica como melódica: *(i)* de um lado, a primeira metade desses dois versos é construída de forma algo contundente, com apenas duas notas sendo repetidas de forma insistente e em *staccato*, mimetizando-se, metricamente, um som percussivo, cortante, algo como pequenas e sucessivas pancadas, o que gera uma atmosfera *tensão rítmica*; essa, por sua vez, é reforçada pela *tensão melódica* decorrente do fato de que essa primeira metade dos versos, além de ser marcada pela repetição obstinada de apenas duas notas, recai sobre a nota "dominante" (quinto grau da escala), que é uma nota de tensão, isto é, que "pede" por seu repouso na "tônica" (primeiro grau da escala); e *(ii)* de outro lado, a segunda metade desses versos promove um *relaxamento* da tensão rítmico-melódica apresentada na primeira metade: o canto se torna mais *legato* (articulação ritmicamente

30. "*Exu da Meia-Noite / Exu da Madrugada / Salve o Povo da Encruza! / Sem Exu não se faz nada!*"

muito mais suave que o *staccato*, pela ausência de silêncios entre as sucessivas notas) e a linha melódica caminha decididamente para a tônica da escala, nota de repouso que dá a ideia de que "tudo voltou a estar em seu devido lugar". Aliás, esse "morde-e-assopra" rítmico-melódico tem relação analógica evidente com toda sorte de dualidades tipicamente mediadas por Exu: severidade-bonança, disciplina-festividade, vida-morte, ordem-caos *etc.*;

(c) por último, note-se que há novamente, aqui, o que se verificou no ponto anterior ([13]): o texto é recheado de síncopas, isto é, de notas que iniciam compassos meramente prolongando notas anteriormente soadas, no último átimo de instante do compasso anterior, o que gera um forte desencontro entre as notas cantadas e os tempos regulares dos compassos. Essa figura musical mimetiza a capacidade de Exu de vencer os limites, comunicando e reunindo coisas aparentemente "separadas". Veja o leitor como, de fato, as síncopas *desfazem* a separação entre os compassos:

[15]

É na Beira do Caminho, Seu Tranca Ruas toma conta!
Tranca Ruas, Tranca Porteira, deixa o Seu Povo de ronda!

Neste ponto, a função de blindagem e proteção de espaços sagrados é reforçada em diversos trechos:

(a) salta aos olhos, já de imediato, o verbo "*Tranca*", presente nos nomes dos vários Exus por ele invocados: "*Tranca Ruas*", "*Tranca Porteira*", "*Tranca Demanda*" e "*Tranca Tudo*", esses dois últimos sendo cantados no lugar de "*Tranca Porteira*", a cada vez em que o ponto é cantado. Ora, "trancar" sugere precisamente a ideia de separar, guardar, e também a de interditar acessos, filtrando-os, o que é plenamente condizente com tudo quanto expus até agora neste capítulo;

(b) além disso, o ponto pede a Exu que deixe "*o Seu Povo de ronda*", imagem que reforça a função de Exu enquanto fiscal, policial e guardião;

(c) a alusão à "*Beira do Caminho*", dentre outras coisas, representa precisamente o *limiar* em que consiste o Portal do Templo: se o Terreiro é o Caminho, a sua "Beira" é justamente a zona limítrofe na qual ele se depara, se distingue e se confronta com o espaço profano exterior, que "não leva a lugar algum", pelo menos não a algum que seja espiritualmente relevante.

Mas além desta função, já analisada nos pontos anterior, este agora faz referência a outra função de Exu, relativa à *Justiça Divina*; afinal, segundo o ponto, Exu "*toma conta*" e faz a "*ronda*", ou seja: afere e dá cumprimento à Lei Divina, de modo que essa sua atividade consiste em promover o encadeamento entre causas e efeitos. É daí que se depreende o fato de Exu estar associado ao conceito de *Destino*, enquanto uma das forças que estão na base constitutiva e estrutural da realidade cósmica, juntamente com a *Vontade* e com a *Providência.*

As três forças referidas acima devem ser assim compreendidas:

(a) o Destino é a força inercial inerente à natureza material, que, como visto, estabelece a ligação entre causas e efeitos; ela é que faz com que aconteça efetivamente aquilo que deve acontecer em virtude de uma causa específica, caso o curso causal dos eventos não seja interrompido pela Vontade humana ou pela Providência Divina, ambas "superiores" ao Destino. Desse modo, o Destino está associado à Matéria/Natureza e é representado pelo símbolo "Terra";

(b) a Vontade, por sua vez, é a força espiritual inerente à liberdade humana, que pode alterar os inumeráveis cursos causais de eventos sobre os quais eventualmente tenha controle e domínio eficaz. A Vontade é o que permite ao ser humano interromper, ativar, inibir ou simplesmente alterar linhas de sucessão causal, intervindo ativamente na dinâmica existencial. Está ela associada à mediação entre "Céu" e "Terra"; isto é, ao "Homem";

(**c**) a Providência, enfim, é a força espiritual por excelência, que, de caráter soberano e sobrenatural, é inefável quanto à origem e misteriosa quanto aos seus meios de atuação; de evidente, ela tem apenas a função, que é a de impelir todas as coisas a buscarem suas respectivas excelências, predispondo-as ao Bem Supremo. Está associada ao Divino e, simbolicamente, ao "Céu";

(**d**) perfazem-se, assim, as tríades correlatas "Céu, Homem, Terra", "Deus, Homem, Natureza" e "Providência, Vontade, Destino", presentes em inúmeras tradições espirituais. Na Tradição Yorubá, por exemplo, a correspondência se dá nos seguintes termos: *(i)* "*Ìw*à" é existência, ou seja, "aquilo que acontece", conceito que está, portanto, obviamente associado ao Destino; *(ii)* "À*bá*" é o direcionamento dessa existência, o que lhe faz corresponder à Vontade; e *(iii)* "*Àṣẹ*" é o poder espiritual-divino que permite todas as realizações e que veicula e distribui bens a tudo o que participa da dinâmica cósmico-existencial, razão pela qual está associado à Providência Divina (Orixás);

(**e**) a relação – de início aparentemente antagônica – entre Justiça e Amor Divinos é mediada pelo conceito de *Misericórdia* (ou *Perdão*): obviamente incompatível com o rigor intransigente e retaliatório (ou seja, com a falta de Amor paciencioso), ela também é incompatível – embora talvez de forma menos evidente – com a simples desconsideração do erro (isto é, com a falta de Justiça efetiva). Portanto, Misericórdia é a unidade sintética entre Justiça e Amor, atributos que, se em nível divino são verdadeiramente incindíveis ou reciprocamente imprescindíveis, no nível humano e falível, porém, costumam estar divorciados ou em conflito e, exatamente por isso, verdadeiramente inexistentes: a "justiça" terrena, quando lhe falta amor, é apenas a implacabilidade autoritária que se compraz com punições muitas vezes injustas, algumas vezes cruéis e quase sempre inúteis; e o "amor" dos homens, quando dispensa a justiça e assim se degenera em emocionalismo, não passa de condescendência cúmplice que, sob o pretexto de não agredir, deixa também de corrigir, retificar e, portanto, de beneficiar verdadeiramente o ente amado;

(f) assim, tem-se que: *(i)* para as religiões afro-brasileiras de um modo mais ou menos geral, o Destino é aberto às influências da Vontade humana, especialmente quando alinhada à Providência Divina, hipótese em que lhe é facultado acelerar enormemente o processo de realização do Bem em todos os níveis e planos da realidade; e *(ii)* a Misericórdia é um dos elementos constitutivos fundamentais da Providência Divina, justamente porque, sem ela, nenhum erro poderia ser retificado, pois não haveria novas chances de acerto, o que interromperia de forma precoce o inevitavelmente longo e vacilante processo através do qual a pessoa busca, como pode, o Bem e, através dele e gradativamente, torna-se excelente segundo sua natureza;

(g) desse modo, o Destino deve ser entendido como uma realidade que não apenas é profundamente *dinâmica* em si mesma (pois os fluxos causais, permanentemente ativos, atribuem grande coeficiente de mutabilidade à existência), como também é estruturalmente *aberta* às determinações da Vontade e da Providência, o que lhe confere ainda maior abertura e "oxigenação".

Musicalmente, pode-se destacar o seguinte:

(a) do ponto de vista rítmico, o ponto é marcado pelo Ijexá, constituído que é por célula binária (compasso 2/4) que enfatiza de forma insistente o primeiro tempo do compasso (uma semínima) seguida, no tempo fraco, de duas colcheias, de forma regularmente revezada. Trata-se, como é evidente, da relação entre *unidade* (tempo forte, uma só nota) e *dualidade* (tempo fraco, duas notas): a unidade é de início afirmada, para depois ser cindida em dualidade, que, por sua vez, logo em seguida, é reduzida novamente à unidade, de forma sucessiva e intercalada. Desde uma perspectiva simbólica, este ritmo representa, portanto, a dança entre "Espírito" e "Matéria", entre "Imanifesto" e "Manifesto", entre "Unidade" e "Multiplicidade", entre "Celeste" e "Terrestre" e demais binômios metafísicos semelhantes, os primeiros relacionados à unidade (ou semelhança) e os segundos, à dualidade (ou diferença)[31];

31. A respeito desses binômios conceituais metafísicos, é importante que se diga o seguinte: a validade destes pares conceituais antagônicos é sempre relativa e mais ou menos superficial, uma vez que a realidade, em nível último, não pode comportar dualidades irredutíveis ou, o que é a mesma coisa, separações absolutas.

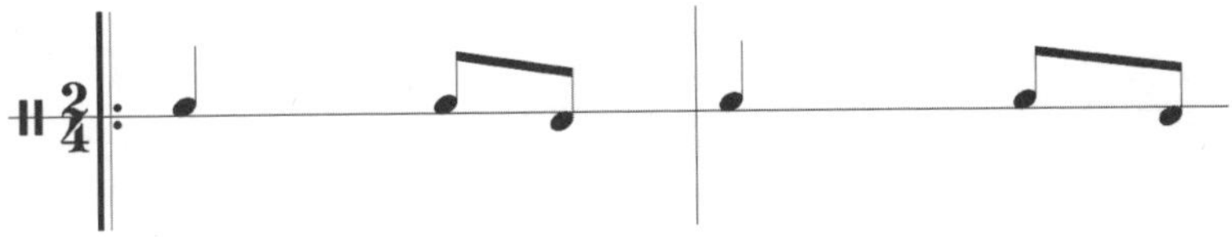

(**b**) do ponto de vista melódico, o ponto é essencialmente alegre, demonstrando que a execução da Lei Divina encerra uma dimensão benéfica e providencial, mesmo quando esse não parece ser o caso. Enfatiza-se, assim, o fato de que a Justiça decorre do Bem e a ele tudo busca conduzir, o que desencadeia reações emocionais de confiança, otimismo, abertura e entrega à Lei (e não, pelo menos aqui, reações de respeito temeroso, cautela vigilante *etc.*, que, porém, são igualmente válidas em outros contextos e para outros fins). Outro fator que desencadeia a alegria decorrente da invocação de Exu, neste ponto, é a sua referência à função de proteção e blindagem contra o mal, algo como se o adepto cantor fosse, progressivamente, sendo – e sentindo-se – cada vez menos vulnerável a ele e aos seus perniciosos efeitos;

(**c**) outro aspecto de Exu é retratado no ponto, embora sutilmente: o aspecto amistoso e, aqui, quase paternal da atividade que desempenha na vida espiritual dos adeptos de um Terreiro bem estruturado, sobretudo enquanto *protetor vigilante*. Isso está retratado não só na letra ("*toma conta*" e "*Deixa o Seu Povo de ronda*"), mas inclusive musicalmente, pela ênfase dada a esses trechos mediante o recurso de empregar, para eles, notas de longa duração. A esse respeito, veja-se que, embora a maior parte das notas do ponto seja constituída ou de *colcheias*, ou de *semicolcheias* (notas de curta duração: meio tempo e um quarto de tempo, respectivamente), quando a letra alcança os trechos de caráter *paternal* e *protetor* aqui enfatizados, a melodia se alonga e prolonga enormemente: as colcheias e semicolcheias cedem lugar às mínimas (que, apesar do nome, são figuras de duração que valem dois tempos inteiros!) para cada sílaba métrica dos termos "*Caminho*", "*conta*" e "*ronda*". Musicalmente, portanto, faz-se aqui uma referência enfática ao fato de que Exu guarda, protege e zela pelo nosso caminho espiritual, acompanhando-nos ao longo de todo o percurso.

[16]

'Tava sentado na beira do mar
Quando as Almas me chamou pra trabalhar
– "Levanta, Tranca Ruas, vem vigiar!
O inimigo está invadindo a Porteira do Curral!"
– "Ponha a mão nas Suas Armas, vem guerrear!
O inimigo está invadindo a Porteira do Curral!"
– "Ponha a mão nas Suas Armas, chegou Sua hora!
Ponha a mão nas Suas Armas, manda o Inimigo embora!"

2

v.4
O i - ni - mi - go'es-tá'in - va - din - do a Por - tei - ra do Cur-ral!"
O i - ni - mi - go'es-tá'in - va - din - do a Por - tei - ra do Cur-ral!"
v.5
"Po - nha'a mão nas Su - as Ar - mas, vem guer - re -
ar! "Po - nha'a mão nas Su - as Ar - mas, vem guer - re -
v.6
ar! O i - ni mi - go'es-tá'in - va - din - do a Por - tei - ra do Cur-ral!"
O i - ni mi - go'es-tá'in - va - din - do a Por - tei - ra do Cur-ral!"
v.7
"Po - nha'a mão nas Su - as Ar - mas che - gou Sua ho -
v.8
- ra Po-nha'a mão nas Su - as Ar - mas man-da o'i - ni - mi-go'em - bo - ra!"

Neste ponto, Exu é invocado para que, exercendo sua autoridade e poder sobre o Portal do Templo, impeça que inimigos possam invadi-lo ("*O inimigo está invadindo a Porteira do Curral*"). Trata-se, mais uma vez, do exercício de sua função *demarcatória* e *mediadora* entre o espaço profano e o espaço sagrado, mas dessa vez com a tônica específica de confronto, demanda, perigos, enfrentamentos *etc.*. Daí que este ponto faça tantas alusões a elementos bélicos ("*vigiar*", "*guerrear*", "*Inimigo*", "*invadir*", "*Armas*").

A propósito desse aspecto de severidade implacável de Exu, quero fazer algum aprofundamento, em virtude de um duplo mal-entendido que há a seu respeito:

> **(a)** refiro-me, aqui, a dois extremos equivocados: *(i)* o da *domesticação moralista* de Exu, como se essa Divindade e Seus Emissários, só por não serem maus, fossem "bonzinhos", ou seja, completamente destituídos de qualquer caráter severo ou mesmo terrível; e *(ii)* o da *satanização dualista* de Exu (entusiasmada ou não), como se Ele, por não ser "bonzinho", só pudesse ser mau, cruel e diabólico;
>
> **(b)** a verdade é que as múltiplas e complexas funções de Exu – seja enquanto Orixá, seja enquanto Ancestral Ilustre – absolutamente não se acomodam em tábuas de valor excessivamente simplificadas, razão pela qual todos os que as adotam e endossam estão já de antemão impossibilitados de compreender, cultuar e se relacionar com Exu, especialmente em níveis a partir de certa profundidade;
>
> **(c)** Exu – tanto a Divindade, quanto a Entidade – reúne aspectos de: *(i)* mensageiro dos Orixás, estando por isso associado à linguagem, à astúcia, à lógica *etc.*; *(ii)* deidade das festas, da dança, da alegria; e **(c)** um caráter algo temível, já que é regente dos "mundos subterrâneos", dos "infernos", fiscalizando, julgando e disciplinando as almas *etc.*). Exu é, portanto, dotado de uma ultracomplexidade incompatível com os dualismos maniqueístas presentes tanto no moralismo quanto no "satanismo" – que, aliás, está ele mesmo adstrito aos limites da cosmovisão cristã: satanistas têm uma cosmovisão essencialmente abraâmica, apenas invertendo o sinal de seus juízos de valor;
>
> **(d)** esses dois extremos, por opostos que sejam sob vários aspectos, têm um inescondível denominador comum: um e outro

estão confinados aos estreitos limites de um esquema axiológico fortemente dualista e simplista. Tanto *(i)* os que domesticam Exu para fazê-Lo caber à força no figurino de "bonzinho", sempre tecido por uma noção muito precária – quando não hipócrita – de bondade, quanto *(ii)* os que O entendem como diabólico, comemorando ou censurando o fato, partem de um pressuposto comum e que jamais é posto à prova: o de que tudo o que *parece* mau já à primeira vista e desde uma perspectiva teológica limitada e muito relativa de "bem" é, por isso mesmo, efetivamente mau, satânico *etc.*. Há, de um lado, umbandistas que retiram de Exu o tridente, o charuto, a cachaça, a espada, a gargalhada, as vestes escuras, descaracterizando-O em nome de um suposto "bem"; de outro lado, há os "satanistas" que, em verdadeiro "contrabando teológico", se apropriam de Sua figura para, no entanto, continuarem tendo o quadro geral das doutrinas abraâmicas como referência metafísica, confundindo-O com "Satanás" ou "Lúcifer"; mas nem estes nem aqueles estão louvando ou se relacionando *com Exu* propriamente, mas apenas com suas próprias projeções imaginárias, para "bem", ou para "mal". A verdade é que Exu passa longe tanto de sua domesticação fundada em pressupostos cristãos, quanto de sua satanização fundada... em pressupostos igualmente cristãos!

Ora, o bem ético nem sempre se exerce de forma agradável, ou branda, ou prazenteira: a distinção entre bem e mal passa longe de um critério tão primário e imprestável. Por outro lado, a mera existência de concepções ingênuas e simplórias de bem e mal não nos deve fazer supor que o problema está na distinção entre bem e mal em si mesma, a qual é possível afirmar de forma matizada, complexa, contextual *etc.*. Então, é preciso rejeitar tanto o extremo da simploriedade dualista, quanto o do indiferentismo relativista. A compreensão de nossa tradição a respeito dessa questão pode ser resumida assim: há o bem e o mal, mas este último não é outra coisa senão uma de duas coisas: ou um bem separado de outro, ou um bem menor prevalecendo sobre um bem maior. Segundo compreendemos, o bem exige tanto unidade integrativa, quanto harmonização hierárquica:

(a) cada virtude depende de todas as demais: não há, por exemplo, inteligência sem amor (à verdade), nem justiça sem bondade, nem nada disso sem prudência ou temperança e assim por diante. À falta desse requisito, o mal se define pela *fragmentação* entre as diferentes excelências potenciais da pessoa humana, relativas que são às suas várias faculdades. Aqui, o mal se reduz à seguinte fórmula conceitual: um bem *parcial* separado de um bem *necessário* (assim como a coragem separada da prudência gera a audácia);

(b) em cada caso concreto, os diversos valores devem ser harmonizar hierarquicamente. Faltando isso, o mal se define pela *inversão* entre os níveis hierárquicos ocupados pelos diversos valores em confronto no caso. Já aqui, sua fórmula conceitual é a seguinte: um *bem menor*, como o prazer do sádico, prevalecendo sobre o *bem maior* em que consiste a vida de sua vítima;

(c) ou seja: o mal é, a rigor e surpreendentemente, sempre um bem, mas um bem desajeitado, ou por estar desconectado de algum outro bem imprescindível, ou por se sobrepor a algum outro bem mais relevante em dado contexto.

Volto agora à análise do ponto: ele encerra um diálogo entre o Exu Tranca Ruas (que abre o ponto, sendo o sujeito lírico dos dois primeiros versos) e as Almas (que, nos demais versos, assinalados entre aspas, determinam que Ele se ponha a vigiar, a guerrear *etc.*). Estas Almas são precisamente as Almas Iluminadas, as assim chamadas "*Santas Almas*", Entidades Superiores que, dotadas de Sabedoria, Amor e Poder em níveis muito elevados, exercem função de comando sobre os Exus (aqui entendidos como Entidades – ou "catiços", no jargão dos Candomblés).

Trata-se, então, de um ponto que fala de "*Almas*" e "*Armas*": as Santas Almas solicitam aos Exus que se ponham a postos, para que exerçam suas funções próprias de defesa do Terreiro, de manutenção da higidez e da ordem espirituais, psíquicas e mesmo físicas na ambiência templária, e assim por diante; Elas é que "despertam" a força de Exu, que estava inicialmente "*sentado*" (ou seja, inerte), mas que, estando de prontidão ou sobreaviso, logo se põe a postos para o pronto cumprimento de suas funções, cujo êxito depende do manejo hábil de "*Suas Armas*".

Mas que "*Armas*" são essas? E qual é o "*Inimigo*" contra o qual elas se voltam? A resposta é dupla:

(a) em um primeiro nível, mais evidente porque mais superficial, o "*Inimigo*" em questão é o conjunto de almas endurecidas e odientas, bem como o somatório de maus pensamentos e sentimentos que poderiam comprometer a harmonia psicoanímica do Templo *etc.*, caso em que as "*Armas*" de Exu são justamente os elementos – materiais e simbólicos – que dão suporte à função magística de desagregação (ou "descarrego", no jargão dos Terreiros); e

(b) em um nível mais profundo, o "*Inimigo*" é aquele que se opõe de maneira mais ou menos intensa à finalidade mais nobre do Templo, que é a *realização espiritual* em sentido estrito: trata-se do Ego, com seu tríplice veneno de Ignorância, Ódio e Inépcia e com seu séquito de vícios derivados, como o Orgulho, a Vaidade e tantos outros; nesse caso, as "*Armas*" de Exu são várias, constituindo um verdadeiro e implacável arsenal bélico-iniciático: a Sinceridade especular, o Rigor disciplinar, mas também, por incrível que possa parecer a alguns, a Alegria, o Êxtase, a Desrepressão anticonvencionalista *etc.*.

Destaco, ainda, a nítida *gradação crescente* que o ponto contém relativamente à contundência do ofício de Exu: *(i)* primeiro, Exu se põe a "*vigiar*"; *(ii)* depois, a "*guerrear*"; e *(iii)* ao fim, Ele "*manda o Inimigo embora*", metáfora que pode significar tanto a mera dispensa do Inimigo, quando o seu extermínio. Trata-se de algo como uma sucessão de "filtros": se a vigia não basta para afugentar o "*Inimigo*", então passa-se à guerra; e, caso esta não o faça voluntariamente se render, então Exu se vê forçado a vencê-la, seja "colocando o '*Inimigo*' pra correr", seja derrotando-o definitivamente. Exu, aí, é como o Fogo, que de longe alerta, mas de perto queima.

Do ponto de vista musical, anoto o seguinte:

(a) vale também aqui o que disse acima, a respeito do fato de que a Execução da Lei Divina obedece aos desígnios do Bem Supremo e a ele concorre necessariamente e por definição, o que justifica a melodia essencialmente alegre e festiva do ponto, em contraste aparente com seu conteúdo literal;

(b) além disso, destaco o caráter *acelerado* do andamento (o que garante muita intensidade emocional ao ponto) e o uso abundante de notas agudas, cantadas em *fortíssimo* (o que evidencia o seu caráter triunfal, apoteótico, pela inevitável vitória de Exu nas guerras em que Se embrenha). Estes dois fatores de dinâmica musical estabelecem um caráter de *tensão*, o que é muito coerente com a tensa atmosfera do enredo delineado pela letra, que fala da iminência de um ataque inimigo;

(c) há ainda outro fator, dessa vez de natureza melódica, a contribuir para o reforço da tensão musical referida no parágrafo anterior: trata-se do fato de a linha melódica jamais ser finalizada na tônica; em nenhum dos versos a melodia se resolve pacificamente na nota de repouso (tônica, grau I da escala), *nem mesmo ao final*, como geralmente ocorre. Ou seja: *a tensão nunca é resolvida* neste ponto, o que constitui uma notável característica sua, já que, na quase totalidade dos casos, há uma resolução mediante o retorno à tônica. Mas não é só! Além disso, as notas ao final de cada verso, acaso fossem reunidas, formariam o acorde de sol maior (e não de dó maior, tonalidade fundamental do ponto), justamente o acorde fundado na *dominante* (sol em relação a dó), acorde conhecido por ser o de *maior tensão* das tríades da escala, sendo, por isso, o que *mais intensamente* "pede" pelo retorno à harmonia fundamental (dó maior, no caso). Confira-se: *(i)* verso 1: ré; *(ii)* verso 2: sol; *(iii)* verso 3: sol; *(iv)* verso 4: sol; *(v)* verso 5: si; *(vi)* verso 6: sol; *(vii)* verso 7: si; e *(viii)* verso 8: si;

(d) o ponto é cantado em *jogral*, cada verso sendo cantado duas vezes: uma, solada pelo sacerdote ou pelo *olorin* (o adepto responsável por "puxar" os pontos cantados) e outra, pelo coro; ou ainda: uma, por vozes graves; e outra, por vozes agudas. Esse jogral indica haver referência simbólico-musical a algo *dúplice* ou *dual* – no caso, as duas dimensões em que as funções de Exu se desempenham fundamentalmente: o externo e o interno, o objetivo e o subjetivo, o psicofísico e o espiritual *etc.*.

[17]

A Água molhou a Terra
Chamei minha Muganga de Guerra
Trovejou lá na Pedreira
Soprou na Cachoeira
Soprou na Cachoeira
Trovejou lá na Pedreira
Chamei minha Muganga de Guerra
Joguei Água na Terra

Como já vimos, ambas as Tronqueiras contêm elementos – materiais e simbólicos – relativos aos quatro elementos (Ar, Fogo, Água e Terra), cada uma servindo de espelho à outra, de um modo tal que tanto suas respectivas formas, quanto seus conteúdos próprios são simetricamente opostos, mantendo uma nítida relação de *complementariedade especular*. Além disso, a Tronqueira de desagregação contém elementos que veiculam predominantemente "axé vermelho", ao passo que, na Tronqueira de agregação, é majoritariamente carreado "axé branco", ambas contendo "axé preto", no mínimo em função da terra na qual ambas estão assentadas.

Este espelhamento também se verifica na ordem com que o Sacerdote ou um Guardião do Templo "alimenta" ou "ativa" cada Tronqueira: na de desagregação, a ordem vai do elemento mais denso (Terra) para o mais sutil (Ar)[32]; na de agregação, a ordem é a inversa. Essas ordens estão nitidamente retratadas no ponto cantado: *(i)* ao se ativar a Tronqueira de desagregação (onde tudo começa e tudo termina, ritualisticamente falando[33]), canta-se assim: "*A Água molhou a Terra / Chamei minha Muganga de Guerra /* Trovejou lá na Pedreira / *Soprou na Cachoeira*"[34]; mas *(ii)* ao se ativar a Tronqueira de agregação, canta-se na ordem inversa "*Soprou na Cachoeira /* Trovejou lá na Pedreira / Chamei minha Muganga de Guerra / Joguei Água *na Terra*".

A Tronqueira de desagregação é um espaço sagrado marcado pela cor vermelha (que é "quente" e algo "beligerante") e integrado por elementos pontiagudos, cortantes, contundentes, imageticamente "sérios", "temíveis" *etc.*. É, sem dúvida, um espaço de desconstituição ou destruição de negatividades, de confrontos com tudo aquilo que se coloca como obstáculo aos fins visados pelos processos ritualísticos, magísticos e iniciáticos do Templo. O fogo crepitando, ou a lamparina de dendê, os punhais, os traços de pemba em cor vermelha são elementos que dão a esse espaço sagrado uma atmosfera de seriedade, vigilância e rigor.

32. Caso não tenha ficado imediatamente claro, afora os elementos Terra e Água, que estão referidos expressa e nominalmente, os elementos Fogo e Ar são aludidos pelos versos "*Trovejou lá na Pedreira*" e "*Soprou na Cachoeira*", respectivamente.

33. A Tronqueira de desagregação é o *primeiro contato* que o adepto tem com o Terreiro, mas também o último. Logo que entra, assim como prestes a sair, é a ela que o adepto se dirige e faz sua prostração e saudação.

34. A propósito, essa mesma ordem (do elemento mais denso para o mais sutil) se observa, simbolicamente, no ato de preparação e execução das defumações de um modo geral: *(i)* em primeiro lugar, apõe-se no turíbulo o carvão (Terra); *(ii)* em seguida, derrama-se álcool (Água) sobre ele; *(iii)* então, inflama-se o álcool (Fogo); e *(iv)* finalmente, queima-se a mistura de ervas selecionadas, produzindo-se fumaça (Ar).

Já a Tronqueira de agregação é um espaço sagrado marcado pela cor branca (que é "suave" e "pacífica") e integrado por elementos de caráter acentuadamente agradáveis, belos, que simbolizam alimento, bênçãos, positividades *etc.*. É, claramente, um espaço de constituição ou construção de positividades, de acolhimento de todos os que se colocam como recipientes idôneos dos bens espirituais, psíquicos e mesmo sociais e materiais que o Templo pode disponibilizar. A água fresca, os bons aromas de ervas e flores, as comidas simbólicas (inclusive doces), os traços de pemba em cor branca são, todos, elementos que dão a essa Tronqueira uma conotação de suavidade, bonança e providência.

Portanto, as duas Tronqueiras representam, na estrutura física do Templo (e, claro, também na hiperfísica), o duplo aspecto de Exu – tanto o de ira, rigor e implacabilidade (polo da Justiça), quanto o de paz, amizade e bonança (polo da Amor).

Mais duas considerações de caráter simbólico, apenas:

> **(a)** a primeira, já antecipada na Introdução, é a seguinte – e só a fui perceber depois de muitos anos cantando o ponto sem dela me dar conta: o fato de os verbos estarem ora na primeira pessoa gramatical ("*Joguei*"), ora na terceira ("*Soprou*", "*Trovejou*") indica simbolicamente um *compartilhamento de responsabilidades* entre o humano e o Divino relativamente ao êxito dos processos magísticos, teúrgicos e mesmo iniciáticos do Terreiro: o verbo na primeira pessoa foi empregado no contexto dos dois elementos mais densos (Terra e Água) e os verbos na terceira pessoa foram empregados para os elementos mais sutis (Fogo e Ar). Isso indica a necessidade da convergência entre os esforços do adepto ou consulente (dimensão humana, relativa à Vontade) e os das Divindades e seus Emissários (dimensão divina, relativa à Providência). Essa corresponsabilidade, quando entendida e aceita, faz-nos evitar tanto o extremo da pretensão de autossuficiência, quanto o de uma dependência imatura, irresponsável e emocionalmente chantagista em relação ao Divino;
>
> **(b)** é possível ainda observar o seguinte: o fato de a Terra e a Água estarem juntas no mesmo verso faz referência ao *caráter "anfíbio"* de Exu, ou seja, à sua condição de não se acomodar de modo estanque e simplista em qualquer categoria, o que reforça seu aspecto fluido, em trânsito, excepcional a toda classificação. O símbolo aqui é literalmente o dos anfíbios, que não são nem bem da terra, nem bem da água, mas um meio-termo transicional

entre esses dois nichos biológicos. Isso também ratifica, de certo modo, a associação clássica que se faz dos Orixás com os pontos cardeais (Leste-Ar-Oxóssi; Sul-Fogo-Xangô; Oeste-Água-Ogun; Norte-Terra-Obaluayê) e os colaterais (Nordeste-Terra/Ar-Ibeji; Sudeste-Ar/Fogo-Oxalá; Sudoeste-Fogo/Água-Yemanjá; e, no que interessa aqui, *Noroeste*-Água/*Terra-Exu*, como se queria demonstrar), conforme imagem abaixo:

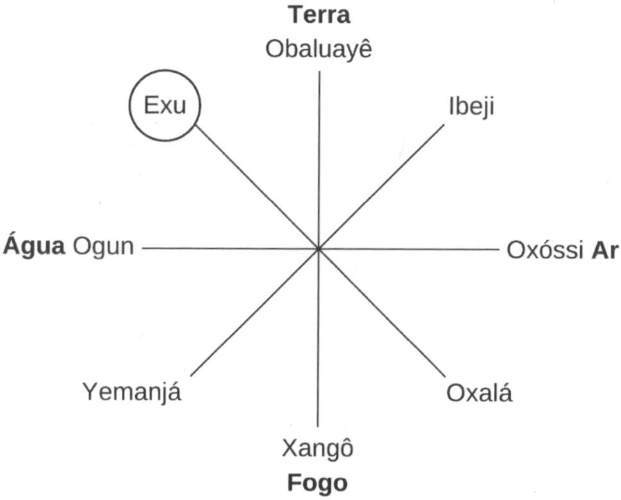

Do ponto de vista musical, as seguintes particularidades devem ser observadas:

(a) o ponto é em modo maior, mas sem deixar de ostentar alguma solenidade e até certa gravidade, inclusive com picos de tensão nos momentos em que se atingem as notas mais agudas, que lhe imprimem certa "força" ou "energia". Isso se dá no terceiro verso ("*Trovejou lá na Pedreira*" ou "*Chamei minha Muganga de Guerra*"), nos trechos da letra que, não por acaso, apresentam eles mesmos certo caráter enérgico;

(b) o ponto contém um caráter manifestamente *cíclico*, num vai-e-vém que alterna subida-e-descida no desenho melódico e, paralelamente, um crescendo-e-decrescendo de intensidade: os dois primeiros versos partem numa ascensão melódica, inclinam-se para o alto, aumentando a tensão, até que o ponto encontra seu clímax no início do terceiro verso e, a partir daí, desce, suavizando-se, até se resolver suavemente na tônica da escala;

(c) aliás, a oscilação melódica se dá em "platôs", o que parece aludir exatamente aos níveis distintos de densidade "vibratória" dos quatro elementos, por onde a melodia, assim como Exu, transita livremente e os quais são, por ela e por Ele, como que unificados.

[18]

Angolê, Angolê
Pisei na Terra das Almas, gritei nas Ondas do Mar
Queimei com Fogo de Zamby, cruzei o Ar
Kimbanda, Kimbandeiro!
Oi! é a Muganga de Guerra do Velho das Angolas!

O ponto faz referência, no primeiro e no último verso, à origem africana das deidades como Exu, Mpambunjila e outras sincreticamente analogadas entre si, sobretudo do tronco dos cultos bantos, considerando-se a referência a "Angola". Aliás, convém lembrar, aqui, a forte influência banta na constituição da Umbanda, influência presente neste ponto, também, nos termos "*Zamby*" e "*Muganga*".

O segundo e o terceiro versos fazem alusão aos quatro elementos, sobre os quais já dei breves explicações acima. A ordem com que os elementos são citados é a que se refere ao fluxo de desagregação – da Terra para o Ar, do mais denso ao mais sutil –, o que já bem demonstra a especificidade magística de seu emprego ritual, especificidade que se reforça pela expressão "*Muganga de Guerra*".

Chamo, enfim, a atenção para outro aspecto bastante importante: a referência aos quatro elementos – que é feita em muitos pontos e rezas, na Umbanda – pode ser feita com *valências simbólico-afetivas bastante diversas*. Por exemplo: é possível falar que o Fogo "aquece" ou que "permite a vida", mas é também possível falar que ele "fulmina" e "destrói". Sobre o tema, é oportuno dizer o seguinte:

> **(a)** em geral, há dois modos fundamentais de se referir aos quatro elementos: *(i)* o que enfatiza o aspecto de "desagregação", em que os verbos são mais contundentes e "negativos", como se verifica na abertura de uma "reza" a Exu bastante importante: "*Pelo Poder da Terra que enterrou* (ou *tremeu*), *pelo Poder da Água que levou* (ou *afogou*), *pelo Poder do Fogo que queimou* (ou *ardeu*), *pelo Poder do Ar que ventou* (ou que *faltou*), *valei-me o Exu Senhor...* etc. etc. etc."; e *(ii)* aquele que, de outro lado, enfatiza o aspecto de "agregação", em que os verbos são mais brandos ou "positivos", como se verifica na mesma reza mas em sua outra polaridade: "*Pelo Poder da Terra que sustentou* (ou *firmou*), *pelo Poder da Água que lavou* (ou *limpou*), *pelo Poder do Fogo que iluminou* (ou *aqueceu*), *pelo Poder do Ar que soprou* (ou *vivificou*), *valei-me o Exu Senhor...* etc. etc. etc.";
>
> **(b)** no caso do ponto aqui interpretado, os verbos integram o primeiro modo acima especificado, sobretudo os verbos "*gritei*" e "*queimei*", mas também, embora com menor contundência, o verbo "*pisei*". Isso, aliado à atmosfera tonal misteriosa e soturna, já indica que o ponto deve ser empregado em contextos rituais mais sérios, sóbrios e solenes, para fins de desagregação, demandas *etc.*.

Na dimensão musical do ponto, anoto o seguinte:

(a) o ponto, que é em modo menor, tem uma paisagem emocional acentuadamente solene, grave, até sombria. Além disso, há nele um aspecto de suspense que se estende do começo ao fim. Isso tudo dá ao ponto uma tônica emocional de seriedade, de alerta, o que faz referência ao aspecto imponente e majestoso de Exu, ao qual convém prostrar-se respeitosamente – já não se enfatizando aqui, como em outros pontos, o Seu aspecto brincalhão, divertido, amistoso *etc.*, em relação ao qual há um tratamento cúltico e devocional menos cerimonioso e mais "horizontal", por assim dizer;

(b) em certos trechos, o canto não se dá através de uma divisão silábica estanque e linear (o que procurei assinalar mediante o uso de hífens, na letra abaixo indicada), mas, ao contrário, tem certa *fluidez contínua*: através da técnica vocal do "melisma"[35], uma mesma sílaba da letra é entoada em duas ou mais notas, inclusive, por vezes, com o uso do "portamento"[36]. Isso se verifica em "*Queime-ei*", "*Fo-ogo*", "*Cruze-ei*", "*A-ar*". Essa circunstância, simbolicamente, faz referência ao fato de que Exu é a Divindade que *não tolera limites*, que *não tem sítios demarcados só para si*, mas que, ao contrário, segundo importante mito da Tradição Yorubá, teve a permissão de *Elédùmarè*, o Deus Supremo, para percorrer e transitar por todos os sítios e planos da realidade, como forma de justa compensação pelo fato de, tendo ficado "por último" na fila dos Orixás destinada a receberem de *Elédùmarè* seus "nichos de realidade", não lhe ter sobrado nenhum.

35. Ao contrário da técnica vocal "silábica", em que cada nota corresponde rigorosamente a uma sílaba da letra, a técnica vocal melismática promove variações de frequência (ou seja, de notas musicais) *numa mesma sílaba métrica*, de modo que a uma sílaba correspondem duas ou mais notas.

36. Trata-se de técnica vocal em que a voz sai de uma nota e chega à próxima *deslizando de modo contínuo*, como que imitando a capacidade que os instrumentos de corda têm de promover tal deslizamento.

Capítulo III
O Templo e o Congá

Conforme já havia antecipado no capítulo anterior, o Templo em seu todo é sagrado: ele, inteiro, é qualitativamente distinto do espaço profano que lhe circunda e lhe é exterior. Contudo, como ressalvei na ocasião, isso não significa que sua estrutura interna também não seja marcada por rupturas e heterogeneidades, tanto do ponto de vista quantitativo (*grau*), quanto do ponto de vista qualitativo (*modo*). No capítulo anterior, analisei o espaço sagrado relativo a Exu, o-primeiro-e-o-último pelo qual passam todos os que participam das atividades do Terreiro. Além deste – e desconsiderados, aqui, os espaços que mimetizam ou reproduzem espaços profanos no interior do Templo (devido ao seu caráter mais predominantemente funcional-utilitário) –, há aqueles espaços que foram indicados nominalmente no capítulo anterior: do *Ventre* à *Cabeça* do "Axé", passando pelos *Braços* e pelo *Coração*.

Se os *Pés do Axé* concentravam as funções de sustentação e dinamismo, os demais pontos de força do Terreiro caracterizam-se pelo seguinte:

> **(a)** o *Ventre do Axé* (*concepção* e *gestação*): ponto do Terreiro onde preceitos e oferendas são apostos e acondicionados, os quais servem não só de manancial de energias e forças sutis, como servem também de símbolo do enredo de cada rito, por aludirem àquilo que, sendo gestado ao longo do rito, há de nascer, isto é, realizar-se através dele;
>
> **(b)** os *Braços do Axé* (*realização*): pontos de força que consistem em análogos superiores dos *Pés do Axé* e que representam os esforços dinâmicos necessários e suficientes à realização dos fins a que o Templo se propõe; os *Braços do Axé* estão assentados em elementos materiais geralmente subterrâneos, apostos sob as duas fileiras em que os adeptos da "Corrente" humana se posicionam quando da realização dos ritos, sendo essa mesma "Corrente humana" um símbolo da "Corrente astral", que reúne as Entidades Espirituais, emissários dos Orixás; aliás, os *Braços do Axé* representam justamente essas duas "Correntes" – espiritual e humana –, já que concentram a dimensão propriamente consciente, volitiva e portanto ativa do Templo e de sua dinâmica geral;

(c) o *Coração do Axé* (*vitalidade* e *comunicação*): sob certo aspecto, é o ponto "central" do Templo, já que o símbolo do "coração" se refere precisamente à centralidade mais íntima e radical de um ser; exatamente por isso, refere-se diretamente ao contínuo vertical havido entre o "Orixá da Casa", a "Entidade Chefe" do Terreiro e ao seu sacerdote dirigente, filho daquele Orixá e assistido por essa Entidade; os três, cada um ao seu modo e em seu nível, constituem o "centro" simbólico do Terreiro, distribuindo "oxigênio" (alento espiritual), "sangue" (vitalidade espiritual), "ferro e células de defesa" (fortaleza espiritual) *etc.* a todos os discípulos e consulentes; além dos elementos subterrâneos, este ponto recebe um assentamento visível, geralmente constituído de uma madeira com sinais sagrados relativos ao "triunvirato" acima referido, além de diversos outros elementos, materiais e simbólicos, pertinentes;

(d) a *Cabeça do Axé* (*coordenação* e *direcionamento*): o espaço sagrado por excelência, o *sanctum sanctorum* do Terreiro, o "Congá" em sentido estrito: contém diversos elementos, ocultos e ostensivos, materiais e simbólicos, e concentra majoritariamente a atenção dos participantes do rito; constitui-se geralmente de sinais riscados ou imagens alocados na parede (relativos aos Orixás ou aos Ancestrais Ilustres) e de uma "mesa" sobre a qual são colocados diversos elementos (como madeiro com sinais riscados, velas ou lamparinas, cristais e conchas, ervas e flores *etc.*) e sob a qual também se encontram, dentre outras coisas, elementos de defesa e desagregação.

Diversas outras associações simbólicas podem ser feitas, aqui, em relação aos sete pontos de "Axé" do Terreiro. Destaco duas a título de exemplo: *(i)* os *Pés* e o *Ventre* estão associados a Exu; os *Braços*, a Caboclo; o *Coração*, a Criança; e a *Cabeça*, a Preto Velho; e *(ii)* os *Braços* representam a via espiritual da ação ou do trabalho; o *Coração*, a via espiritual do amor ou da devoção; e a *Cabeça*, a via espiritual do conhecimento ou da contemplação. Nessa clave simbólica, os *Pés* representam os atos preparatórios, instrumentais, de sustentação e de defesa para que a realização espiritual possa acontecer, ao passo que o *Ventre* está associado à gestação e ao parto do iniciado, processo esse que, devidamente nutrido pelos influxos da Sabedoria, do Amor e do Poder Divinos, terá como termo final justamente o nascimento de um novo iniciado.

No presente capítulo, em oposição dialética às Tronqueiras de Exu (os *Pés do Axé*) enfatizado no capítulo anterior, será abordado o *Congá* (ou *Peji*), expressão polissêmica que *(i)* em sentido estrito, refere-se apenas à *Cabeça do Axé*, *(ii)* em sentido amplo, refere-se ao recinto onde se processa a maioria dos rituais, que abrange o *Ventre*, os *Braços*, o *Coração* e a *Cabeça do Axé* e *(iii)* em sentido amplíssimo, refere-se ao Templo como um todo.

No sentido mais estrito do termo, que é o que nos interessa mais de perto, aqui, o Congá abrange o Altar, a Mesa e os demais elementos que lhe são adjuntos e que ficam alocados na extremidade "superior" do Templo, em oposição perfeita aos *Pés do Axé*: é o *sanctum sanctorum* do Terreiro, o único ponto, dos sete, que tem *verticalidade* (o que tem implicações simbólicas evidentes), sendo também o ponto ao qual converge a atenção estético-contemplativa dos que participam dos ritos e que desempenha a função máxima de comando e direção das atividades ritualísticas de um modo geral.

É também o ponto, da infraestrutura litúrgica do Templo, que mais recebe elementos, materiais e simbólicos, e mesmo ornamentações: é o mais "vistoso" e pujante de todos. A variabilidade de arranjos do Congá, nos vários Terreiros, é imensa, com maior ou menor criteriologia simbólica e maior ou menor riqueza estética. Aqui, iremos dar dois exemplos de estruturação do Congá, ambos utilizados e referendados pela tradição que sigo, que evidentemente não afastam outras possibilidades: o primeiro, que enfatiza o Setenário (Sete Orixás ou "Linhas"), e o segundo, que enfatiza o Ternário (Criança, Caboclo e Preto Velho).

Quanto ao Congá de estrutura setenária:

> **(a)** ele tem como "informação" ostensiva central a referência aos Sete Orixás, cuja "disposição" pode variar segundo diferentes critérios – sendo, porém, sempre importante que a disposição não seja aleatória, sem qualquer sentido. É preciso que se tenha presente – tanto pelo Sacerdote dirigente, quanto por seus discípulos – que em um Terreiro bem estruturado todas as disposições formais de preceitos, oferendas, assentamentos *etc.* obedece sempre a uma lógica, à qual subjaz uma inteligência e que, portanto, vela e revela informações doutrinais relevantes. Nada é para ser aleatório; e, se o for, é por insuficiência, incapacidade e demérito, não sendo possível socorrer-se da falsa justificativa de "simplicidade" ou "despretensão";
>
> **(b)** em minha vivência no Templo conduzido por meu mestre, a necessidade de as coisas "terem fundamento" (como se diz no jar-

gão de Terreiro) era uma constante, sempre desafiando a inteligência dos discípulos. Deparei-me, ainda muito jovem, com o "desafio" de decifrar o porquê da disposição dos Sete Orixás em seu Congá de São Paulo/SP, que era a seguinte (tanto na sede da Rua Chebl Massud, quanto na da Av. Santa Catarina):

OXALÁ

IBEJI YEMANJÁ

OGUN XANGÔ

OXÓSSI OBALUAYÊ

(c) o primeiro critério que empreguei para entender esta disposição foi o mais evidente e de cuja posse consciente já era, então, titular: o critério *vertical* da densidade vibratória dos Orixás e Suas respectivas Energias, associadas à verticalidade dos sete chakras principais. Assim: *(i)* Oxalá, associado ao chakra Coronal; *(ii)* Yemanjá, ao Frontal; *(iii)* Ibeji, ao Laríngeo; *(iv)* Xangô, ao Cardíaco; *(v)* Ogun, ao Solear; *(vi)* Oxóssi, ao Esplênico; e *(vii)* Obaluayê, ao Básico[37];

(d) através do emprego deste critério, notei que a estrutura *vertical* da disposição se dava em quatro níveis: *(i)* Oxalá, no nível mais alto; *(ii)* Yemanjá e Ibeji, no segundo de cima para baixo; *(iii)* Ogun e Xangô, no terceiro; e *(iv)* Oxóssi e Obaluayê, no quarto e último. Portanto, a disposição vertical parecia resolvida. Apesar disso, após anos de reflexão, vejo que a resolução não estava completa, nem era perfeita; hoje, me intriga o fato de haver certa ruptura no fluxo de aumento da densidade vibratória, já que Oxóssi, relacionado precipuamente ao Ar, deveria estar alocado no terceiro nível de cima para baixo e Ogun, a seu turno, relacionado primacialmente à Água, deveria integrar o quarto nível. Isso evidenciou a mim a necessidade de que a classificação algo simplificada entre Orixás e chakras receba algum refinamento;

(e) mas ainda restava por decifrar a disposição *horizontal* dos Orixás: por que Yemanjá, Xangô e Obaluayê estavam de um lado e Ibeji, Ogun e Oxóssi de outro, e não o contrário? O que exigia

37. Essa relação associativa é, porém, hoje sei, básica e simplificada, exigindo complexificações e nuances mais elaboradas e precisas, sobre as quais poderei eventualmente falar em outra ocasião.

que a distribuição lateral dos Orixás fosse essa e não outra, dentre as tantas combinações possíveis? Demorei mais tempo para entender a disposição horizontal do que a vertical, que era mais simples e intuitiva;

(f) contudo, não tardou a que eu notasse um fato que poderia consistir em uma "pista" promissora: a corrente feminina ficava disposta ao lado direito de quem olha para o Congá (e, portanto, ao lado esquerdo da perspectiva do Congá, que "olha" para o Portal do Templo) e Yemanjá estava posicionada precisamente deste mesmo lado. Então, olhei para os outros Orixás situados no lado "feminino" do Congá e, de início, frustrei-me, pois vi ali Xangô e Obaluayê[38], o que me levou a crer que estava no "caminho errado";

(g) mesmo assim, dentro do contexto das associações que se fazem em minha tradição, eu estava seguindo a pista certa. Para chegar a esta conclusão, precisei aplicar outra associação, relativa à Encruzilhada (ou Cruz Circulada), assim estabelecida: *(i)* Leste-Oxóssi-Ar; *(ii)* Sul-Xangô-Fogo; *(iii)* Oeste-Ogun-Água; e *(iv)* Norte-Obaluayê-Terra (ver, novamente, a imagem constante do ponto [17]). Nessa estrutura: *(i)* o eixo Leste-Oeste é o eixo emissivo, positivo e, portanto, simbolicamente "masculino", o que explicava o fato de Oxóssi e Ogun estarem localizados ao lado "direito" do Congá; e *(ii)* por sua vez, o eixo Norte-Sul é o eixo receptivo, negativo e, por isso, simbolicamente "feminino", o que justificava que Xangô e Obaluayê fossem posicionados ao lado "esquerdo" do Congá[39];

(h) outro critério simbólico relevante para a compreensão desta disposição horizontal específica para o chamado Quaternário Inferior (Oxóssi-Xangô-Ogun-Obaluayê) – critério que pode ser considerado o mesmo do último parágrafo em outras palavras – é o

38. Evidentemente, a estrutura setenária concentra, reduz e simplifica o panteão teológico ao número sete (por razões específicas e plenamente razoáveis), o que exige do adepto a compreensão de que os sete postos ali representados não contemplam explicitamente todos os Orixás. O exemplo mais claro é o das *Yagbás*, que ficam como que concentradas em Yemanjá e/ou "espalhadas" nos demais postos, juntamente com os Orixás que ostensivamente os ocupam (Nanã com Obaluayê e Oyá com Xangô, por exemplo).

39. É por essa razão que: **(a)** de um lado, os elementos Ar e Água têm função agregativa, sendo bastante favoráveis para ritos propiciatórios, de bênçãos *etc.*, já que se trata de um eixo em que predomina fundamentalmente o Axé branco; e **(b)** de outro lado, os elementos Fogo e Terra têm predominantemente a função complementar desagregativa, sendo otimamente adequados a ritos de descarga, de purificações, neutralizações *etc.*, tratando-se de um eixo em que predominam majoritariamente o Axé vermelho (Fogo) e o Axé preto (Terra).

seguinte: *(i)* de um lado, Ogun-Obá e Oxóssi-Ossayin têm óbvia relação simbólica com a *vida* (agricultura, tecnologia, prosperidade, cura, vitalidade, caça, fartura *etc.*); e *(ii)* de outro lado, Xangô-Oyá e Obaluayê/Omulu-Nanã associam-se simbolicamente à *morte* (julgamento, encaminhamento dos *eguns* [mortos] nos planos do *Ọ̀run*, velhice, a terra que esconde os mundos inferiores *etc.*);

(**i**) evidentemente, outras disposições são possíveis, na estrutura setenária. Um exemplo seria a disposição em que o dito "Ternário Superior" (Oxalá-Yemanjá-Ibeji) ocuparia a posição superior, na forma de um triângulo apontando para baixo, em que a base do triângulo representaria a dualidade Oxalá-Yemanjá (o Pai e a Mãe de todos os *Orí*), sintetizados no vértice inferior em que figuraria Ibeji (os Filhos); abaixo deste triângulo, estaria então representado o dito "Quaternário Inferior" (Oxóssi-Xangô-Ogun-Obaluayê), na mesma disposição já referida no modelo anterior, ou substituindo-se as posições de Oxóssi e Ogun, de modo a manter sem rupturas o fluxo de aumento da densidade vibratória, como comentei acima. Assim:

OXALÁ YEMANJÁ

IBEJI

OXÓSSI XANGÔ

OGUN OBALUAYÊ

Ou, ainda:

OXALÁ YEMANJÁ

IBEJI

OGUN XANGÔ

OXÓSSI OBALUAYÊ[40]

40. Note-se o seguinte e interessante fato que há, aqui: nesta disposição específica, as triplicidades do Ar, do Fogo, da Água e da Terra ficam dispostos da seguinte maneira: (**a**) os triângulos do Ar e da Terra são o mesmo (Ibeji-Oxóssi-Obaluayê), triângulo equilátero; e (**b**) os triângulos do Fogo e da Água, isósceles, apresentam uma simetria complementar, pois ambos têm a mesma base (Ogun-Xangô), variando apenas o seu vértice superior, ora em Oxalá (Fogo), ora em Yemanjá (Água).

Já quanto ao Congá de estrutura ternária:

(**a**) ele tem como "informação" explícita principal a tríade simbólica das formas de manifestação dos Ancestrais Ilustres na Umbanda: Crianças, Caboclos e Pretos Velhos. A estrutura geral deste modelo de Congá se dá mediante a utilização de efígies que representam cada uma destas formas simbólicas, cada uma com suas notas e características particulares;

(**b**) dentre essas características, uma das mais importantes, em nossa Casa, é a do simbolismo postural: *(i)* o Caboclo está em pé, ereto e majestoso; *(ii)* o Preto Velho está sentado, meditativo e reflexivo; e *(iii)* a Criança está prostrada, de joelhos, devocional. Como visto, essas três posturas simbólicas representam as formas distintas e adequadas através das quais devemos nos relacionar com os três níveis básicos da realidade: *(i)* em relação à materialidade, devemos ter uma postura de domínio superior; *(ii)* em relação à humanidade, uma postura de reflexividade interiorizante (em relação a si próprio) e de horizontalidade e igualdade (em relação ao outro); e *(iii)* em relação à divindade, uma postura de reverência, entrega e devoção;

(**c**) outra marcação simbólica fundada em características particulares das três efígies é a da representação cromática das respectivas etnias e, por extensão, das três qualidades do Axé: *(i)* o Caboclo, de tez vermelha, representa o Axé vermelho; *(ii)* o Preto Velho representa o Axé preto; e *(iii)* a Criança, de pele clara, representa o Axé branco[41];

(**d**) outro simbolismo interessante, aqui, é o etário: *(i)* a Criança representa a gênese, a infância, o início de todos os processos; *(ii)* o Caboclo, a expansão, a continuidade, a maturidade, a fase intermediária da vida, que é a mais longa e produtiva; e *(iii)* o Preto Velho, o fim daqueles mesmos processos, o retorno ao outro mundo *etc.*. Aliás, esta relação simbólica se associa perfeitamente à relação das três qualidades do Axé, vista no parágrafo anterior, pois: *(i)* o Axé branco está precipuamente relacionado às origens, ao princípio, ao início, à criação *etc.*; *(ii)* o Axé vermelho, a seu turno, relaciona-se à continuidade, à conservação, às etapas intermediárias de desenvolvimento e aspectos congêneres; e *(iii)* o Axé

41. A figura do Exu, obviamente, é o *mestiço* por excelência, o que representa a maior concretude sintética de sua expressão e a maior densidade de suas funções quando comparadas às dos demais Orixás.

preto tem óbvia pertinência simbólica ao fim de todos os processos, à extinção, à consumação derradeira *etc.*;

(e) as três formas simbólicas se associam, muito intuitivamente, aos três frutos da iniciação e da realização espiritual: *(i)* o Preto Velho simboliza a Sabedoria (e, portanto, a instância da personalidade que a sedia: a Mente); *(b)* a Criança, o Amor (e, por extensão, o Coração); e *(c)* o Caboclo, o Poder (e, consequentemente, o Corpo físico);

(f) a disposição das três efígies se dá quase sempre em forma triangular, podendo haver ampla e flexível variação de sua disposição (afinal, o triângulo seguirá sendo sempre o mesmo, apenas visto por lados diferentes ou em ângulos diferentes em relação ao chão); mesmo assim, costuma-se adotar o critério de que a posição superior no triângulo seja ocupada pela forma de manifestação adotada pela Entidade Chefe do Terreiro, por razões óbvias.

Em ambos os modelos (setenário ou ternário), o Congá recebe, ainda, um madeiro com Sinais de Pemba relativos às ordens e direitos da Entidade Chefe do Terreiro e à Sua relação com o Sacerdote, além de diversos outros elementos, sejam ocultos (sob a Mesa que guarnece a estrutura do Congá), sejam ostensivos (como, por exemplo, outros Sinais de Pemba em madeiras no chão ou na parede, e elementos que são apostos por razões simultaneamente vibratórias e estético-ornamentais, como ervas, flores *etc.*.

Dada a importância do Congá para a vida espiritual no Terreiro, é natural que muitos pontos cantados se refiram a ele, tanto no sentido lato (Templo), quanto no sentido estrito (Altar). Passo, agora, à interpretação simbólico-musical de alguns deles.

[19]

Bate cabeça, filho de Umbanda
Salve Oxalá e a nossa Banda!
Meu Pai, Sete Pedreiras
Seus Filhos pedem Sua Bênção!

No capítulo anterior, vimos que as Tronqueiras constituem o primeiro ponto de contato entre a pessoa e o Templo, o que exige dela a prática de algum ato reverencial que promova uma *marcação significativa* do ato subjetivo de deixar o espaço profano para ingressar em um espaço sagrado, ato subjetivo este que não pode jamais ser trivial, sem-cerimônia ou banalizado pelo costume. Como, porém, o Portal e as Tronqueiras consistem em um espaço primeiro, mais de purificação e filtragem do que de devoção espiritual, o ato reverencial que lhe convém é ainda de certa forma modesto: trata-se de uma saudação relativamente simples, marcada por uma ligeira inclinação, percutindo-se as palmas das mãos e em seguida tocando-se as Tronqueiras (já que o Axé se assimila também pelo contato) *etc.*.

Já no Congá – *o extremo oposto das Tronqueiras* –, a postura reverencial condizente é a mais intensa possível: o que era uma sutil inclinação, nas Tronqueiras, transforma-se agora em *prostração total*: o jargão "*bater a cabeça*" – que abre o ponto cantado aqui analisado – faz alusão exatamente ao ato de se prostrar diante do Congá e tocar o chão com a testa; ou seja, é o ponto mais alto da anatomia humana, a Cabeça (*Orí*), que vai ao Chão. Além disso, este ato pode se dar fundamentalmente de duas formas distintas: ou de joelhos, ou com o corpo totalmente estirado, de modo a garantir que a superfície de contato entre o corpo e o Templo seja a maior possível, o que tem implicações simbólicas evidentes, aliás em dupla dimensão: tanto a de uma *entrega irrestrita ao Divino* ("rendição", desde um ponto de vista dualista), quanto a de uma *união maximamente abrangente e profunda com Ele* ("identidade", desde uma perspectiva não-dualista).

Aliás, reparando-se bem, o *contato* entre a pessoa e o Terreiro se dá em diferentes *extensões*: *(i)* de um lado, na altura do Portal e das Tronqueiras, o contato é pouco extenso e se limita justamente à extensão das plantas dos pés (o que é condizente, simbolicamente, com o fato de este ponto consistir nos *Pés do Axé*); e *(ii)* de outro lado, no Congá, o contato é o mais extenso possível, abrangendo inclusive a cabeça (o que também condiz com o simbolismo do Congá enquanto *Cabeça do Axé*).

A posição em que o adepto se coloca diante do Congá – *prostração* – é a mesma já comentada acima e simbolizada pela efígie da "Criança", o que significa que o Congá, por ser a expressão máxima da Divindade Suprema e dos vários Orixás na arquitetura sagrada do Templo, é o local em que, simbolicamente, a *ancestralidade* e a *senioridade* é tamanha, que alcança o *princípio*, a *origem*, diante do que o ego consciente do adepto – e com o qual costuma confundir-se – não é mais que uma "criança", mas não mais no sentido superlativo e positivo de *pureza, inocência* e *felicidade*, antes no sentido normal e neutro de *dependência* e *incapacidade*, ou até mesmo, nos casos mais graves, no sentido já pejorativo e negativo de *imaturidade, despreparo* e *egoísmo autorreferente*.

Essa posição de máxima reverência, devoção e entrega se reforça pela segunda metade do ponto cantado, que faz referência precisamente a um *pedido*: "*Meu Pai, (...), Seus filhos pedem Sua Bênção*". É precisamente essa postura de entrega, de receptividade, de não-resistência, que convém ter diante do Divino e do espaço sagrado do Terreiro em que o Divino está mais comodamente "assentado".

Mesmo sendo o Congá a expressão do Divino em sua mais indiferenciada pureza – ao contrário do *Coração do Axé*, que já O particulariza naquilo que é pertinente ao contínuo vertical entre o Sacerdote, a "Entidade Chefe do Terreiro" e os respectivos Orixás aos quais estão ambos vinculados –, o ponto pede as Bênçãos, em seu terceiro verso, da Entidade Chefe do Terreiro. Isso se explica facilmente, mediante a compreensão de que, do ponto de vista metafísico mais superior, a Luz Divina é sempre uma só e Ela mesma, de modo a haver um *continuum* de não-diferença entre todos os níveis hierárquicos da ontoteologia umbandista. Assim, a Pura Luz Divina, a Luz Diferenciada do Orixá, a Luz Matizada do Ancestral Ilustre e mesmo a Luz de cada Alma é uma só e a mesma, ainda que se expresse, em cada um desses casos, em modos diferentes (tanto qualitativamente – cores, matizes *etc.* –, quanto quantitativamente – intensidade, brilho *etc.*). Desse modo, o ponto sinaliza, ainda que de forma muito sutil, que o Divino se expressa, no nível teológico dos Ancestrais Ilustres – e naquele Terreiro específico – sobretudo na figura de sua Entidade Chefe.

Aliás, falando em "Bênçãos" é importante deixar registrado o seguinte:

> **(a)** a Umbanda – assim como as tradições espirituais afro-brasileiras de um modo geral – é uma religião cuja prática comunitária é integrada por um sistema de constantes e reiteradas *trocas de bênçãos*, em múltiplos fluxos e vetores de transmissão e compartilhamento, que podem ser *verticais* (pela ordem descendente: Divindade Suprema, Orixás, Ancestrais Ilustres, Mestre encarnado, discípulos mais velhos, discípulos mais novos, aspirantes, consulentes *etc.*) ou *horizontais* (entre iguais);

(b) naturalmente, em toda troca ou transmissão de bênção há sempre algo de vertical e algo de horizontal, a depender do referencial empregado, de modo que todas são fundamentalmente como que "diagonais", por assim dizer: é que, em profundidade, mesmo o consulente mais refratário, mesmo o neófito mais recém-chegado, por exemplo, são "iguais" (ou "não-diferentes") da Divindade Suprema, dos Orixás, dos Ancestrais *etc.*. Mas na medida em que o estado periférico de sua consciência de superfície, de seu ego-personalidade, é radicalmente inferior, há também uma óbvia diferença de nível (vertical, hierárquica, qualitativa) entre Estes e aqueles;

(c) essas bênçãos são expressões do Amor e, em seus vários níveis e tipos, veiculam formas de amor igualmente distintas: *(i)* o amor do superior pelo inferior, na forma de *Graça* ou *Providência*; *(ii)* o amor do inferior pelo superior, na forma de *devoção* ou *gratidão*; e *(iii)* o amor entre iguais, na forma de *amizade* e *fraternidade*.

Do ponto de vista simbólico-musical, faço as seguintes anotações:

(a) o ponto é melodicamente constituído em modo maior, o que lhe confere notas emocionais de alegria e um caráter aberto e luminoso, muito condizentemente com o significado da letra. É como se aquele que o canta, ao acercar-se do Congá para "*bater cabeça*", sentisse estar se aproximando do verdadeiramente do Ancestral Ilustre (Entidade Chefe do Terreiro), ao qual se dirige com uma síntese de alegria que não descura do respeito e de um respeito que não se degrada em temor ou seriedade sisuda. A propósito, o ponto faz referência ao Ancestral Ilustre justamente no momento em que, do ponto de vista melódico, o canto atinge seu clímax, como que entoando o Seu Nome a plenos pulmões, de forma vocativo-exclamativa, para ao final lhe pedir a imprescindível Bênção;

(b) não é à toa, portanto, que, se o ponto atinge o auge melódico-tensional ao dirigir-se clamorosamente à Entidade Chefe do Terreiro, então, como seria de se esperar, a respectiva *distensão* se dará justamente ao final do ponto, quando a letra faz justamente referência ao termo "*Bênção*". Nessa parte, a melodia retorna à tônica, nota fundamental de repouso, conforto e estabilidade, como que aludindo, embora sutilmente, que o recebimento de bênçãos espirituais verdadeiras é algo necessário para recobrarmos um certo alívio espiritual, uma distensão psicoanímica profunda, uma confortável estabilidade existencial restaurada;

(**c**) por fim, não posso deixar de acusar, apesar da repetição desse tema ou motivo simbólico-musical, que, na parte em que o ponto faz referência nominal à Entidade Chefe do Terreiro, a melodia vai rapidamente da nota mais aguda (lá) à mais grave (dó), sem paradas ou trajetos intermediários (veja-se o tracejado na imagem abaixo). Trata-se de uma descida vertiginosa, instantânea, como um raio, conforme reiteradamente já anotei em outros pontos quanto ao que tenho chamado, aqui, de vetor descendente da Providência Divina.

[20]

Cambinda é Congo, é Congo, aruê!

Cambinda é Congo, é Congo, aruá!

Pisa na minha Angola, mas pisa devagar!

Tenho ordens e direitos das Santas Almas de Oxalá

O sujeito lírico deste ponto é a Entidade espiritual, um "Preto Velho" que, embora mansamente (como a melodia evidencia), declara-se dono do Congá e adverte os filhos do Terreiro de que, mesmo tendo-lhes sido dada a oportunidade, o agô, de estar no Templo, eles devem pisar nele "*devagar*". Diz-nos o "Preto Velho", no terceiro verso: "*Pisa na minha Angola, mas pisa devagar*". O pronome possessivo "*minha*" indica claramente que o Terreiro, em certa dimensão sua, não pertence às pessoas "encarnadas", ou seja, não é de propriedade humana, pelo que todos os seus integrantes estão ali *por concessão*; a seu turno, o imperativo "*pisa devagar*" encerra precisamente a advertência de que os filhos do Terreiro devem estar sempre atentos ao caráter sagrado do espaço templário, de modo a nunca o tratarem com desdém e banalidade.

Esse cuidado, esse zelo escrupuloso com o Templo decorre justamente do fato de que existem espaços mais sagrados do que outros e que a sacralidade impõe inevitavelmente, por sua própria natureza, alguns deveres mínimos, como os de respeito, sobriedade, acatamento *etc.*, além de um grande e imprescindível silêncio interior.

Esses deveres, porém, não consistem em protocolos artificiais ou burocráticos, já que, estes, ao contrário daqueles, pressupõem uma desproporção acentuada entre forma e conteúdo, de modo a que o respeito exterior e formal seja sempre maior do que a dignidade de seu alvo. Ora, o respeito exigido pelo "Preto Velho", no ponto, não é cerimonioso formalismo ou etiqueta fútil, decorrendo, isso sim, do lúcido reconhecimento de que o Templo é sagrado e da coerência lógica entre esse reconhecimento e o trato subjetivo da pessoa com o Terreiro. Como se vê, trata-se de deveres ao mesmo tempo lógico-intelectuais e ético-morais.

Porém, não só. É preciso olhar essa questão também sob a luz do conceito de ônus (em contraste com o de *obrigação* ou *dever*): enquanto o descumprimento de uma obrigação acarreta uma sanção ou punição ao faltoso, o descumprimento de um ônus apenas impede o usufruto de certo bem possível. Nessa dimensão da questão, pisar no Templo de forma incompatível com a sua sacralidade não é tanto uma ofensa aos Orixás e Ancestrais, eventualmente punível, quanto é uma auto-obstrução ou auto-sabotagem em relação à fruição concreta dos bens disponíveis no Terreiro. Ou seja: o descumprimento de um ônus nada mais é do que a *dispensa voluntária ou não de uma vantagem*. O descumprimento de obrigações é punível porque afeta terceiros; já o descumprimento de um ônus afeta apenas a própria pessoa, razão pela qual, para tal descumprimento, valem as máximas populares "*É pegar ou largar!*" e "*O problema é todo seu!*". Ora, estar no Terreiro sem a postura interior recomendada pelo ponto e exigida pela natureza das coisas é *o mesmo* que não estar nele – ou algo próximo a isso.

Mas por que e em que medida a consciência da sacralidade do Terreiro é também um ônus? Isso é assim porque todo desenvolvimento espiritual supõe um ônus de similitude ou *de assimilação*: o adepto deve assemelhar-se cada vez mais a determinados modelos exemplares, que manifestam o princípio divino em certo grau e de certo modo. Não se trata, claro, de uma semelhança só aparente ou exterior, mas de uma reidentificação profunda que, em certo sentido, aliás, nem chega a ser propriamente produzida, sendo antes redescoberta. O caminho espiritual nos conduz à superação do ego periférico (com o qual errônea e redutivamente nos identificamos), através de uma reidentificação progressiva com os níveis cada vez mais profundos de nós mesmos, níveis que, por sua própria natureza, são cada vez menos comprometidos pelo erro e pelo vício que abundam na superfície. Este ônus de similitude exige o cultivo de virtudes, entendidas aqui não de forma moralista ou sentimentalista, mas no sentido estrito e original de "excelência", de "bom funcionamento", de "conformidade à própria natureza". Aliás, o desenvolvimento espiritual é ao mesmo tempo causa e consequência das virtudes: enquanto consequência, ele as exige; mas, enquanto causa, também as consolida.

Ora, o bom funcionamento de nossas atividades mentais, afetivas e mesmo físicas inevitavelmente nos faz ter um comportamento condizente com a dignidade e a sacralidade do Terreiro e, reciprocamente, uma vivência continuada das práticas espirituais no interior do Templo acabará sempre por implicar um melhor funcionamento daquelas mesmas atividades. Assim, o processo iniciático será tanto mais verdadeiro e veloz quanto mais tivermos consciência da sacralidade do Terreiro e quanto mais agirmos de acordo com essa consciência.

Se o ponto cantado anterior enfatizava o Congá em sentido estrito (o Altar), este irá se referir desde o sentido mais amplo do termo (o Terreiro como um todo) até o sentido mais estrito, passando pelo sentido intermediário (o recinto onde se processa a maior parte dos ritos). Então, como se vê, o conteúdo deste ponto vale para todos os sentidos do termo "Congá".

Ou seja: o Templo como um todo ("Congá" em *sentido amplíssimo*), em qualquer espaço seu, já deve "ser pisado" com cuidado, sem banalidade ou sem-cerimônia, devendo o adepto buscar a consciência constante de que está no Templo, e não em outro lugar qualquer. Porém, há espaços internos, na estrutura do Templo, que exigem doses cada vez maiores de sobriedade, respeito, gratidão, silêncio (exterior e interior) *etc.*, quando comparadas a essa dose mínima: o "Santuário", que é o recinto onde ocorrem quase todos os ritos ("Congá" em *sentido amplo*), por exemplo, já não deve ser acessado a todo e qualquer momento por qualquer pessoa; há uma descontinuidade *maior* entre ele e o seu espaço externo, de modo que, fora os períodos em que se processam os ritos públicos, só se deve entrar ali se se for autorizado para tanto e para o estrito cumprimento de tarefas específicas. Enfim, o Altar e suas imediações ("Congá" em *sentido estrito*) não pode sequer ser tocado, manuseado, limpo, "alimentado" *etc.* senão pelo Sacerdote dirigente ou por algum iniciado que seja por ele escolhido para o mister. Há, portanto, uma relação de proporcionalidade direta entre a sacralidade de um espaço e o respeito que se deve ter por ele: quanto mais sagrado, mais "*devagar*" se deve "*pisar*" nele.

Evidentemente, porém, a sacralidade de um espaço depende de certas *condições*, sem as quais o que pode haver é no máximo uma paródia de sacralidade. É por isso que o "Preto Velho", no quarto verso do ponto sob análise, justifica sua advertência da seguinte forma: "*Tenho Ordens e Direitos das Santas Almas de Oxalá!*". Ou seja: só se deve pisar com cuidado e reverência no Terreiro porque ele é sagrado e ele só é sagrado porque não se trata apenas de um prédio em que se desenvolvem atividades puramente "humanas" ou "mundanas", graças ao fato de que suas atividades são verdadeiramente conduzidas pelas Divindades e por seus Emissários. As "*Ordens e Direitos*" significam precisamente isto: legitimidade espiritual.

Musicalmente, quero chamar a atenção do leitor para o seguinte:

(a) o ponto apresenta uma atmosfera emocional de quietude, mansidão e silêncio, o que é muito condizente com a orientação de que, no Templo, convém manter-se uma postura de reverência, devoção, interiorização, escrúpulo com o Divino *etc.*. Trata-se, então, de uma advertência que, embora seja feita de forma clara e direta na letra, é melodicamente branda e suave, quase como um pedido ou um convite, o que faz com que ela acabe por propiciar e fomentar exatamente aquilo que exige;

(b) a nota mais aguda do ponto recai sobre o termo "*Cambinda*", relativo que é, evidentemente, a uma Preta Velha e, por extensão, ao Divino. Além disso, essa nota (dó5) está uma oitava acima do dó fundamental da escala em questão (trata-se da tônica) e, aliás, muito significativamente, nunca mais é alcançada em parte alguma do ponto. Outro aspecto interessante é que as notas "dó" soam apenas e tão somente quando a letra se refere: *(i)* a "*Cambinda*" (dó5, no primeiro e no segundo versos); *(ii)* a "*devagar*" (dó, no terceiro verso); e *(iii)* a "*Oxalá*" (dó, no quarto e último verso). A nota de repouso estável, neste ponto, é dedicada, então, apenas aos termos que fazem referência ao Divino ("*Cambinda*" e "*Oxalá*") e à lentidão pacienciosa ("*devagar*");

(c) para encerrar, outra característica notável da melodia desse ponto é a seguinte: enquanto nos dois primeiros versos a melodia tenha permanecido oscilando entre a parte superior da escala (sol-lá-si-dó5), o terceiro verso, *justamente quanto vai falar sobre a necessidade de <u>pisar</u> devagar no chão do Terreiro*, tem um declínio súbito e surpreendente a uma nota grave (ré), na última sílaba de "*Angola*". E mais: o trecho "*mas pisa devagar*" é inteiramente cantado na porção inferior da escala, porção que foi utilizada pela primeira vez precisamente nesta parte. Veja-se a imagem abaixo, onde destacada:

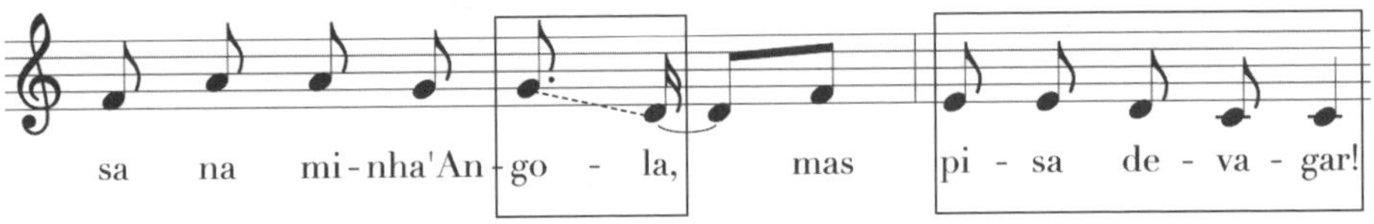

[21]

A Umbanda me chamou
E pela Umbanda eu venho trabalhar!
Ao Orixá, ao Preto Velho e ao Baba
Eu peço Agô de filho de Fé!
Agô, agô, agô, de vir pisar aqui no Seu Congá!
Agô, agô, agô, agô, agô de Babalawô!

Esse ponto tem, em linhas gerais, o mesmo conteúdo do anterior: o Congá, em qualquer dos três sentidos do termo, não é um espaço qualquer e, portanto, para adentrá-lo é necessário o cumprimento de certos requisitos ou, como colocado no ponto anterior [20], deve-se atentar para a existência de um ônus, que, se não for satisfeito, privará o adepto do acesso eficaz aos bens potencialmente disponíveis no Terreiro.

Se no ponto anterior esse conteúdo era colocado em terceira pessoa, na forma de uma advertência sutil (mas firme) feita por um Ancestral Ilustre, neste, ao contrário, ele já foi assimilado pelo próprio adepto, que, em primeira pessoa, demonstra ter consciência de que o Congá não lhe pertence (já que, no trecho "*no Seu Congá*", o pronome se refere simultaneamente ao Orixá, ao Ancestral Ilustre e ao Sacerdote) e que, portanto, depende de lhe ser dado o devido agô (permissão, autorização, concessão) para adentrar o Terreiro ("*Agô, agô, agô, de vir pisar aqui no Seu no Congá*"). A consciência disso é tão clara para o sujeito lírico do ponto, que o pedido de agô é feito de forma reiterada, e até obstinada: uma vez no quarto verso, três vezes no quinto e cinco vezes no último, num crescente evidentemente dotado de significação.

O referido pedido de agô é endereçado, pelo adepto, a três níveis teológicos específicos: primeiro, ao Orixá; depois, ao Ancestral Ilustre (representado, no caso, pela figura do "Preto Velho"); e, por fim, ao Mestre encarnado, ou seja, ao Sacerdote dirigente do Templo, ao *Bàbá*, que em seu nível e a seu modo também integra o *continuum* divino que vai da Divindade Suprema até os seus representantes encarnados.

Outro aspecto que reforça esse mesmo tema, já recorrente neste livro por sua importância, é o seguinte: os dois primeiros versos ("*A Umbanda me chamou / E pela Umbanda eu venho trabalhar*") deixam claro que o fato de o adepto ter ingressado no Terreiro não decorre única e exclusivamente de sua vontade, como se essa bastasse, mas que, ao contrário, tal fato não só dependeu do já mencionado agô para se concretizar, como também decorreu de uma força anterior à própria vontade do discípulo: trata-se do chamado, da vocação espiritual, do fomento sobrenatural e providencial deflagrado pela própria espiritualidade.

Isso deixa claro que, além da "*disposição*", o processo iniciático em determinada vertente espiritual exige também "*predisposição*": *(i)* aquela se define pela vontade de seguir e aderir às ideias, valores e práticas de uma comunidade espiritual específica, abrangendo diversos atributos virtuosos correlatos, como determinação, força de vontade, resistência às dificuldades *etc.*; e *(ii)* esta, por sua vez, consiste em certa afinidade prévia e mínima com essas mesmas ideias, valores e práticas, afinidade que decorre de experiências pretéritas e vivências acumuladas, que, sendo simbolizadas pelo "chamado" acima mencionado, refletem-se em temperamentos, perfis psicoanímicos e tendências latentes que são minimamente – para uns mais, para outros menos – compatíveis com a via espiritual em questão).

Essa dupla exigência (de *disposição* e de *predisposição*) se justifica pelo fato de que uma dada comunidade espiritual sempre apresenta diversas e profundas diferenças em relação à cultura profana convencional – e mesmo a outras comunidades espirituais –, em termos doutrinais, éticos, estéticos, de método *etc.*. E ela explica, também, porque é que algumas pessoas têm tanta facilidade e espontaneidade na célere assimilação e na firme adesão à cultura espiritualista especificamente considerada, enquanto outras esbarram em toda sorte de dificuldades, oferecendo-lhe duras resistências e, às vezes, inclusive frontais oposições.

Juntas, predisposição e disposição geram um senso profundo de *pertencimento* e de *identificação* com o caminho espiritual eleito, cuja consequência é um inevitável entusiasmo e uma tranquila naturalidade em relação tanto ao modo de ser (estilo de vida) próprio daquela comunidade, quanto às várias vivências e convivências que dentro dela têm lugar. Quando esse senso de pertença identitária é minado pelas resistências internas da pessoa – que se fundam em ideias, valores e hábitos de outras culturas ou, pior, no convencionalismo profano, no temor da opinião pública *etc.* –, o entusiasmo se apaga, o foco passa a ser desviado do que realmente importa para um sem-número de irrelevâncias, a vontade é enfraquecida a níveis cada vez mais débeis e o processo chega, enfim, a um nível crítico. Tais crises podem acontecer e, aliás, acontecem com alguma frequência, o que faz parte do processo, visto que toda transformação se pauta pelo revezamento e a alternância de fases – ora de valentia e ação, ora de desânimo e apatia; ora de convicção firme, ora de hesitação e dúvida –, para não falar do fato óbvio de que cada um sabe de si e tem a liberdade inalienável de escolher os seus próprios caminhos, mesmo que eventualmente não sejam os melhores.

Do ponto de vista musical, registro três características dignas de nota:

> **(a)** a melodia é de um lirismo bastante acentuado, verdadeiramente comovente, enquanto o andamento e o ritmo são suaves, convidando à introspecção e à gratidão silenciosa pelo agô recebido, bem como induzindo o Terreiro a uma atmosfera emocionalmente qualificada e superior. No geral, o que se pode dizer é que este ponto, musicalmente, retrata com particular nitidez que as relações entre os envolvidos na dinâmica do Terreiro (Orixás,

Entidades, Sacerdote, Iniciados mais velhos, neófitos, aspirantes a neófitos *etc.*) são pautadas acima de tudo por uma delicadeza positivamente amorosa;

(b) outra curiosidade melódica do ponto é a seguinte: ela *nunca* termina na tônica (ou nota fundamental). Os versos são finalizados ora no terceiro grau da escala (mi) – primeiro e terceiro verso –, ora no segundo grau (ré) – todos os demais versos. Aliás, a finalização em ré – que confere grande suavidade e delicadeza à linha melódica – traduz ideias de *abertura*, de *continuidade*, de *não finalização*, o que parece fazer referência ao fato de que a Iniciação, enquanto processo contínuo e de longuíssima duração, não tem um termo final facilmente identificável, se é que tem algum;

(c) uma última consideração: o ponto faz, de forma muito elegante e claramente intencional, uma simbolização melódica dos vetores ascendente e descendente do trânsito entre o humano e o Divino. Isso ocorre duas vezes: *(i)* no verso 1, o verbo "*chamou*" é cantado em melodia descendente, pois o seu sujeito é a "*Umbanda*", ao passo que, no verso 2, o verbo simetricamente oposto "*trabalhar*" – relativo ao sujeito lírico humano – é cantado em desenho melódico ascendente; e *(ii)* igualmente, no verso 3, o termo "*Bàbá*" é cantado de forma descendente e, no verso 4, o seu termo simetricamente oposto ("*filho de fé*"), de forma ascendente. Mas não é só: esses desenhos melódicos são espelhados não apenas no sentido ascendente ou descendente, mas até mesmo na sequência de intervalos entre as notas: *(i)* o desenho melódico descendente é lá-sol-mi (primeiro, um intervalo de segunda maior e, depois, um de terça menor); e *(ii)* o desenho melódico ascendente é lá-do-ré (primeiro, um intervalo de terça menor e, depois, um de segunda maior). Para facilitar a visualização dessas sutilezas simbólicas realmente impressionantes, veja o leitor as imagens abaixo, atentando-se para a letra abaixo das pautas:

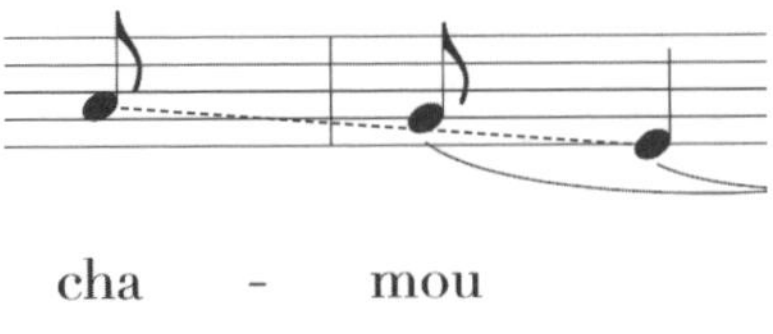

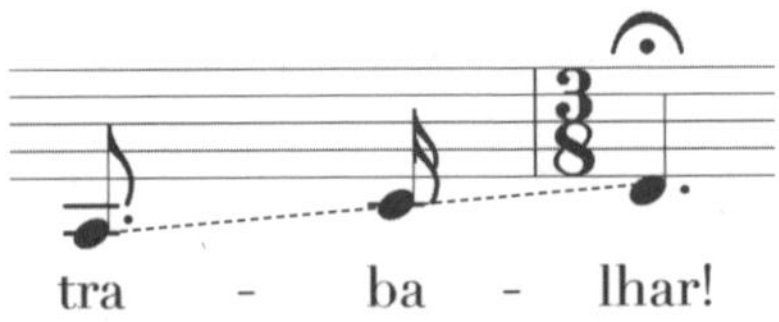

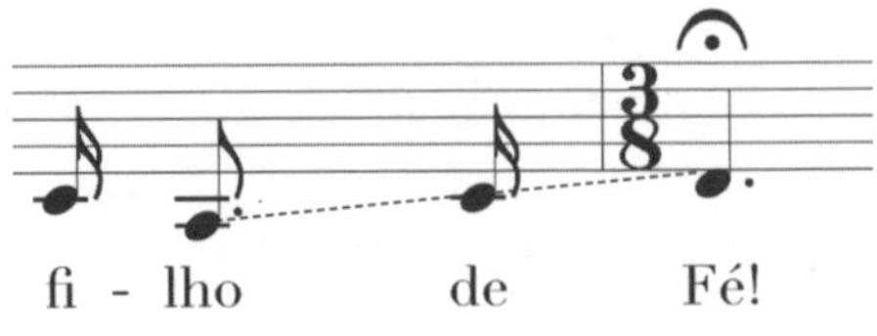

[22]

Eu corri terra, eu corri mar
Até que eu cheguei aqui nesse Congá!
Ora, viva!, Oxóssi na Mata
Que as Folhas da Jurema ainda não caiu!

Neste ponto cantado, o termo "Congá" é empregado em seu sentido amplo, ou seja, enquanto sinônimo de "Templo". O sujeito lírico é um integrante do Terreiro, um discípulo que faz parte de sua comunidade interna; o contexto geral de sua "fala" é marcado pela lembrança do período em que vivera longe do Terreiro, quando sua vida era ainda "profana", definida que era por um distanciamento bastante acentuado das realidades divinas e, portanto, pautada por dificuldades de toda sorte.

Já em seu primeiro verso, o ponto faz referência às dificuldades inerentes à busca por uma via espiritual autêntica ("*Eu corri terra, eu corri mar*"): a tonalidade em modo menor, o desenho melódico algo lamurioso e o ritmo Ijexá em andamento célere, agitado, denotam musicalmente essas mesmas dificuldades, o ir-e-vir desnorteado, as sucessivas frustrações que se acumulam ao longo da busca por espiritualidade genuína em um mundo tão distante dela, por repulsa ou indiferença.

Nesse contexto, a "*terra*" e o "*mar*" fazem alusão simbólica às dificuldades já referidas, mediante as figuras dos elementos mais densos ou grosseiros (Terra e Água) e em sua dimensão simbólica "negativa": *(i)* de um lado, a "*terra*" representa a dura frieza do materialismo e do pragmatismo vulgar; a resistência impenetrável ao espiritual; e o nível rasteiro, chão, da relação da pessoa com a realidade; e *(ii)* de outro lado, o "*mar*" ilustra as instabilidades nauseantes de uma vida narcoticamente limitada à satisfação das necessidades físicas; a inconsistência da cosmovisão e do consequente modo de ser e de se relacionar com a realidade; e as tormentas por que passam todos os que, deixando-se à deriva em alto-mar, ainda não encontraram solo firme.

Assim, o modo profano de vida se revela como um incessante revezamento de extremos, entre a sede e a náusea: de um lado, a terra que, sem água (a não ser em nível inacessivelmente profundo), torna-se infértil, seca, hostil à vida; de outro lado, a água que, sem terra à vista (exceto aquela que, também muito profunda, os pés não alcançam), compõe o alto-mar agitado, inconstante e turbulento.

Porém, as dificuldades decorrentes da separação entre a Terra e a Água são afinal vencidas, pois o adepto, cedo ou tarde, chega ao Congá: no segundo verso ("*Até que eu cheguei aqui nesse Congá!*"), ele expressa alívio e gratidão por haver encontrado uma via espiritual legítima, na qual se promove uma síntese gradativa que aproxima a Terra e a Água, gerando-se a Lama, isto é, a terra fértil de que falam os yorubá ("*Quem verte água diante de si em terra úmida pisará*") e da qual, como nos ensina a sabedoria hindu, brota o Lótus ("*Padma*").

Esse segundo verso, então, faz alusão ao fato de que os extremos viciosos que pautam a vida profana são vencidos no Congá, isto é, através do processo religioso e iniciático que nele tem lugar. Não à toa, a propósito, as sílabas tônicas mais fortes e alongadas deste verso recaem justamente sobre os termos "*cheguei*" e "*Congá*".

O terceiro verso é de teor nitidamente devocional, como a interjeição e a referência a uma Divindade bem denotam ("*Ora, viva!, Oxóssi na Mata*"). Além disso, este verso se refere à dimensão da *presença imanente* (e não da *ausência transcendente*) da Divindade no mundo, ou seja, na realidade cósmica manifesta através da matéria, do espaço e do tempo. É que, afinal, depois de ter encontrado o "*Congá*", o adepto pôde então perceber que Oxóssi (ou seja, o Divino) está – como sempre esteve – "*na Mata*" (isto é, no Mundo), mesmo que, de outro lado, também a transcenda.

Vários pontos se referem a esta imanência do Divino no Mundo, como, por exemplo, dentre outros tantos, o seguinte: "*Oxóssi mora na raiz da Gameleira* / Oxóssi mora na raiz da Gameleira / Ogun mora *na Lua / Pai Xangô lá na Pedreira*". De outro lado, outros pontos ressalvam que esta imanência não é uma identidade pura e simples, como se o Divino fosse redutível ao Mundo, pelo que ressaltam a transcendência do Divino: "*Dizem que Xangô mora na Pedreira / Mas não é lá Sua Morada verdadeira / Xangô mora numa Cidade de Luz / Onde moram Santa Bárbara, Oxumaré e Jesus*". É evidente que não há contradição alguma entre as duas instruções, pois que se situam em *níveis ontológicos distintos*: enquanto a primeira ensina que o Divino *está no* Mundo, a segunda ressalva que, porém, o Divino *não se reduz ao* Mundo.

Isso significa que chegar ao "Congá" e passar pelos processos de instrução e desenvolvimento espiritual implicam uma aproximação relevante e progressiva com as realidades divinas, a um ponto tal que estas inclusive se mostram, com cada vez maior nitidez, como realmente presentes em tudo. Em outras palavras, elas se mostram não como realidades distantes e inacessíveis das quais estejamos *ontologicamente separados*, mas como realidades próximas, já que ubíquas e onipresentes, das quais apenas ainda estávamos, em maior ou menor medida, *subjetivamente inconscientes*.

É preciso insistir nisso, por sua importância: segundo a cosmovisão umbandista, as realidades divinas não estão apartadas do Mundo, mas, embora também o transcendendo, estão nele como em tudo, por sua oniabrangência. Em outros termos, o Divino está *ao mesmo tempo dentro e fora* da realidade cósmica, sendo a ela simultaneamente *transcen-*

dente (já que não se reduz a ela) e *imanente* (já que nada existe à parte do Divino e até mais do que isso: nada existe senão o Divino).

Finalmente, a "queda das Folhas da Jurema", referida no último verso (e em tantos outros pontos cantados), simboliza a intermitência alternada das estações do ano, mais especificamente no que diz respeito às duas grandes fases do ciclo anual: *(i)* de um lado, aquela em que a árvore capta a luz solar, abrindo-se às influências superiores, celestes (primavera-verão); e *(ii)* de outro, aquela em que ela não o pode fazer, pelo que suas atividades se voltam ao inferior e ao telúrico-ctônico (outono-inverno). Nessa clave simbólica, o fato de não terem ainda caído as Folhas da Jurema implica que se tem em vista a fase celeste-solar, em que o adepto se abre às influências espirituais superiores, estando dotado das estruturas necessárias para as atividades respectivas, aqui simbolizadas justamente pelas Folhas, estruturas capazes de absorver a luz solar e processar a fotossíntese.

Em outra camada de significação simbólica, a imagem do último verso pode ser compreendida à luz da doutrina dos ciclos cósmicos, segundo a qual o Universo passa por ciclos de *manifestação* ou *expansão* e, de outro lado, por ciclos de *dissolução* ou *absorção* – ou, segundo a terminologia neoplatônica, por ciclos de *processão* e *retorno*, respectivamente. Decifrando o símbolo deste último verso através desta doutrina, tem-se o seguinte: a Árvore da Jurema, estando frondosa e folheada, é símbolo da manifestação, da vida cósmica desdobrada na matéria e na espaço-temporalidade; sendo assim, enquanto suas Folhas não caem (isto é, enquanto a ordem cósmica não é colapsada ou dissolvida na unidade fundamental imanifesta da origem), a(s) Deidade(s) pode(m) ser adorada(s) enquanto presentemente imanente(s) na Natureza[42]: "Ora, viva!, Oxóssi, *na Mata*: não apenas além dela!

E talvez seja mesmo este o desafio principal da vida espiritual: encontrar o Divino no Mundo; ou, inversamente, tratar este como espelho em que Aquele se reflete de forma mais ou menos nítida, ou ainda como um conjunto de modos múltiplos de Sua apresentação (donde se afirmar que tudo o que existe é essencialmente *teofânico*). Tanto é assim

42. O simbolismo inverso está presente em outro ponto cantado ("Ô *Juremê, ô Juremá / Suas Folhas caiu serena, ô Jurema / Dentro desse Congá /* [...]"). O trecho é de sentido altamente esotérico e, como visto, faz referência à *dissolução de todas as dualidades*, que corresponde a uma das várias realizações espirituais possíveis e que, em determinadas tradições (como, por exemplo, o *Advaita Vedanta* e de um modo bastante geral todas as tradições espirituais gnósticas), é inclusive considerada como a aspiração mais elevada e como a realização espiritual última ou definitiva, definida que é pelo Conhecimento da identidade entre a consciência espiritual e a Divindade Suprema.

que todos que atingem estados espirituais mais elevados sempre acabam por subscrever concepções menos dualistas das coisas: o Espiritual e o material, o Divino e o mundano, o Eterno e o temporal e outros binômios similares não podem, segundo um imperativo lógico evidente, ser separados por uma barreira de "nada" (pois o "nada" nada é, senão apenas uma palavra), razão pela qual não podem corresponder a dois domínios de realidade absolutamente imiscíveis, antagônicos ou irredutíveis a uma unidade superior[43].

É por essa razão que as tradições espirituais que sustentam haver um abismo entre as realidades divinas e as mundanas sempre acabam por considerar que a matéria e o corpo são, intrinsecamente, obstáculos à espiritualidade. Isso é um equívoco, não só porque, como visto, essa dualidade não existe nem pode existir, mas também porque a renúncia ao mundo material, se fosse mesmo necessária, tornaria a existência cósmica inexplicável (já que destituída de propósito) ou intolerável (já que intrinsecamente má). Conceda-se, porém: é natural e compreensível que, no início de suas vidas espirituais, as pessoas experimentem com exasperação as diferenças e os antagonismos entre as demandas do corpo, as do coração, as da mente e as do espírito. Contudo, "cortar" a pessoa para ficar com apenas uma dimensão sua é uma visão ainda muito pueril da complexa constituição da realidade. Este antimaterialismo radical denota certo primarismo metafísico e gera o mesmo desequilíbrio que há no deslumbramento próprio das obsessões e das ideias fixas: entusiasmo e avidez por uma única coisa e simultâneo enfado e repulsa por tudo o mais. Segundo esta concepção espiritualmente infante, a melhor forma de resolver as desarmonias entre os vários níveis da pessoa é o divórcio, a negação e o escape do mundo material. Contudo, esta não é uma solução do problema, mas apenas uma forma, aliás desesperada, de evitá-lo – e, pior, até mesmo de acirrá-lo.

Convém que me demore um pouco mais nisso, pela importância da questão: a espiritualidade brasileira (como quase toda espiritualidade dita "pagã") caracteriza-se por não "negar o mundo", embora compreenda as razões, justas em parte, que levam algumas tradições a fazê-lo. Por exemplo: *(i)* a noção de que, ao final, tudo deverá dissolver-se completamente no Absoluto parece-lhe insípida, desinteressante: uma

43. Novamente, remeto o leitor à importante ressalva que faço na nota de rodapé 68, onde desenvolvo um pouco mais a noção de que estes binômios conceituais devem ser considerados como *simplificações pedagogicamente úteis* a certa etapa do aprendizado espiritual, e não como *descrições precisas e objetivas* da realidade, como se esta pudesse, por absurdo, conter dualidades absolutas em seu seio.

realidade radicalmente simples, destituída de quaisquer distinções internas, seria uma realidade em que o amor é intoleravelmente impossível; *(ii)* também a noção abraâmico-salvacionista lhe é bastante estranha e até repulsiva: salvar o homem do quê, afinal? Os conceitos de "danação eterna", de "pecado" *etc.* são realmente muito distanciados das tradições espirituais brasileiras; **(c)** igualmente lhes são muito distantes as noções de que o mundo é um "vale de lágrimas" decorrente de uma "queda", ou maléfico em si mesmo, por decorrer da ação de um "Demiurgo mau", ou maléfico por conter bens perigosos e traiçoeiros, ou uma via dura e áspera de evolução, tendo os "espíritos" sido "criados" "simples e ignorantes" por "Deus" *etc.*. As tradições espirituais brasileiras, em geral, celebram a vida e têm uma visão encantada e mágica do Mundo (sem, todavia, cair no otimismo delirante de se negar o sofrimento e o mal que há nele[44]): mesmo os aspectos sensíveis ou "densos" (cores, sons, aromas, sabores *etc.*) são considerados como positivos e importantes, inclusive do ponto de vista ritualístico-devocional; eles são ao mesmo tempo bons em si mesmos (em sua relativa autonomia) e bons por serem representantes simbólicos de bens superiores, algo como um véu colorido, que contém ao mesmo tempo cor e translucidez. Em uma frase: não encontra ressonância nas tradições espirituais brasileiras esse trato pessimista, ou melancólico, ou desdenhoso, ou mesmo apenas alarmado com o que é "natural", "material", "inferior" *etc.*.

Por fim, do ponto de vista simbólico-musical, anoto o que segue:

> **(a)** o ponto é construído em modo menor e é cantado em andamento célere. Essas duas circunstâncias lhe conferem uma atmosfera grave e séria, em virtude do modo menor, e um aspecto de ansiedade e pressa, devido ao andamento rápido;
>
> **(b)** o sentido dessa conjugação entre inquietude (modo menor) e velocidade (andamento célere) é o de traduzir, em música, o mesmo estado de *tensão* descrito na letra: o sujeito lírico canta como que esbaforido, ainda sentindo os efeitos tardios das dificuldades pelas quais passou até pouco tempo antes de chegar

---

44. Se é verdade que esse nível de realidade exige um certo preço pela individualização separatista que o caracteriza, não é menos verdade que a sua existência é uma necessidade metafísica e, portanto, é também um bem, majoritária e principalmente um bem. Aliás, neste nível se encontram bens cuja fruição só se pode dar aqui, ao menos do modo específico com que se dá aqui; assim, mesmo que estes bens sejam manifestações de bens superiores, a experiência física de ter um filho, amando-o e sendo amado por ele, a de apreciar uma paisagem ou uma grande sinfonia, a de comer um bolo de chocolate *etc.* parecem justificar, ao menos em boa medida, a existência do mundo.

"*aqui nesse Congá*". É como se ele ainda fugisse das tormentas pelas quais, porém, já passou; mesmo já tendo chegado ao "porto seguro", tem ainda viva a emoção do medo, como que prolongando as experiências negativas pelas quais passou e das quais já está a salvo;

(c) não por acaso, fora a nota final, a única nota em que a melodia se demora, como que consistindo em um reduto de tranquilidade em meio a agitação inerente aos demais trechos da melodia, é a nota que recai sobre "*Congá*", como ilustra a imagem abaixo. A nota em questão (chamada de "mínima") ocupa os dois tempos inteiros do compasso (2/4), enquanto a maioria das outras notas do ponto ocupam um quarto dessa duração (dita "colcheia"). A conotação simbólica aí é evidente: o Congá é um espaço privilegiado de *paz duradoura*.

[23]

Meu Congá tem Guiné
Pode pegar quem quiser
Meu Congá tem Mironga
Só pega quem puder!

Este ponto cantado faz clara referência a dois níveis fundamentais do Congá (em qualquer dos sentidos que discriminei anteriormente: latíssimo, lato ou estrito): a sua dimensão *exotérica* (pública, exterior, ostensiva, aparente), referida nos dois primeiros versos, e a sua dimensão *esotérica* (privada, interior, oculta, secreta), aludida nos dois últimos versos.

Em suma: *(i) exotericamente*, o Templo é constituído de elementos aos quais todos têm acesso independentemente de seus respectivos níveis de realização espiritual: trata-se das *formas religiosas* em sentido amplo e que estão disponíveis a toda e qualquer pessoa, seja em âmbito doutrinal, seja em âmbito ritual; e *(ii) esotericamente*, o Templo é integrado por uma dimensão que só pode ser vivenciada por aqueles que eventualmente reúnam condições específicas: trata-se, agora, do *conteúdo espiritual* em sentido estrito, que só é acessado por aqueles que, aprofundando-se nas lides da vida espiritual, conquistem certos estados interiores capazes de acessá-lo[45].

A dimensão exotérica do Terreiro está representada, no ponto sob análise, pela "Folha de Guiné", que todos podem ver (*ostensividade*) e pegar (*fácil acessibilidade*); já a dimensão esotérica está representada pelo termo banto "*Mironga*", que se traduz, dentre outras possibilidades, por "segredo", "mistério", "arcano": em relação a ela, só pega "*quem puder*" (*acesso condicionado*).

Do ponto de vista *estrutural*:

(a) o Templo não é uma realidade exclusivamente humana. Por isso, ele não se esgota na *construção física* onde é realizada a maioria de suas atividades, nem na sua *regulamentação jurídico-civil* e nem mesmo no conjunto de *relações sociais* que se estabelecem entre os seus membros e visitantes. O prédio, o registro jurídico-civil e o caráter sócio-comunitário do Terreiro são fenômenos inerentes à *dimensão humana* do Templo, que não é a única, nem a principal;

---

45. Esclareça-se desde logo: não se trata, aqui, de endossar a versão caricata e um tanto pueril de se compreender o mistério ou segredo iniciático como algo que pudesse ser sonegado artificiosamente mesmo daqueles que tenham condições espirituais, intelectuais e morais para compreendê-lo. Não se trata de uma reserva artificial e mais ou menos arbitrária da transmissão do conhecimento iniciático, mas sim do fato puro e simples de que somente algumas pessoas reúnem as condições interiores necessárias para acessá-lo. A esse propósito, convém que o leitor rememore o conceito de "ônus", já referido e sumariamente explicado acima: os mistérios espirituais são de tal natureza que, mesmo estando à vista de toda gente, a maioria não os consegue enxergar. É isso que se quer dizer quando se diz que o mistério iniciático "protege-se a si mesmo", não dependendo, portanto, de medidas intencionais e arbitrárias de ocultação ou reserva.

(b) ocorre que um Templo, para ser mesmo um Templo, depende necessariamente – e por definição – da *integração* das três dimensões fundamentais da realidade, com o perdão da minha insistência nisso ao longo deste livro: *(i)* a *sobrenatural*, em seu amplo espectro, que vai desde a dimensão intermediária do psicoanímico até a espiritualidade em sentido estrito (Sagrado/Divino); *(ii)* a *natural*, constituída dos materiais de que é feita a sua construção física e dos elementos naturais que compõem e guarnecem a sua atividade ritualística; e *(iii)* a *humana*, que é a dimensão intermediária entre as duas anteriores e que, exatamente por isso, pode articulá-las e integrá-las, através da vivência ritual (iniciações, invocações, operações magísticas, interações mediúnicas *etc.*);

(c) essas três dimensões da realidade são referidas por inúmeras tradições espirituais, através de tríades simbólicas bastante conhecidas, como "Céu-Homem-Terra" (tradições chinesas), "Deus-Homem-Natureza" (tradições abraâmicas), dentre tantos outros exemplos. Portanto, nos Templos que fazem jus a esse nome sempre há necessariamente a confluência das três forças matrizes da dinâmica existencial, que são: *(i)* a *Providência Divina*, associada à dimensão sobrenatural, especialmente no que se refere às Hierarquias Divinas (Divindade, Orixás e Ancestrais Ilustres); *(ii)* a *Vontade*, associada ao ser humano, enquanto espírito dotado de volição e relativa liberdade; e *(iii)* o *Destino*, entendido como o conjunto das forças aparentemente cegas e inerciais da natureza material;

(d) portanto, estruturalmente, o Templo é essa realidade que participa, simultaneamente, das três dimensões fundamentais da realidade, razão pela qual a sua atividade pode articular e sincronizar de modo eficaz as três forças a elas correspondentes (as bênçãos espirituais, o bom ânimo dos homens e as forças da natureza), com a finalidade de que todas apontem para a mesma direção e sentido.

De outro lado, do ponto de vista *funcional*:

(a) essa confluência de forças (Providência, Vontade, Destino) pode ocorrer de modo a perseguir *finalidades também distintas*: **(a.1)** *externa* e *emergencialmente*, ela estará presente *(i)* na atividade religiosa pública, na qual as bênçãos espirituais dos Orixás e Ancestrais Ilustres, o poder da vontade do médium magista e a profusão de energias densas e sutis dos elementos do rito estão a serviço de pessoas sem filiação estrita ao Templo, geralmente para cuidar de assuntos menores (como necessidades financeiras, afetivas *etc.*); e *(ii)* na atividade pedagógica pública, na forma de aulas, prédicas e seminários, nos quais são transmitidas ideias e valores que darão identidade àquela comunidade espiritual; **(a.2)** *internamente*, ela pode estar a serviço da vivência religiosa dos adeptos internos, tendo em vista as chamadas "iniciações religiosas", como o desenvolvimento mediúnico, a ordenação sacerdotal, a capacitação magística *etc.*; e **(a.3)** de forma *radicalmente interna*, ela poderá servir de suporte ao processo mais nobre e raro, o da Iniciação em sentido propriamente espiritual, através do qual recuperamos gradativamente nossa autoconsciência espiritual, reconciliando-nos com a nossa natureza e origem essenciais;

(b) então, um Templo tem atividades qualitativamente diferenciadas, que têm em vista objetivos também diferenciados e que podem ser agrupadas em três funções principais: *(i)* a função de estabelecer uma *comunidade sócio-espiritual*, da qual participam – ou podem participar – inclusive aqueles que não têm filiação interna ao Templo, razão pela qual é a função mais externa e periférica; *(ii)* a de oportunizar a *vivência religiosa*, seja a de caráter público/indireto (ritos públicos), seja a de caráter interno/direto (ritos internos); e, finalmente, *(iii)* a de impulsionar o *processo propriamente iniciático*, a todos os que tiverem vocação (predisposição) e vontade (disposição) para tanto;

(c) portanto, o dirigente espiritual de uma comunidade assim estruturada assume três funções acumuladas: *(i)* a de *Mestre*, no que diz respeito à Iniciação; *(ii)* a de *Pai* (*Sacerdote*), relativamente à vivência religiosa; e *(iii)* a de *Amigo*, nos domínios da convivência sócio-comunitária.

Aprofundando a compreensão a respeito das três classes principais de atividades do Terreiro, temos que:

(a) a *Iniciação* é um processo suprarreligioso, na medida em que depende da síntese vivenciada e gradativa entre Religião, Filosofia, Arte e Ciência, mediante um processo de crescente reidentificação do espírito consigo mesmo (autoconsciência espiritual) e de sua melhor relação e adaptação com todos os níveis de realidade em que se manifesta. Trata-se de um processo que é impulsionado pelo contato e pelo convívio entre um discípulo apto e determinado e um Mestre legítimo e capaz, não estando limitado exclusivamente aos ritos: ele ocorre de forma ininterrupta, onde quer que Mestre e discípulo estejam reunidos (o que não exclui até mesmo os casos em que o Mestre esteja fisicamente ausente, aliás). Não é um processo para todos e geralmente é almejado por poucos, sendo conquistado por menos pessoas ainda;

(b) a *Religião* é um processo eminentemente *ritualístico* que pretende conectar o ser humano às dimensões sobrenaturais da realidade. Está presente nos ritos, públicos ou internos. É um dos quatro pilares que servem de suporte à Iniciação;

(c) a *Comunidade Espiritual* é um grupo culturalmente identificável e distinto dos demais, por haver entre os seus integrantes uma comunhão de ideias e valores específicos (formatados e defendidos pela doutrina iniciática e filorreligiosa). Dela participam até mesmo as pessoas da assistência, que só frequentam o Templo nos ritos públicos (assim como curiosamente ocorre, muitas vezes, com membros da própria Corrente!), mas que adotam para si os elementos doutrinais e morais ensinados no Terreiro.

Enfim, este ponto cantado chama a atenção para a complexa estrutura do Templo, sobretudo no que diz respeito à existência de uma dimensão de profundidade que, embora potencialmente esteja disponível a todos, acaba sendo aproveitada apenas por alguns. E, sob esse aspecto, fica claro o seguinte: frequentar exclusivamente os ritos públicos é a marca principal das pessoas que têm, com o Templo, a relação mais superficial possível. Nessas condições, um adepto interno pode se igualar, em termos práticos, a um assistente, de modo a suprimir qualquer distinção significativa entre ambos, bastando para isso que se limite às suas atividades mais exteriores e, por isso mesmo, mais "vistosas", representadas pela "Guiné" visível, que pega "*quem quiser*". Isso significa que quem determina em qual posição ficará a pessoa na complexa estrutura templária é, a princípio, ela mesma: **(a)** ela pode decidir participar indefinidamente e de forma passiva e indireta, indo exclusivamente aos ritos públicos; **(b)** ou pode, embora cumprindo todas as normas de praxe e mesmo que frequentando outras atividades mais internas do Terreiro, ter uma participação puramente exterior e protocolar; **(c)** ou pode fazer questão absoluta de ter uma participação não só assídua como interiormente qualificada. Enfim, a forma e a profundidade na participação e na vivência templária podem variar ao infinito. E, nesse gradiente, em geral, quanto mais interna e ativamente uma pessoa quiser participar, tanto mais esforço deverá fazer, considerando que existem, interna e externamente, muitos fatores e forças que oferecem embaraços e resistências à atividade religiosa superior e, mais ainda, à Iniciação. Desse modo, não há como impor ou obrigar alguém a se tornar um Iniciado, justamente porque o "local" onde a Iniciação se processa é tão radicalmente interno que nada nem ninguém pode alcançar ou controlar. O que se pode fazer nesse domínio, apenas, é oferecer estímulos e fomentar boas inclinações, para o que o mestre precisa, muitas vezes, valer-se de mecanismos estratégicos que driblem as resistências e manobras opositoras do ego do discípulo.

Finalmente, do ponto de vista simbólico-musical, observo que:

> **(a)** o termo "*quem*" aparece duas vezes, uma no segundo verso, outra no quarto e último: *(i)* quando este pronome relativo se refere a qualquer um que queira pegar a "Guiné" visível do Congá, ele é cantado na nota ré; mas *(ii)* quando se refere aos poucos que podem pegar a "Mironga" invisível do Congá, ele é cantado na nota sol. Ou seja: o "*quem quiser*" (o qualquer-um) é cantado em nota mais grave que o "*quem puder*" (o capacitado), o que denota maior sutileza, maior capacidade e maior proximidade com o Divino deste último, quando comparado ao nível mais grosseiro e menos capaz daquele;
>
> **(b)** porém, apesar das muitas diferenças entre o "*quem quiser*" e o "*quem puder*", o ponto traz um uma boa notícia consoladora, embora cifrada simbolicamente de forma muito sutil: os termos "*quiser*" (segundo verso) e "*puder*" (quarto verso) são cantados na mesma nota (dó), que é, a propósito, justamente a tônica da escala. Isso significa não o falso clichê de que "querer é poder" (como se a vontade bastasse para a obtenção de qualquer coisa), mas sim a verdade de que a vontade é um poder e, além disso, é absolutamente necessária para o exercício de certos poderes. No contexto do ponto, o que se afirma, por meio deste símbolo melódico, é que os segredos iniciáticos não são compreensíveis caso não haja vontade determinada por parte do discípulo, uma vez que, sem ela, triunfarão facilmente os mil-e-um obstáculos – até inconscientes – que impedem a realização espiritual e os conhecimentos de ordem superior.

Estas duas características simbólico-melódicas estão assinaladas na imagem abaixo:

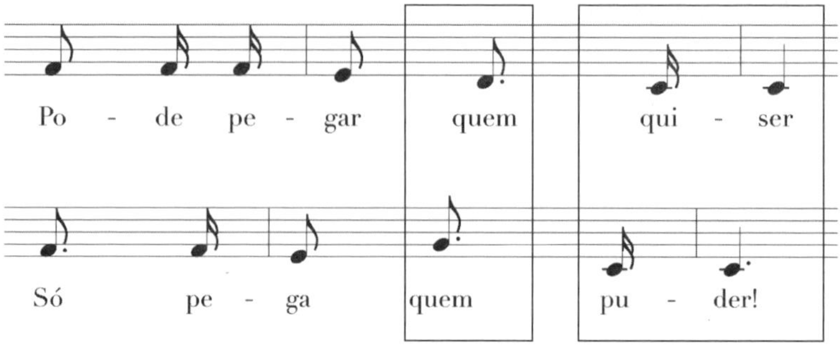
Po - de pe - gar quem qui - ser
Só pe - ga quem pu - der!

[24]

Adeus, Congá, Congá de Harmonia!
Adeus, Congá, Congá de Alegria!
Adeus, Congá de Fé
Até um outro dia!

Para finalizar este capítulo, selecionei este ponto cantado, que nos revela aspectos importantes do Congá, que pode ser aqui entendido em qualquer dos três sentidos a que fiz referência reiterada (o amplíssimo, o amplo e o estrito).

O primeiro aspecto em questão é o seguinte: o Congá é um espaço de "*Harmonia*", de "*Alegria*" e de "*Fé*", enquanto atributos positivos relacionados, respectivamente, às dimensões física, afetiva e mental da personalidade humana: *(i)* a "*Harmonia*" corresponde ao bem no nível físico denso, expressando-se na forma de saúde, higidez, homeostase, força bem articulada *etc.*, um primeiro passo importante antes da conquista da Destreza e do Poder; *(ii)* a "*Alegria*", por sua vez, consiste também em um primeiro movimento positivo que o Congá desperta na afetividade humana e, embora não atinja ainda o patamar soberano da Virtude e da Felicidade (ou Beatitude), não deixa de ser uma emoção verdadeiramente importante para as práticas espirituais afro-brasileiras; e *(iii)* a "*Fé*" deve ser aqui entendida como a crença no Divino, mas que, mesmo sendo razoável, não chega ao *status* epistêmico de Conhecimento nem, menos ainda, no de Sabedoria; trata-se, então, de uma primeira abertura, confiante mas criteriosa, que a mente oferece ao sobrenatural.

O ponto, portanto, faz referência aos *primeiros resultados* do processo de realização espiritual, ou seja, a um nível ainda modesto – mas não desimportante – dos estados interiores dos adeptos do Terreiro. Dos pares "Harmonia/Poder", "Alegria/Felicidade" e "Fé/Sabedoria", o ponto centra sua referência nos primeiros elementos de cada um destes binômios, que são precisamente os primeiros atributos positivos alcançados pelos discípulos, em virtude de serem os que mais facilmente são assimilados e estabilizados na personalidade humana.

Então, ainda que a via espiritual não deixe de apontar, incessantemente, para metas mais longínquas e excelentes (como a Destreza, a Virtude e o Conhecimento e, então, o Poder, a Felicidade e a Sabedoria), o trinômio Harmonia-Alegria-Fé perfaz um primeiro nível de realização espiritual e, exatamente por isso, consiste em um meio eficaz – e talvez imprescindível – para a consecução daquelas finalidades mais nobres e exigentes.

Essa referência ao primeiro nível do caminho espiritual se explica pelo seguinte – e aqui entra o segundo aspecto que gostaria de destacar na interpretação deste ponto: o sujeito lírico que o canta está ainda neste patamar, não se tratando de um grande iniciado. Tanto é assim que revela ter uma concepção da vida espiritual segundo a qual ela só acontece "dentro do Congá", de forma intermitente e ocasional. Note-se, por exemplo, que o sujeito lírico ainda se despede do Congá ("*Adeus...*") e, assim, revela certa dependência dele no que se refere à sua conexão com a espiritualidade ("*Até um outro dia!*").

Caso, ao contrário, ele se encontrasse em fases mais adiantadas do processo, seguramente sua ligação com o espiritual e com o Divino não seria assim tão condicionada e dependente, isto é, delimitada a certo tempo (o do Rito) e a certo espaço (o do Terreiro), mas, ao invés, seria cada vez mais contínua, permanente e incondicionada.

Outro aspecto importante trazido pelo ponto é o seguinte: a atmosfera espiritual afro-brasileira é integrada pela Alegria e por um encantamento com a vida e com o mundo, contrastando com outras vias espirituais nas quais a desconfiança ou o temor em relação ao mundo material é mais pronunciada e nas quais, portanto, há uma atmosfera menos "colorida" e mais árida ou melancólica. Trata-se de uma questão de ênfase ou foco, porém, já que a complexidade do real admite tanto abordagens mais entusiásticas e alegres, quanto abordagens mais sérias e austeras.

A importância ritual da Alegria, nas tradições espirituais brasileiras, é também referida por inúmeros outros cânticos sagrados, como, por exemplo, aquele, até mais enfático pelo uso do advérbio "sempre": "*Sempre tem Alegria / Sempre tem Alegria / Sempre tem Alegria na Casa dos Sete Orixás / Sempre tem Alegria*".

Do ponto de vista musical, observe-se que:

(a) o ponto é de tonalidade maior, o que é coerente com a sua alusão, dentre outras coisas, à Alegria. Aliás, sua constituição rítmico-melódica revela que o sujeito lírico está bastante satisfeito por participar das atividades que se desenvolvem no Congá, sendo titular daquele deslumbramento sadio, fundado, em relação às coisas espirituais;

(b) como se pode ver na imagem abaixo, nos dois primeiros versos, a expressão "*Adeus, Congá*" é cantada na sequência sol-lá-si-dó, trajetória melódica *ascendente* que vai da dominante (nota tensa e instável) à tônica (nota de repouso estável). A nota sol soa na palavra "*Adeus*" e a nota dó, em "*Congá*", o que denota uma dialética havida entre a necessidade de espiritualidade, de um lado, e o local sagrado onde ela pode ser satisfeita, de outro; ou, ainda, entre as tensões profanas e as distensões espirituais;

(**c**) porém, há mais, aí: no terceiro verso, também há uma sequência melódica rumo à tônica (dó), mas dessa vez a trajetória é *descendente*, partindo de fá (quarto grau da escala, subdominante), que soa na palavra "*Adeus*", e chegando em dó (primeiro grau da escala, tônica), que soa na palavra "*Fé*", concluindo justamente a expressão "*Congá de Fé*". Então, essa sequência (de fá a dó, de cima para baixo) é evidentemente espelhado em relação à sequência anterior (que era de sol a dó, de baixo para cima). Isso faz com que o "*Congá de Fé*" ocupe uma posição *central*, isto é, de *justo e virtuoso meio* (dó) *entre extremos* (sol, abaixo, e fá, acima), centralidade que é de pertinência bastante evidente e significativa para os propósitos espirituais;

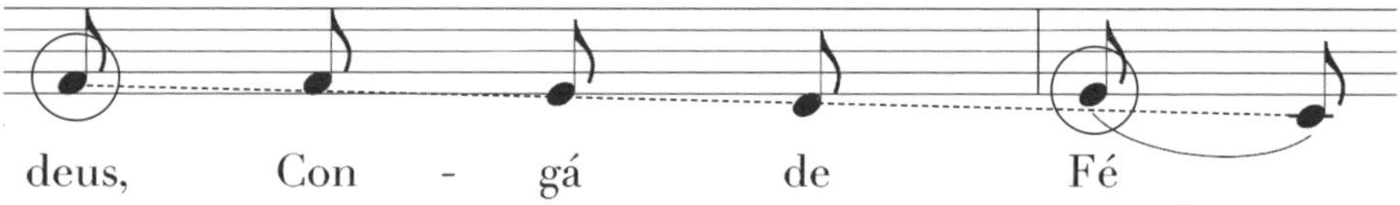

(**d**) as sílabas métricas que atingem a nota mais aguda da linha melódica (isto é, que são cantadas na mais elevada frequência vibratória) recaem, nos dois primeiros versos, sobre o termo "*Congá*", de um lado, e depois sobre seus correlatos subjetivos ("*Harmonia*" e "*Alegria*"), de outro. O sentido simbólico, aí, parece evidente: como é até intuitivo, ao Divino convém o que é mais elevado, razão pela qual *(i)* o "Congá" é cantado na nota mais aguda por ser a expressão do Divino *no mundo* e *(ii)* os atributos positivos conquistados na via espiritual são cantados na nota mais aguda por serem expressões do Divino *na pessoa*.

Con - gá

de Har - mo - ni - a!

de A - le - gri - a!

CAPÍTULO IV
Os diferentes modos de relação entre o humano e o Divino

Toda via espiritual, pela definição mesma daquilo em que consiste um caminho, é constituída de fases, cada uma com suas finalidades, com suas características e, também, com suas dificuldades próprias. Aliás, todo processo é fundamentalmente assim: escalar, gradual, paulatino. E, como aqui se trata de um processo essencialmente religioso ou espiritual, o critério a ser empregado para a identificação distintiva de cada uma de suas fases é a maior ou menor proximidade da pessoa com o Divino, critério primário que pode ser aferido mediante a análise de outros critérios secundários, relativos à qualidade das relações que ela mantém com o Humano (tanto com as outras pessoas, quanto consigo mesma) e com o Natural.

E quero dizer desde logo: nenhum caminho é inteiramente nítido do começo ao fim. A visão não ocorre senão *em perspectiva*, o que faz com que todo caminho seja cada vez menos nítido quanto mais ulterior é o ponto que, nele, buscamos enxergar. É, então, não só plenamente possível como rigorosamente inevitável decidir trilhar um caminho sem ter de antemão uma noção minuciosa e perfeita de todo o seu itinerário e mesmo sem ter, já de início, toda a força necessária para percorrê-lo: daí a importância da paciência, da perseverança e da humildade, remédios, inclusive preventivos, contra todo perfeccionismo paralisante e gerador de angústias e ansiedades antecipatórias que julgam só haver descanso na covardia e na hesitação, preferencialmente se revestidas do verniz de escrúpulo e rigor. É possível, porém – e isso nos deve bastar, de início –, encontrar no testemunho convidativo dos grandes mestres a razão suficiente para o aceite criticamente confiante de trilhá-lo.

Pois bem: a diferentes estados espirituais correspondem fases – ou, se se quiser, maneiras – distintas de ser em face das realidades divinas. Embora se trate de um processo contínuo, fluido, sem demarcações lá muito rígidas ou definidas, é possível arriscar-se uma classificação aproximativa que estabeleça um "mapa geral" do processo. Segundo uma classificação básica e provisória, é possível: *(i)* ser *sem o* Orixá; *(ii)* ser *com o* Orixá; *(iii)* ser *no* Orixá; e *(iv)* ser *o* (ou *como o*) Orixá.

(a) Ser *sem o* Orixá – Indistinção por Inconsciência – Indiferença – Ausência – Ego *vs.* Mundo: nessa fase, a pessoa se vê como sendo apenas o seu ego, exclusivamente ou sobretudo o corpo físico, e – conscientemente ou não – nega o Orixá. Como nesse nível o Orixá "não existe" para ela, a pessoa, compreendendo-se como uma "coisa" dentre outras, relaciona-se apenas com os entes individuais do mundo sensível.

Nesse modo relacional – que é quase, mas só quase, não-relacional –, a pessoa não distingue a realidade humana das realidades divinas, justamente porque julga que estas últimas não existem (*indistinção por inconsciência*). Consequentemente, a pessoa é *subjetivamente indiferente* aos Orixás, dando-Lhes de ombros. A principal característica dessa modalidade é a *ausência*, embora uma ausência *subjetiva*, meramente *imaginada*, já que uma ausência objetiva completa das realidades divinas é absolutamente impossível em qualquer caso. Então, uma vez excluídas as realidades divinas do horizonte de consciência da pessoa, sua existência é basicamente o confronto entre o Ego e o Mundo.

Uma visão superficial do fenômeno do "ateísmo" ou do "materialismo" levaria à conclusão de que esta fase está *fora* do caminho espiritual, por supostamente lhe ser frontalmente incompatível. Porém, uma visão mais ampla e matizada da questão indica o contrário: levando-se em conta que não existe apenas um único vetor de realização espiritual, mas diversos, em várias direções, chega-se à conclusão de que não há realização espiritual, mas realizações espirituais, cada uma com seus frutos específicos. E, considerando que tudo é divino, mesmo uma vida bastante embrenhada na realidade física sensível não está – nem pode estar – dissociada do Divino. Trata-se apenas de um "enredo" algo mais opaco, de uma relação mais apagada, indireta, oblíqua.

De toda forma, caso se parta de uma perspectiva espiritual que considere "ser *o* Orixá" como a etapa final, este modo – materialista e ateísta – de fato se mostra como espiritualmente infértil, por ser dotado de uma privação insossa, insípida, das realidades divinas. Mas isso só é assim desde a perspectiva deste vetor espiritual específico, isto é, de acordo com seus parâmetros próprios e suas específicas hierarquias de valor.

É interessante notar que, no contexto hindu, por exemplo, há escolas que compreendem que mesmo o ódio dos *Asuras* ao Divino é uma forma, ainda que torta e excêntrica, de relação com o Divino – e até, por paradoxal que pareça, de *devoção*! Mas mesmo no domínio da "pura ausência" e da consequente indiferença (o que poderia ser considerado como algo, em certo sentido, ainda pior do que o ódio ou a revolta) há ainda relação: se bem compreendida, a ausência é antes uma *relação inconsciente* do que uma *relação inexistente*, até porque, como visto, uma não-relação absoluta com o Divino é metafisicamente impossível.

A propósito desta compreensão menos superficial das vidas espiritualmente mais densas e opacas, convém lembrar uma lição que recebi, no Terreiro, de um Caboclo de Xangô, quando disse que "*Tudo é Caminho*", frase que dá muito o que pensar. Ou seja: é *impossível* estar fora do Caminho, pois a própria realidade e a existência mesma não são outra coisa senão Caminho. A questão é que há vários subcaminhos dentre dele, uns mais sinuosos, outros mais retos, uns mais abertos, outros mais fechados; além disso, neles, uns andam com mais pressa, outros se demoram mais, talvez por fazerem questão de, sem pressa nenhuma, admirar a paisagem em torno[46]. Aliás, esses vários subcaminhos são muito bem representados pela Encruzilhada de Exu, que sempre nos mostra que muitos trajetos e itinerários são possíveis em cada caso particular.

Aliás, não é difícil concluir que a via espiritual não é – nem pode ser – constituída somente de fases de afirmação confiante e entusiasmada do Divino e de fases em que o adepto apresenta um funcionamento hígido de todas as suas faculdades, cognitivas, éticas *etc.*. É que, ora, como a via espiritual é ela mesma uma causa – e sem dúvida a principal causa – desse funcionamento harmonioso das faculdades humanas, "a conta não fecharia" caso a ignorância, a revolta e a inépcia não pudessem, também elas, dar as suas – desajeitadas e muito peculiares – contribuições para o processo ou caso fossem suficientes para frustrá-lo. Portanto, não só a Sabedoria, o Amor e o Poder são relevantes para o

46. Bem vistas as coisas, a conclusão só pode ser a de que todos estão no Caminho da realização espiritual, pois a própria existência é este Caminho; portanto, dizer "fora do Caminho" é, rigorosamente, dizer "fora da existência", ou seja, é o mesmo que dizer simplesmente "inexistente". Ora, como poderia "existir" algo "fora da existência"? Decerto que há caminhos mais longos e tortuosos; mas dizer que não são caminhos só porque são longos e tortuosos seria exigir, ilicitamente, que o substantivo se revista de alguns adjetivos meramente possíveis (isto é, não necessários) para que, só então, possa ser considerado como sendo o que é. Em termos mais simples e para exemplificar, seria como dizer que só são casas as casas brancas ou as bonitas ou as confortáveis, por exemplo, o que seria francamente absurdo. Também é verdade que todo caminho tem suas várias fases e que, além disso, há velocidades diferentes de percorrê-las; mas dizer que estão fora do caminho aqueles que se tardam em suas fases preliminares ou iniciais é um equívoco evidente: primeiro, porque essas fases só são iniciais *desde uma perspectiva específica*; e segundo, porque as fases – mesmo que iniciais – são fases *do* Caminho, sendo-lhes, portanto, interiores. Ressalve-se, porém: não se nega, aqui, que existam caminhos de negação e até de oposição ostensiva e contundente ao Divino. Mas e daí? Que sigam em frente, pois é sempre tempo. É como disse o Caboclo: "*Tudo é Caminho*".

processo de iluminação espiritual, mas também – ao menos por algum tempo e em determinada medida – os seus contrários, por incrível que possa parecer à primeira vista. Para ficar em um só exemplo, lembro-me aqui do conselho do Vô Matta: "*Faça o bem, mesmo que por vaidade*".

Mas a questão não é simples: *(i)* como nem toda Sabedoria é astuciosa, como nem sempre o Amor se exerce de forma doce e como nem todo Poder é vontade invencível, doses aparentes de ingenuidade, de rigor e de desapego aos frutos da ação podem muito bem ser expressões inusitadas da Sabedoria, do Amor e do Poder, respectivamente, e não de seus contrários, como poderia de início parecer; *(ii)* de outro lado, a ignorância, a aversão e a fraqueza só serão de fato contributivas para o processo caso se voltem a objetos específicos e adequados, uma vez que, pelo menos durante algum tempo, há sim o que ignorar, o que odiar e o que não-conseguir-fazer; e *(iii)* essas contribuições involuntárias do mal ao bem são cada vez mais modestas ao longo de um processo de desenvolvimento espiritual genuíno, de modo que o seu uso renitente, depois de certo tempo, revela sempre ou algum atraso retardatário, ou que o avanço espiritual foi apenas aparente.

(b) Ser *com o* Orixá – Distinção com Separação – Diferença – Relação – Servo *vs.* Senhor: nesse modo relacional, a pessoa também se vê como sendo apenas o seu ego, mas já afirma o Orixá, embora ainda como uma realidade exterior, limitada e individual como ela mesmo imagina ser. Considerando-se assim separada do Orixá, a pessoa mantém com Ele não mais que relações parciais e intermitentes; e, dada a desproporção que há, nessa sua visão, entre o "tamanho" de si mesmo e o do Orixá, estas relações são da mesma natureza que a da relação havida entre um servo e seu Senhor.

Nessa segunda modalidade relacional, a pessoa já distingue a realidade humana das realidades divinas e inclusive as distingue de forma *excessiva* ou *desproporcional*, uma vez que enxerga uma separação rígida ali onde há, no máximo, alguma distinção parcial e relativa. Consequentemente, a pessoa considera as realidades divinas como radicalmente transcendentes, longínquas, das quais se sente inclusive divorciada. Dadas essas notas características, essa modalidade relacional reveste-se do humor devocional do servo, considerada a desproporção abismal que há naquilo que, nessa fase, entende-se como sendo o "humano" e como sendo o "Divino". O Mundo mesmo é entendido não como uma expressão divina, mas como o território sobre o qual os Deuses exercem os Seus Poderes, o que reforça a afirmação de que, neste modo especí-

Nesse nível de realização espiritual, essa compreensão também vale para os entes naturais, que agora são entendidos como fulgurações periféricas igualmente não-diferentes de seu centro, divino por definição. Só então é que a pessoa recobra por inteiro a consciência acerca da natureza divina de si mesma e de todas as coisas.

Com esta realização, a consciência espiritual é de tal monta que já parece exorbitar o plano da multiplicidade teológica, inclinando-se ao Conhecimento Supremo, ou seja, à reconquista da pura consciência e a percepção de que não há diferenças relevantes entre os Orixás e os seres humanos, sendo aqueles, em ato, o que estes podem vir a ser: isto é, iluminados.

Se os níveis anteriores diziam respeito a estratos diferentes da pessoa (o corpo, ou a alma, ou o intelecto individualizado), todos mais ou menos relativos e efêmeros, aqui já se tem em vista a pura consciência.

Ganha relevância aqui o sentido mais profundo do termo "*Orí*" – que, mesmo assim, também tinha suas aplicações relativas e seus correlatos nos níveis anteriores, como sinônimo de "mente", no nível sutil, e de "cabeça", no nível físico denso –, sobre o qual convém dizer algumas palavras, ainda que breves:

> *(i)* o conceito yorubá de "*Orí*", em seu sentido mais radical, diz respeito à pura consciência ("*Orí Inú*": ao pé da letra, "Cabeça Interior" ou "Consciência"). É a testemunha silenciosa que está presente em todas as experiências, é a pura e imediata presença de si a si mesma. É o que torna possível a síntese unitiva de seus instrumentos de manifestação (como o são a mente e o corpo) e também dos frutos de suas respectivas atividades;
>
> *(ii)* "*Orí*" é luz originária, posteriormente refletida pela opacidade dos fenômenos do mundo. Nesse sentido, a luz da consciência "toca" as coisas, revelando-lhes as características e fazendo surgir, então, as "aparências" (ou "aparições"), isto é, aquilo que se mostra a ela. Sem a luz da própria consciência, nada lhe apareceria, por óbvio;
>
> *(iii)* mas em um sentido ainda mais profundo, "*Orí*" não é mais uma simples testemunha que se põe "de frente" à realidade dos fenômenos, mas a própria fonte luminosa da qual os fenômenos retiram todo o seu ser relativo. Nesse nível de contemplação, os fenômenos se revelam como sendo a própria luz da pura consciência, mas agora "coagulada", refletida, modulada, dispersa em

arco-íris nas "Águas primordiais", que constituem o anteparo especular e o símbolo do princípio daquilo que é chamado de "realidade material";

(iv) aliás, essa interpenetração – ou coincidência profunda – entre consciência e "matéria" pode ser vislumbrada no fato de que, em yorubá, usa-se o termo "*Orí*" para referir vários níveis de realidade: a pura consciência é chamada de "*Orí Inú*", como visto; a mente, ou alma, é chamada de "*Orí Ọ̀run*"; e a cabeça (onde não à toa se concentra mais fortemente a nossa percepção, o nosso senso topográfico de "primeira pessoa", o foco para o qual as outras pessoas se dirigem quando se comunicam conosco e os pontos de fixação ritual em um sem-número de ritos) é denominada "*Orí Ayé*".

Imersos na realidade, mantemos diversos tipos de relações, nas quais notamos diferenças relevantes: *(i)* em nossa relação conosco mesmos, surge-nos a noção de "subjetividade", ou seja, a primeira pessoa gramatical ("eu"); *(ii)* em nossa relação com outras pessoas, a de "intersubjetividade", isto é, a segunda pessoa gramatical ("tu", "vós"); e *(iii)* em nossa relação com as coisas, a de "objetividade", ou terceira pessoa gramatical ("isto", "aquilo" *etc.*)[50]. Para além dessas relações, há ainda outra – da qual só temos uma consciência muito hesitante e precária – com aquilo que não podemos sequer considerar como um "ente", mas que de algum modo misterioso se anuncia a nós como realidade fundamental, ou soberana, ou mesmo única. Aqui, adquirimos a noção de "transcendência", em relação à qual o uso das pessoas gramaticais é problemático, porque nenhuma delas é adequada para se referir a ela *in totum* e porque todas o podem ser em algum sentido ou aspecto. Aliás, essa realidade transcendente por trás das aparências "dissolve" aquelas três instâncias que, de início, considerávamos tão nítidas e tão bem demarcadas; captamos então, embora fugidiamente, a ideia de que aquela pura consciência com a qual nos identificávamos de modo privativo e exclusivo é o *fundamento único e último de todas as realidades*. É também por isso que várias tradições espirituais aconselham as pessoas a manterem relações cada vez mais profícuas consigo mesmas, com as outras pessoas, com a natureza dita física e com o mundo dito sobrenatural:

50. Tem-se aí um gradiente nítido, cuja origem é o centro consciente da pura subjetividade com a qual me identifico privativamente: **(a)** há em primeiro lugar "eu mesmo", esta consciência que percebo claramente e que, aliás, sou; **(b)** há outras que, embora não sejam "eu", são estranhamente "outros eus", pelo que nos parecem uma estranha síntese de subjetividade e objetividade; e **(c)** há outras, ainda mais distantes e distintas do "eu", que são – ou ao menos nos parecem ser – destituídas de consciência.

para que percebam que não há separação entre elas, senão relativa e aparente – mas ainda assim com excelentes razões para existir.

Não é fácil esclarecer em linguagem conceitual e escrita o que se passa nesse modo de vivência das realidades espirituais. Por isso, talvez, uma metáfora possa ser útil aqui:

> *(i)* aceite-se a imagem de que a Terra não é outra coisa senão um fragmento resfriado do Sol[51]: seu centro ígneo denunciaria sua natureza essencialmente solar. Mesmo assim, ela pode se opor parcialmente ao Sol, tanto na medida em que se desprende dele (individualizando-se e resfriando-se por fora), quanto através de seu movimento de rotação, que obscurece certas partes suas de forma intermitente;
>
> *(ii)* porém, o movimento de translação, cuja causa é solar, veda que seu distanciamento seja maior do que a margem relativa de liberdade facultada por sua órbita, evitando, assim – como um Pai generoso, mas vigilante – que ela possa vagar sem rumo pelo cosmo. Aliás, ele faz mais do que isso: hora ou outra, mas necessariamente, fará com que a Terra se una a ele uma vez mais;
>
> *(iii)* também assim é a vida espiritual: podemos voltar as costas ao Divino, mas, como ele é o nosso Centro, não podemos evitar, por maior que seja o raio da órbita de nosso ego e, assim, por mais escura e fria que seja a nossa consciência de superfície, que continuemos a girar-lhe em torno, mesmo que às tontas, e que, um dia, voltemos a nos fundir com Ele;
>
> *(iv)* nosso ego é, portanto, um "fragmento resfriado" do Espírito. Mas esse resfriamento não é total: no interior da Terra, soterrado por camadas quilométricas de matéria mais ou menos densa, está o mesmíssimo fogo solar, que banha a superfície terrestre não só desde cima, através de seus raios, mas também desde baixo, através da temível, mas majestosa, atividade dos vulcões.

Nesse nível de realização espiritual, todos os conceitos e todas as classificações – que pressupõem, ambos, certa separatividade – são

51. A tese cientificamente mais aceita, hoje, não é a de que a Terra seja um bólido solar resfriado, mas a de que o Sol e a Terra tiveram uma origem comum, em alguma nebulosa. Seja como for, isso não prejudica a metáfora, cuja validade é de outra ordem, que não a da exatidão empírico-científica; além do mais, o fato de o Sol e a Terra terem uma mesma origem é suficiente para a metáfora empregada a seguir, mesmo que, em virtude disso, pudesse ser objeto de ajustes e refinamentos.

superados. Mesmo o binômio metafísico "imanente-transcendente" não tem mais valia aqui:

> *(i)* os conceitos de "imanente" e "transcendente" têm como condição de possibilidade e de sentido uma certa limitação (ou concentração) perceptivo-cognitiva da mente na qual se formam e para a qual têm maior ou menor utilidade em vista de certos fins. Além disso, conceitos como esses dependem de referenciais, que são ou devem ser indicados, expressa ou tacitamente, por algum complemento necessário: o que é transcendente, ou imanente, o é *em relação a algo*. Trata-se, portanto, de conceitos essencialmente *relativos*;
>
> *(ii)* porém, é muito comum não nos darmos conta ou nos esquecermos dessa relatividade limitativa que está na gênese formativa das categorias metafísicas que estão na base de nossa cosmovisão. Essa inconsciência é que nos faz, aliás, cometer o erro comum de imaginarmos que a realidade é objetivamente constituída das separações que só vemos nela graças às limitações que definem a forma específica da mente, da linguagem e da percepção humanas. Não fosse essa inconsciência, já não usaríamos de forma tão leviana e corriqueira termos como "natural", "transcendente", "espiritual", "material", "natural" *etc.*, menos ainda como se fossem termos não só claros e aproblemáticos, como inclusive suficientemente adequados a uma descrição exata da realidade. Aliás, todo arranjo metafísico dualista se funda nessa inconsciência e, portanto, não ultrapassa certo nível de contemplação mística, isso quando não é marcado por um indisfarçável e rudimentar antropocentrismo.

Enfim: neste nível conquista-se – ou mais precisamente *redescobre-se* – uma profunda identidade da própria natureza (não do ego individual com o qual nos identificamos) com a dos Orixás, mediante a reidentificação com a pura consciência espiritual e a correlata desidentificação com os estados de manifestação regidos pela matéria, pelo espaço e pelo tempo.

Das quatro modalidades relacionais citadas acima, as três últimas (ser *com o* Orixá, ser *no* Orixá e ser *o* Orixá) estão respectiva e simbolicamente associadas aos seguintes três tipos fundamentais de sujeito lírico presentes nos pontos cantados: *(i)* em alguns pontos, o sujeito lírico fala *do* Orixá, isto é, refere-se a Ele *em terceira pessoa*, hipótese em que o distanciamento simbólico entre ambos é o mais acentuado (*dimensão ritualística*); *(ii)* em outros, o sujeito lírico fala *com o* Orixá, voltando-se a Ele *na segunda pessoa*, o que já denota certa aproximação simbólica, pois falar diretamente com o Orixá demanda da pessoa um estado de consciência que já percebeu em alguma medida a continuidade de naturezas havida entre Ela e o Divino (*dimensão teológico-devocional*); e *(iii)* em outros ainda, o sujeito lírico *é o próprio Orixá* (ou *nós mesmos enquanto iluminados tal como um Orixá*) falando, pelo que é utilizada a *primeira pessoa* (dimensão *gnóstico-espiritual*). Naturalmente, essa mesma classificação não se aplica apenas aos pontos que se referem aos Orixás, mas também aos que aludem aos Ancestrais Ilustres.

Exemplos do primeiro tipo (em que o Divino é dito em *terceira pessoa*):

Ele vem de lá tão longe
Vem do Reino de Oxalá
Ele vem de lá tão longe
Ver Seus filhos de Congá

Mãe D'Água é pura, Ela é luz
Mãe D'Água tem muito Amor
Mãe D'Água gosta de ver
Filho de Umbanda feliz

Ele é Caboclo, é lá da Macaya
Ele é Caboclo em qualquer lugar
Ele não tira as Folhas da Jurema
Sem ordem suprema de Pai Oxalá

Preto Velho de Angola caminhou tantos anos
Pra firmar Sua Gira com Mikael
Olha como trabalhou Velho Guiné!
Olha como trabalhou Velho Guiné!

Exemplos do segundo tipo (em que o Divino é dito em *segunda pessoa*):

Vem de tão longe, d'Aruanda, do Além-mar
Pai Preto, Teu filho chama, nessa Banda, nesse Congá
Valei-me, meu Pai, valei-me, valei-me, pela Cruz de Oxalá
Pai Preto, Teu filho chama, nessa Banda, nesse Congá

Ai, meu Pai Preto que vem de Angola
Vem com ordens de Guiné
Com as Santas Almas do Cruzeiro
Vem trabalhar pra quem tem Fé
Trabalha, Pai Preto, com Força e com Fé
Trabalha, Pai Preto, na Luz de Guiné

"Oh, Pai Preto, vem pro Toco, que filho Teu não quer penar
Por amor a Zamby, nosso Senhor, vem Teu filho abençoar"
"Serena a canga, Filho meu, que o Vovô já vai chegar
Vai chegar com a Força da Sua Pemba e com a Luz do Fogo de Zamby
Pra pitar cachimbo na Umbanda, pra mexer dendê na Kimbanda"[52]

Um exemplo interessante, de uma certa transição entre os dois primeiros tipos:

Beira Mar, auê, Beira Mar!
Beira Mar, auê, Beira mar!
Ogun já jurou Bandeira, nos Campos de Humaitá
Ogun já venceu Demanda, Seus filhos vem saravar

O interesse desse último exemplo é que o sujeito lírico do ponto se dirige diretamente ao Ancestral Ilustre (Caboclo Ogun Beira Mar), em segunda pessoa, mas ao Orixá só se refere em terceira pessoa. Essa diferença de tratamento faz alusão à maior facilidade de comunicação com as Entidades do que com as Potestades Divinas, por razões evidentes.

52. Neste último exemplo, a segunda estrofe tem como sujeito lírico o próprio Preto Velho, havendo nesta parte o emprego da primeira pessoa.

Exemplos do terceiro tipo (em que o Divino é dito – ou melhor, diz-Se – em *primeira pessoa*):

"Minha Falange traz as Forças de Aruanda
E abençoa os filhos na Umbanda
Eu venho lá de Aruanda
E trago a Luz de Pai Oxalá"
"No pé-de-ingá firma Ponto, meu Caboclo
Protege os filhos do Teu Congá"

- - -

Minha Falange cruza Guiné, Minha Falange cruza Guiné
No Terreiro eu é Caboclo, na Aruanda eu é Payé
O meu nome é Caboclo Tupy, o meu nome é Caboclo Tupy
Vou trazer a minha Pemba pra firmar meu Ponto aqui
Quem ordenou foi Papai Oxalá, quem ordenou foi Papai Oxalá
Pra ver filho de Terreiro, pra ver filho de Congá

Sobre o tema das quatro modalidades de relação com o Divino referidas na classificação sugerida acima, ainda é possível dizer o seguinte: as três últimas mantêm um paralelismo claro com os caminhos espirituais *(i)* do trabalho ou da ação (dimensão ritualística), *(ii)* do amor ou da devoção (dimensão devocional) e *(iii)* do conhecimento ou da contemplação (dimensão gnóstica), respectivamente.

Outra forma de expressar essa variedade de modos ou humores relacionais entre o ser humano e as realidades divinas é afirmando que o Divino pode ser "experimentado" basicamente de três formas:

> *(i)* ou como *Ser* infinito: aqui, Ele se apresenta como Realidade *Suprema* – majestosa, todo-poderosa, oniabrangente, todo-penetrante –, que desperta no devoto o severo humor relacional do *servo*, por ser seu *Rei* e *Senhor*. Quem almeja a iluminação deve trilhar o Caminho do *Poder*, que consiste em servi-Lo de forma cada vez mais eficiente e leal;
>
> *(ii)* ou como *Bem* infinito: aqui, Ele se apresenta como Realidade *Beatífica* – valiosa, boníssima, todo-amorosa, sempre dispo-

nível –, que desperta no devoto o doce humor relacional do *Filho*, por ser seu *Pai* ou sua *Mãe*. Quem almeja a iluminação deve trilhar o Caminho do *Amor*, que consiste em amá-lo de forma cada vez mais íntima e perfeita;

(iii) ou como *Consciência* infinita: aqui, Ele se apresenta como Realidade Única – autotransparente, todo-sapiente, inteiramente presente a Si mesma –, que desperta no devoto o sereno humor relacional do *Eu plenamente realizado*. Quem almeja a iluminação deve trilhar o caminho da *Sabedoria*, que consiste em identificar-se com Ele de forma cada vez mais cristalina e total;

(iv) essas três "abordagens" do Divino, na ordem em que foram dispostas, revelam uma progressiva aproximação do Divino em relação a nós (ou ao que entendemos por "nós"): *(i)* em um primeiro nível, Ele se revela como uma impessoalidade distante, toda-outra e que, por sua imensidão indiferente, é sentida por nós como mais ou menos terrificante; *(ii)* em um segundo nível, Sua Infinitude é suavizada (mas sem qualquer perda ou diminuição) para que com Ele possamos nos relacionar: aqui, o Divino se expressa de modo pessoal, benevolente, próximo (mas ainda assim em alguma medida Outro); e *(iii)* em um terceiro nível, o Infinito já se faz tão próximo que se mostra como sendo exatamente o que a rigor somos; aqui, o Infinito é restaurado mas já de forma equilibrada com a pessoalidade, não podendo ser entendido nem como "impessoal" ou "objetivo", nem como "pessoal" ou "subjetivo", mas sim como "suprapessoal", no qual se fundem e se reconciliam todas as dualidades e aparentes contradições.

Esses "caminhos" são cada vez mais *simples* (no sentido estrito do termo), ou seja, cada vez mais destituídos de elementos complexos e exteriores que lhe sirvam de suporte ou instrumento:

(i) nas fases iniciais da vida espiritual, há um dispêndio de inúmeros esforços destinados à compreensão da realidade e o consequente acúmulo de seus respectivos resultados. Trata-se de uma metodologia espiritual *inflacionária*, em que os conceitos doutrinais, as práticas ritualísticas *etc.* vão se tornando cada vez mais numerosos, mais complexos e mais sofisticados;

(ii) mas em certos momentos – e sobretudo a partir de certo ponto –, anuncia-se como imprescindível um despojamento desses mesmos acúmulos psíquicos, a fim de suprir-se a "falta de

silêncio" que é causa de tantas frustrações espirituais, principalmente nas fases mais avançadas do caminho. Trata-se, agora, de uma metodologia espiritual *deflacionária*, em que a abundância de atividades mentais, emocionais e físicas cede lugar a um apaziguamento progressivo do ego-personalidade, sem o qual é impossível contemplar a simplicidade silenciosa e hiperevidente do Espírito, mistério último diante do qual sempre tropeçaram, impotentes, as atividades psíquicas que em vão o tentavam decifrar, mediante a tentativa – compreensível, mas ingênua – de compensar seus inevitáveis limites com doses variáveis de engenhosidade obstinada ou, pior, de inquietude e pretensão;

(iii) esses dois "ritmos espirituais" – que se alternam e revezam intermitentemente – são tão vitais para a vida espiritual, quanto o são para a vida física a inspiração e a expiração, que aliás, justamente por isso, servem-lhes de símbolos por excelência;

(iv) por fim e ainda em tempo, a respeito do símbolo da respiração e da espiritualidade: assim como períodos prolongados de apneia nos fazem supor que, para vivermos, precisaremos que todo o ar do mundo seja sorvido em um só hausto, a inconsciência espiritual e o nosso histórico de hábitos profanos nos fazem ter expectativas e necessidades irreais em relação à vida espiritual. É por isso que, no início e durante um bom tempo, julgamos imprescindível a ocorrência de inúmeros fenômenos extraordinários, ou o impacto de uma estética sacra literalmente espetacular, quase violenta, ou a contundência intelectual de uma doutrina inflacionária, complexa e exaustiva. Mas, depois de algum tempo, a espiritualidade afinal se mostra como dotada de uma surpreendente simplicidade (embora misteriosamente insuscetível à banalização): o Iniciado, cedo ou tarde, sempre se dá conta de que o Espírito, como o ar, é vasto e onipresente, e que a atividade religiosa, como a respiração, é, embora vital, uma atividade bastante singela.

Quero insistir e aprofundar um pouco mais o que disse de passagem acima, a respeito da *fase deflacionária* das vivências espirituais, mas enfatizando o aspecto mental dessa importante questão:

(i) sendo a mente incapaz de compreender a realidade última, é inevitável que, na filosofia e na religião, existem não apenas questões de difícil solução, mas também questões verdadeiramente insolúveis. E isso é ao mesmo tempo angustiante e maravilhoso: angustiante porque, uma vez que "conclusões" necessariamente

implicam limites relativos, o Infinito sempre acabar por escapar à mente, que, no entanto, segue tentando tirar conclusões a seu respeito; mas também maravilhoso porque qualquer "conclusão" – caso fosse possível – interromperia o Discurso Divino em um ponto intoleravelmente precoce e aniquilaria o caráter misterioso que há no fundo de tudo e que é a causa de tantas coisas excelentes, como a arte, a filosofia, a religião e, equilibrando todos os esforços humanos de compreensão e domínio, a humildade e o senso de entrega. Em suma: folgo e exaspero em saber que a realidade seja infinita;

(ii) mas se tais questões não têm solução é porque também *não precisam* ter: só a mente, por sua limitação, pode considerar que existem "questões" ou "problemas" a serem enfrentados e, se possível, solucionados. Ao sábio, toda a imensa profusão de conceitos e todo o emaranhado de teorias disponíveis são meros instrumentos que, aliás, só fazem sentido e só têm eficácia dentro do "jogo mental" delineado – em termos de regras e finalidades – pelas características próprias da vida humana convencional. Então, todas aquelas coisas que são vistas pelo ignorante como problemáticas – ou mesmo como negativas – revelam-se ao sábio como gloriosas fulgurações divinas, nas quais não há nada a ser propriamente "resolvido". Purificado das agitações mentais e deitando ao chão todo o peso das demandas psicofisiológicas da vida ordinária, o sábio joga outros jogos;

(iii) uma razão bem estabelecida, organizada e limpa contribuir, é verdade, para *insights* de outra ordem, mas o faz indiretamente, isso caso não seja verdade que ela só ajuda quando não atrapalha. Mas disso não se segue que a linguagem conceitual, por exemplo, possa causar diretamente – ainda mais sozinha, como querem os racionalistas – os frutos próprios dessas outras instâncias. Aliás, muitos *insights* superiores dependem antes da remoção de pensamentos discursivos (sobretudo os errôneos, mas também os que, mesmo sendo corretos, são excessivos) do que de sua intensificação ou correção obsessiva (operação esta que é muitas vezes tão inglória e inútil quanto enxugar gelo). É por isso que, em certos momentos, precisamos de um recolhimento interior, de um apaziguamento dos fluxos mentais (mesmo quando não sejam incorretos) e de um movimento deflacionário e depurados dos excessos de atividade psíquica conceitual;

(iv) é que a vida espiritual pode ser simplesmente travada pelo funcionamento intranquilo, compulsivo e às vezes inclusive involuntário da mente conceitual. Nesses casos, o conselho é o seguinte: parar de refugiar-se, em pânico, nesses verdadeiros "guetos mentais" que são os pensamentos habituais; não se deixar enlear pelas "teias conceituais" que imobilizam traiçoeiramente o seu conteúdo; apaziguar a voracidade bestial das "mil bocas da razão" que pretendem em vão engolir e digerir o Infinito para depois defecar os seus supostos "excessos"; fazer recrudescer – pela fantasia, pelo silêncio voluntário, ou pelo sono – o funcionamento desgovernado dessa abordagem conceitual de tudo. Às vezes é preciso apenas entregar-se com dócil passividade e alegria ingênua – ou mesmo com certo cansaço (como a mente "exausta de mentar", do verso célebre de Drummond) – à concretude pura, bruta e simples da experiência religiosa, deixando-se levar por ela, não como um náufrago à deriva, mas como uma dançarina que, muito ativamente e com grande desenvoltura, deixa-se conduzir pelo Parceiro;

(v) enfim, em certos momentos da vida espiritual, a atividade mental de cunho racional, já que não pode engendrar uma compreensão verdadeira e última da realidade, deve ser utilizada, no máximo, para a compreensão de que muitas coisas não são adequadas às suas operações próprias, compreensão essa que tem o mérito paradoxal de reconhecer a sua impotência em alguns domínios e de corrigir retroativa e insistentemente a sua inclinação natural a dividir, limitar e conceituar.

Fechado este parêntese, encerro dizendo que, para este capítulo, selecionei alguns pontos cantados que fazem referência aos diferentes níveis de realização espiritual, isto é, aos modos específicos de compreensão das realidades divinas ou, para dizer em outras palavras, ao nível de proximidade do adepto com o Divino, separando-os em quatro pequenas seções, relativas justamente à classificação que propus acima.

[A]
Primeiro modo: “ser sem o Orixá”
O ateísmo (consciente ou não)

[25]

"Ô!, cadê Ventania, oi Pemba?!
Ô!, cadê Ventania, oi Pemba?!"
"Tá no Terreiro, Pemba
Com Seus Caboclos, Pemba!"
"Bicho no Mato é corredor
Cadê meu Mano Caçador?!
E o Caboclo Ventania
Que me protege Noite e Dia?!"

Kabula

Naturalmente, os pontos cantados entoados na prática religiosa irão versar mais preponderantemente sobre o segundo e o terceiro modos relacionais explicitados neste capítulo ("ser *com o* Orixá" e "ser *no* Orixá"), de modo que as alusões que eventualmente façam ao primeiro e ao último ("ser *sem o* Orixá" e "ser *o* Orixá") existirão de modo bastante excepcional. Da fase ateística, alguns pontos poderão conter no máximo alguns resíduos, ou "ecos", de estados cognitivos e emocionais anteriores ao ingresso da pessoa no Terreiro; e, da realização mística suprema, poderão conter algumas insinuações aproximativas, sutilmente antecipatórias.

É o caso deste primeiro ponto, que contém reflexos de uma fase anterior da vida do iniciando, na qual vigorava a ausência do Divino ("vida profana"). As interrogações perplexas "Ô!, *cadê Ventania, oi Pemba?!*" e "*Cadê meu Mano Caçador?!*" já denotam certa dificuldade de "localização" do Divino, herança de uma época ateística, fortemente distanciada da espiritualidade superior.!!

Aliás, a dificuldade em questão é ainda mais primária: trata-se de não conseguir "achar" nem sequer o Ancestral Ilustre, quanto menos, ainda, o Orixá ou a Divindade Suprema. E a dificuldade não é pouca: mesmo depois da resposta à primeira pergunta ("*Tá no Terreiro... com Seus Caboclos*"), o sujeito lírico do ponto volta a perguntar ("*Cadê meu Mano Caçador?!*"), como se simplesmente não tivesse ouvido qualquer resposta.

O contexto geral do ponto, então, é o de uma pessoa ainda fortemente desconectada das realidades espirituais, com muitas dificuldades de estabelecer ligações espirituais genuínas, por não conseguir enxergar os seus reflexos na ordem humana e na ordem natural da realidade. Reforça esse contexto o verso "*Bicho no Mato é corredor*", já que o "*Mato*" representa justamente o emaranhado caótico[53] das relações que a pessoa estabelece com todas as coisas, sempre que as entende de forma espiritualmente rudimentar – e, como se verá adiante, o "*Bicho no Mato*" é, dentre outras coisas, o ego individual com o qual errônea ou superficialmente ela se identifica.

De toda forma, o sujeito lírico do ponto já se encontra em um processo de transição, ainda que insipiente, pois, apesar de suas dificuldades no trato com o espiritual, ele já não nega o Divino. Pelo contrário: afirma-o, ao reconhecer a existência (ainda que fugidia, para si) do "*Ca-*

53. O "*Mato*" se opõe metaforicamente aos espaços ordenados, organizados, "civilizados", justamente por representar o espaço selvagem, indomado, da natureza em seu estado bruto, primitivo e algo animalesco – mesmo em se considerando o fato de que também ele tem o seu equilíbrio específico e a sua harmonia própria, embora incompatíveis relativamente a determinados contextos e fins específicos (como o da "cidade", na metáfora concreta, e o do "Templo", em seu significado espiritual).

boclo Ventania", do "*Caboclo Caçador*" e, também, ao reconhecer que Aquele o "*protege Noite e Dia*", o que denota o reconhecimento de que estas Entidades são agentes da Providência Divina.

Outro aspecto digno de nota: em meio às dificuldades próprias da vida "*no Mato*", o sujeito lírico faz referência a duas Entidades específicas, que aludem à agência providencial em dois níveis distintos: (**a**) de um lado, o "*Mano Caçador*" representa a Providência Divina atuando em um nível mais denso ou grosseiro de realidade, uma vez que caçadores podem ser vistos, por estarem no mesmo nível de manifestação que as pessoas que são por eles beneficiadas; daí o uso do substantivo fraternal "*Mano*", que denota maior proximidade com o sujeito lírico e, por isso, talvez, represente o seu Mestre encarnado; e (**b**) de outro lado, o "*Caboclo Ventania*" representa a Providência Divina atuando em nível mais sutil, uma vez que o ar é invisível e imprevisível, por soprar não só onde quer, mas também quando e quanto quer; daí, então, o uso do título de "*Caboclo*" (ao invés de "*Mano*"), que denota maior distanciamento do sujeito lírico, que faz clara referência aos Ancestrais Ilustres.

É preciso dizer algo mais sobre os versos "*Bicho no Mato é corredor / Cadê meu Mano Caçador?!*", por sua óbvia importância e centralidade no ponto aqui interpretado. Numa camada de significação mais superficial e óbvia, o "*Bicho no Mato*" representa o que é inconveniente e antagonista à via espiritual, em termos de métodos e finalidades. Em outros pontos cantados, o "*Bicho no Mato*" é comumente a representação do "Mal"[54], isto é, de tudo aquilo que se opõe ao vetor da modalidade de realização espiritual especificamente considerada.

Num nível mais profundo de interpretação, os versos "*Bicho no Mato é corredor / Cadê meu Mano Caçador?!*" nos dão acesso a instruções muito valiosas e mais sutis, que, aliás, já antecipam conteúdos de fases mais adiantadas e amadurecidas do caminho espiritual. Nesse nível exegético mais aprofundado, tem-se o seguinte:

> (**a**) o "*Bicho no Mato*" representa o ego individualizado e inconsciente de sua condição de mero instrumento do Espírito, ou seja, a confusão entre o Si mesmo e a personalidade individual; além disso, é dito no ponto que o ego – que, mal entendido, constitui grave óbice às realizações espirituais superiores – é "*corredor*", o que indica o seu caráter elusivo, engenhoso e fugidio, difícil de acertar com a flecha dessa caça que é a Iniciação;

54. Um ponto cantado que ilustra isso de modo particularmente claro é o seguinte: "*Lá na Mata tem Cachorro-do-Mato, Katinguelê ô! / Chamei minhas Crianças para vir me defender!*".

(**b**) o "*Mano Caçador*", como já dito acima, representa o Mestre espiritual encarnado, isto é, o instrutor espiritual que conduzirá o discípulo às realizações espirituais visadas pela via em questão; assim, a relação entre Mestre e discípulo é, em certa dimensão sua, tal como a que existe entre um Caçador e sua presa, com todas as consequências simbólicas daí derivadas, sobretudo a que diz respeito ao fato de que esta relação é constituída de uma dialética tensional e delicada.

Do ponto de vista simbólico-musical, há que se atentar para o seguinte:

(**a**) o ponto é marcadamente alegre, seja porque é ritmado pela cadência alegre do "samba" (Kabula), seja porque sua melodia é em modo maior e entoada com grande dose de energia. Isso pode ser entendido de duas formas: *(i)* primeira: o contraste entre a atmosfera emocional alegre e o fato de o sujeito lírico ainda estar fortemente desconectado das realidades divinas revela que, além de tudo, ele está inconsciente dessa condição, ou da gravidade dessa condição, talvez já se crendo suficientemente próximo delas apenas pelo contato – insipiente, superficial – com o Terreiro; ou, pior, ele apresenta ainda certo desdém por sua busca espiritual e até certa leviandade que lhe permite estar alegre apesar do caráter rudimentar de sua vida espiritual; ou *(ii)* segunda: como o ponto faz alusão a um momento da busca espiritual em que, apesar da distância das realidades divinas, o neófito pelo menos já ultrapassou a fase em que seus horizontes se encerravam inteiramente no domínio do profano, a alegria que ele sente ao ter descoberto uma via espiritual se justifica plenamente, sobretudo pelo contraste com a insipidez de sua vida anterior;

(**b**) ainda dentro do simbolismo musical do ponto, identifica-se o seguinte: a sílaba métrica "*Bi-*" (de "*Bicho no Mato*") é entoada na nota mais aguda do ponto (oitava superior da tônica) e é foneticamente vocalizada pela vogal "*i*", essencialmente "cortante", "dolorida", fatores esses que, juntos, tornam este o momento de maior tensão poético-musical do ponto, o que muito convém ao fato de que é neste exato momento em que se faz referência ao egoísmo, que constitui o veneno mais letal para a vida espiritual. Inversamente, as palavras cujas sílabas métricas são entoadas na tônica (nota de descanso, repouso e estabilidade) são "*Pemba*" e "*Dia*", o que perfaz, como já vimos em outros pontos, um jogo dialético de *tensão* (polo da vida profana – "*Bicho no Mato*") e *distensão* (polo da vida espiritual – "*Pemba*" e "*Dia*");

(**c**) um último comentário sobre o simbolismo musical presente neste ponto: coerente com a fase de transição vivida pelo neófito (ou aspirante a neófito), as sílabas métricas mais marcadas do ponto ("Ô!", "Ô!", "*Tá*", "*Com*", "*Bi*[cho]", "*Cadê*", "*E o*", "[pro] *te*[ge]", "*Noi*[te]" e "*Dia*") são entoadas em notas diferentes, em "ziguezague", o que denota bastante oscilação e instabilidade. Aliás, a primeira sílaba do ponto já é entoada no grau dito "dominante" (quinta nota da escala) – grau que é marcado pelo seu "clamor" pela tônica –, o que significa que o ponto, melodicamente, já principia com grande instabilidade e tensão, o que só se reforça pelo fato de que esta primeira sílaba ("Ô!") é entoada longamente e encerra uma interjeição;

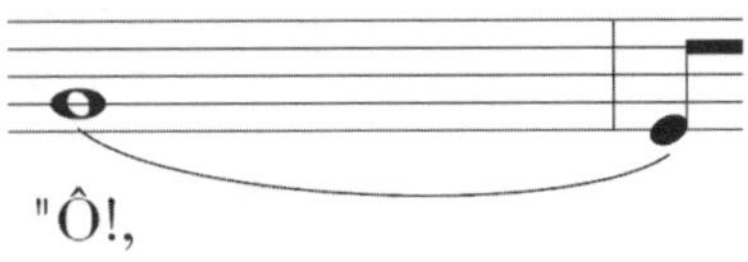

(**d**) a sucessão dessas sílabas métricas (as mais importantes do ponto) se dá nos seguintes graus da escala: V (dominante), IV (subdominante), VI (superdominante), V (dominante), I (tônica em oitava superior), I (tônica em oitava superior), VI (superdominante), V (dominante), V (dominante), II-I (supertônica seguida de tônica fundamental, em apogiatura[55]). Note-se o predomínio da dominante – nota de tensão e instabilidade, como visto – e a grande oscilação ora ascendente, ora descendente da construção melódica.

55. "Apogiatura" é um conceito de teoria musical que se refere a uma nota que é empregada para ornamentar a nota principal: trata-se de uma nota secundária, que pode estar abaixo ou acima da nota principal, sendo-lhe vizinha, uma nota "de passagem", utilizada para suavizar – e ao mesmo tempo destacar – a chegada na nota principal. No caso sob análise, trata-se do grau II da escala (supertônica) utilizado como passagem para se chegar ao grau I (tônica), unidade a que toda música tonal tende e na qual se resolve, aqui representando, na simbólica musical, a comunhão unitiva do humano com o Divino.

[26]

Com tanto Pau no Mato e eu não tenho Guia!
Caboclo Ubirajara, vem me dar a Guia!
Com tanto Pau no Mato, eu fiz a minha Guia!
Ele cruzou na Pemba e na Luz da Estrela Guia!

Neste ponto cantado, o sujeito lírico reconhece plenamente a sua condição de estar distanciado do Divino. Já no primeiro verso, faz ele referência às muitas *dificuldades* da vida comum ("*tanto Pau no Mato*"): *(i)* o advérbio "*tanto*", obviamente, enfatiza a sua grande quantidade; *(ii)* o "*Pau*" é aí símbolo dos obstáculos, dos óbices que lhe fazem ter dificuldade de caminhar, aliás em um itinerário não só aleatório e sem sentido, mas também percorrido sempre em meio a tropeços; e *(iii)* o "*Mato*", como já referi antes, representa: em sentido neutro, o mundo natural, manifesto em espaço-tempo-matéria; e, em sentido pejorativo, o emaranhado de relações truncadas que nele se estabelecem em virtude da Ignorância e alguns de seus frutos possíveis (o ódio, a aversão, o orgulho, a vaidade *etc.*).

Portanto, a primeira metade do ponto é marcada por essa consciência aguda de uma *falta* ou *ausência* e de um estado *espiritualmente deficitário*: *(i)* no primeiro verso, o sujeito lírico afirma expressamente não ter um Guia e evidentemente lamenta por isso; *(ii)* no segundo, o que poderia ser uma sentença declarativa ("*Caboclo Ubirajara vem me dar a Guia.*", em que "*Caboclo Ubirajara*" seria sujeito e o restante, predicado) é, na verdade, uma sentença no modo imperativo, encerrando pedido, clamor exclamado ("*Caboclo Ubirajara, vem me dar a Guia!*", em que "*Caboclo Ubirajara*" é não sujeito, mas vocativo, ao qual o sujeito lírico se dirige em tom de petição urgente); e **(c)** no ponto como um todo, pode-se observar certo caráter musicalmente melancólico e lamurioso.

Mas o ponto contém certas "deixas" para os aspectos positivos da condição do sujeito lírico, o que revela que este se encontra em uma fase de *transição*: *(i)* primeira: musicalmente, apesar da atmosfera algo chorosa, prevalece o modo maior e os versos segundo e quarto são finalizados sempre com uma resolução apaziguadora das tensões melódicas e de intensidade verificadas nos versos primeiro e terceiro; *(ii)* segunda: mesmo na primeira metade do ponto, que é a que contém o autodiagnóstico negativo do sujeito lírico quanto ao seu estado espiritual, este já demonstra inclinar-se ao Divino, avistá-lo de certo modo e reconhecer claramente sua insubstituível importância; e *(iii)* terceira: a segunda metade do ponto é já mais positiva, sucessão que simboliza a vitória iniciática, a superação efetiva de um estado anterior e pior, por um posterior e melhor.

Quanto à segunda metade do ponto, é interessante o seguinte: *(i)* depois de verificar sua condição espiritual desqualificada, o sujeito lírico não se deixa tragar por um vórtice de pessimismo e revolta, que só confirmariam ou agravariam aquele estado; ao contrário, ele parte para ações concretas ("*eu fiz a minha Guia!*" – e, aqui, "*Guia*" significa o colar litúrgico, como o contexto deixa claro), dotadas da eficácia de iniciar o longo processo de reversão daquele estado inicial; *(ii)* mas apenas ações humanas não bastam para que a aproximação com as realidades divinas se torne possível: é por isso que se afirma no último verso que, além da "confecção da Guia" (ação humana), é preciso que haja o concurso da agência de algum sujeito divino e providencial ("*Ele cruzou na Pemba e na Luz da Estrela Guia!*")[56].

Ainda, quero destacar o terceiro verso do ponto, pois nele é que o sujeito lírico do ponto se revela exemplar:

> **(a)** a "confecção de sua Guia" – isto é, o conjunto de medidas concretas que toma para perseguir sua realização espiritual – não é feita apenas quando todas as condições mundanas lhe são afortunadamente favoráveis. Ele faz a sua Guia justamente em meio ao sem-número de preocupações e dificuldades pelas quais passou, passa e continuará passando. Isso significa que não devemos condicionar nossos esforços espirituais a fatores como conforto e tranquilidade materiais, emocionais *etc.*, pois, em primeiro lugar, estes não são condições ou pressupostos indispensáveis à vida espiritual e, além disso, desconfortos e dificuldades sempre existirão na vida profana, por sua própria natureza tumultuária;
>
> **(b)** a propósito das guias utilizadas na Umbanda, gostaria de enfatizar que tais colares (ou fios-de-contas), enquanto objetos litúrgicos, devem ser bem compreendidos, respeitada a sua complexidade: *(i)* do ponto de vista *objetivo*, são constituídos de materiais que, sendo oriundos da Natureza, manifestam concretamente o Poder Espiritual dos Orixás, o seu "Axé"; *(ii)* do ponto de vista *simbólico*, são de formato circular – e o círculo é um dos símbolos de maior peso e densidade, por dentro do simbolismo geométrico –, de modo que, quando utilizadas por alguém, o centro deste círculo é o seu coração (que é, afinal, para onde instintivamente apontamos quando queremos apontar para "nós mesmos" – e não para a cabeça); e *(iii)* do ponto de vista *subjetivo-psicológico*, constituem recursos mnemônicos eficazes, que permitem à pessoa a constante recuperação da lembrança das realidades divinas, mesmo e sobretudo no dia-a-dia, naqueles momentos marcados pelos afazeres prosaicos que tendem a nos distrair e afastar do Divino.

---

56. Essa cooperação entre a agência humana e a agência divina, enquanto fator imprescindível à realização espiritual, será, por sua importância, a temática de um capítulo inteiro deste livro (capítulo V).

Do ponto de vista simbólico-musical, anotarei aqui que os versos 1 e 3 conduzem a uma tensão, enquanto os versos 2 e 4 conduzem à respectiva distensão:

(a) em "*eu não tenho Guia*" e em "*eu fiz a minha Guia*", a melodia é conduzida a uma nota "interrogativa" (isto é, tensional, não resolutiva), como que implorando para a sua resposta ou resolução. A nota final dos versos 1 e 3 é o segundo grau da escala; então, se, por exemplo, o ponto for cantado na escala de dó maior, esses versos terminarão na nota ré, de modo que, caso houvesse harmonia acompanhando a melodia, poderíamos cogitar de inserir, nessa parte, um acorde de ré menor ou de sol com sétima, ambos demandando a resolução futura, mas urgente, em dó maior (tríade maior da tônica);

(b) e isso é significativo porque, no primeiro verso, o sujeito lírico faz referência ao seu desamparo espiritual (tensão psicológica condizente com a tensão musical) e, no terceiro, a tensão decorre do fato de ter sido o próprio adepto quem confeccionou a sua guia, tratando-se de ato meramente humano, a depender ainda do concurso de atos e forças divinos;

(c) a "guia" feita pelo adepto, portanto, somente passará a ter eficácia depois de ser "cruzada" (isto é, abençoada) pela Entidade, que é justamente o que acontece no quarto verso, que resolve simultaneamente a tensão musical, retornando-se à tônica, e a tensão psicológica mencionada, ao se fazer referência ao fato de que o Caboclo Ubirajara, afinal, "cruzou" a guia, "*na Pemba*" e "*na Luz da Estrela Guia*". Novamente o relaxamento melódico é promovido quando – e somente quando – a linha melódica atinge as partes em que a letra faz referência a elementos divinos (o guiamento espiritual referido no segundo verso; e, no quarto verso, a "*Pemba*" e a "*Estrela Guia*").

[B]

Segundo modo: “ser com o Orixá” A devoção servil

[27]

É Oxalá quem governa o mundo
Só Ele pode governar
Foi Ele quem nos deu a Luz
Clareou a Umbanda, nossos Orixás
Oxalá, Oxalá, Oxalá
Abre os caminhos pra Seus filhos trabalhar!

Um grande número de pontos entoados na ritualística majoritária dos ritos umbandistas diz respeito ao modo de relação com o Divino em que este se apresenta como "*Senhor*", de modo a veicularem o humor devocional próprio daquele que se vê como estando *a serviço* do Orixá. Este humor devocional específico – sem dúvida legítimo e que tem seu importantíssimo lugar na vida espiritual – é o que preponderа nas tradições espirituais que não aceitam a existência legítima de outros tipos de devoção em que haja maior intimidade – quando não identidade – entre o humano e o Divino. Nas práticas espirituais e nas concepções teológicas próprias dessas tradições, vê-se a Deus apenas como Senhor, sendo praticamente ausentes relações em que o Divino se mostre como Pai (como Mãe, então, jamais!), ou como Amigo, ou como Amante, ou até como Si-mesmo, senão em certos casos, muito pontuais, de arrebatamentos místicos, muitas vezes condenados como heréticos.

As características de senhorio, domínio e majestade – tão próprias e tão pronunciadas nesta clave devocional – estão visivelmente presentes em pontos cantados como este, que já no primeiro verso consigna que Oxalá "*governa o mundo*", ideia imediatamente intensificada no segundo verso, no qual se enfatiza que "*Só Ele pode governar*". Como se vê, o Divino é, aqui, visto como um Senhor, imenso e transcendente; e é claro que, dependendo de qual seja a autoimagem da pessoa (como corpo físico, como ente psíquico *etc.*), o Divino é exatamente isso mesmo: infinitamente maior e mais poderoso, hiperabundância de ser e de poder diante da qual a pessoa – ou o que ela imagina ser – é virtualmente nada.

Como consequência direta desta qualidade devocional específica, as emoções que mais marcantemente se manifestam na intimidade psíquica do adepto são de temor, de dever, de serviço *etc.*. Essa consequência, aliás, está também assinalada no ponto aqui analisado, em cujo último verso o sujeito lírico não pede outra coisa a Oxalá senão precisamente *trabalho*: "*Abre os caminhos pra Seus filhos trabalhar*". Aliás, a tríplice invocação do nome de Oxalá ("*Oxalá, Oxalá, Oxalá*"), no contexto do pedido por trabalho, indica que são também três os domínios fundamentais em que o serviço espiritual deve se dar: o físico, o astral e o mental. Não à toa, cada repetição de "*Oxalá*" se dá em um nível cada vez mais agudo, já que estes três domínios, na ordem do físico até o mental, apresentam níveis cada vez mais sutis de materialidade.

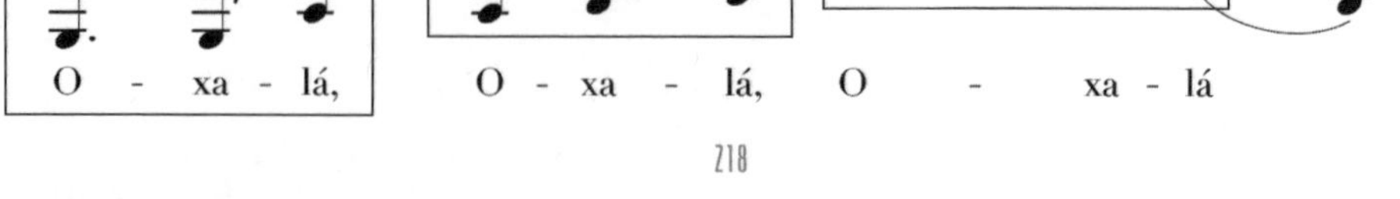

Outra noção metafísico-cosmológica bastante presente neste nível de contemplação e de experimentação do Divino é a de que este, além de Senhor, é "*Criador*" (ou a de que este é Senhor justa ou principalmente por ser o Criador da ordem cósmica). Essa noção está de certo modo presente no terceiro verso, que diz que Oxalá "*nos deu a Luz*": além de outros significados possíveis, esta passagem faz referência ao processo cosmogônico, através do qual o Orixá (no caso, Oxalá) foi responsável pela ordenação do *Caos* primitivo, através de sua *Luz Ordenadora*, geradora do *Cosmo*. A "Luz dos Orixás", nesse sentido, é precisamente a Luz das origens, o *Fiat Lux* que está no princípio e que engendra e sustenta todas as coisas.

Um ligeiro esclarecimento sobre o sentido do quarto verso deste ponto cantado merece lugar aqui. Ele deve ser lido assim: "a Umbanda e os Orixás clarearam". Ou seja: "*Umbanda*" e "*nossos Orixás*" desempenham ali o papel sintático de *sujeito* (e não de *objeto* do verbo "clarear"). O que se tem aí em vista é o poder providencial e benéfico da Umbanda e dos Orixás, sem os quais não haveria luz, símbolo do Bem Supremo, da possibilidade de orientação e de sentido, de desfazimento da treva da ignorância, da confusão *etc.*.

Do ponto de vista simbólico-musical, destaco o seguinte, além do que antecipei acima, a respeito do sentido simbólico inerente à repetição tripla da invocação de Oxalá:

> **(a)** o ponto é entoado em modo menor e em andamento lento, o que expressa e acentua a atmosfera humoral de *solenidade*, que, por sua vez, simboliza, musicalmente, a *desproporção* entre o humano e o Divino, isto é, o senhorio majestático diante do qual devemos nos portar de modo curvado e respeitoso. Nenhum sem-cerimônia é cabível neste nível de contemplação e experimentação do Divino, cuja tônica é justamente a *descontinuidade* entre o Divino e o humano, fazendo-se enfatizar o caráter transcendente do primeiro em relação ao segundo e o distanciamento – sentido com certa *melancolia* ou *nostalgia* – entre ambos;
>
> **(b)** a nota mais aguda do ponto (fá) soa *apenas e tão somente* quando a letra se refere a Oxalá, ou nominalmente ("*Oxalá*"), ou pronominalmente ("*Ele*" e "*Seus*"), ou mediante referência a alguma ação ("*governar*", "*clareou*"), atributo ("*a Luz*") ou nicho de atuação ("*caminhos*") a Ele relacionados. Irei ilustrar apenas as duas primeiras ocorrências, para auxiliar o leitor na identificação da nota fá, em questão:

(c) mas o ponto reserva a Oxalá não apenas as notas mais *agudas*, como também, talvez surpreendentemente, as *mais graves* (mi3, abaixo do lá fundamental da escala – estamos em lá menor, relembre-se). O mi3 soa, neste ponto, apenas em duas passagens (nos versos um e cinco) e, em ambas, para se referir, nominal e expressamente, a Oxalá. Isso demonstra, em discreto simbolismo melódico, que o Divino não está apenas nas *alturas*, mas também nas *profundezas*. Desse modo, o termo "*Oxalá*" cobre todo o arco melódico do ponto, da nota mais grave (mi3) à mais aguda (fá). Veja-se:

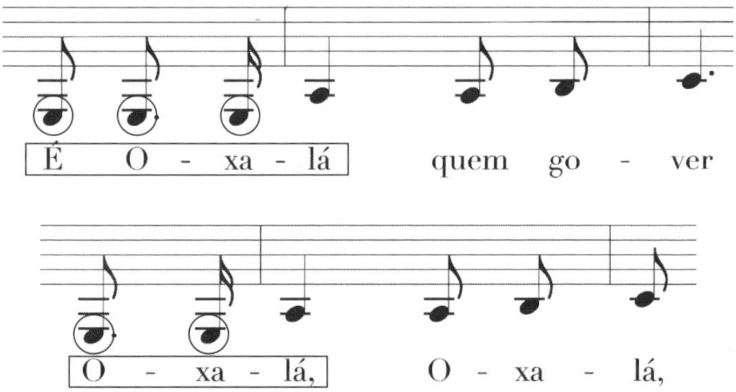

(d) destaco ainda uma última curiosidade melódico-simbólica: no último verso, em sua parte final, a sílaba tônica de "*filhos*" repousa sobre a nota mi (dominante) e a sílaba tônica de "*trabalhar*" repousa sobre a nota lá (tônica), lembrando que, na escala de lá menor, o mi *se resolve* no lá, o que significa dizer que o mi *anseia* pelo lá, ou que a melodia, instabilizada pelo mi, só volta a encontrar repouso quando chega no lá. Portanto, o ponto, nessa parte parece dizer, embora de forma muito discreta e cifrada, que a resolução das instabilidades do adepto, decorrentes de sua visão profana de mundo, depende imprescindivelmente de *trabalho*, já que este ponto, como demonstrei acima, está situado justamente no domínio da via do trabalho ativo e do humor devocional de serviço e sujeição ao Orixá. Ao menos na melodia do ponto, o termo "*filhos*" é vocacionado e maximamente inclinado "*trabalhar*":

[28]

Preto Velho de Angola caminhou tantos anos
Pra firmar Sua Gira com Mikael
Olha como trabalhou Velho Guiné!

Uma constante neste modo de relação com o Divino é a necessidade de trabalho, destinado que é, a um só tempo, a diminuir em algum grau a distância entre o humano e o Divino e a viabilizar algum nível de relação entre ambos. Aqui, como já dito, a forma que o adepto encontra de relacionar-se com o Divino é, à falta de outras mais íntimas, servindo-O.

E, de fato, não poderia ser diferente: alargar e refinar o contato com as realidades divinas não é algo trivial, que se faça, como dizia meu Avô de Santé, por "dá cá aquela palha". Disso se segue que este intento requer esforços significativos e em vários domínios da pessoa: esforços mentais, esforços volitivos, esforços físicos até.

Evidentemente, isso não significa que a Providência e a Gratuidade Divinas sejam inoperantes na equação de viabilizar e aprimorar a relação humano-Divino, como se tudo dependesse dos esforços humanos ou como se estes fossem suficientes. Não se trata disso. Porém, como em grande medida o que se tem de aprimorar não é tanto a relação entre *a pessoa e os Orixás* – pois essa ligação já existe e, em certo nível, já é perfeita –, mas entre *a consciência da pessoa acerca dessa mesma relação*, segue-se a necessidade imperiosa de trabalho, aqui entendido como necessário sobretudo à remoção de obstáculos mentais e volitivo-emocionais que obnubilam a consciência a respeito da relação profunda e íntima que existe entre o humano e o Divino.

E como na Umbanda os Ancestrais Ilustres são os modelos exemplares da vida espiritual, neste ponto cantado aquele que teve de muito trabalhar para reduzir as descontinuidades dualistas com o Divino foi o próprio Preto Velho. Diz o ponto, já no primeiro verso, que Ele teve de caminhar "*muitos anos*" para que pudesse, enfim, firmar sua Gira com Mikael (Arcanjo sincretizado com Xangô); além disso, o último verso é uma sentença exclamativa, com ênfase no "*como*": "*Olha como trabalhou Velho Guiné!*".

Aliás, o último verso reforça o aspecto de exemplaridade dos Ancestrais Ilustres: o verbo "*Olha*" indica a necessidade de atentarmos para o quanto as próprias Entidades trabalharam e trabalham para ter a excelente condição espiritual que têm. Assim como em outras tradições espirituais, existem práticas de imitação de seus respectivos modelos exemplares (como a *imitatio christi*, no Cristianismo), a Umbanda também as tem: seus adeptos são constantemente instados a imitar e internalizar as virtudes e atributos dos Ancestrais Ilustres (como o Amor e a Pureza das Crianças, o Poder e a Simplicidade dos Caboclos, a Sabedoria e a Humildade dos Pretos Velhos). Foi nesse mesmo contexto que aprendi, de meu Mestre, o seguinte critério para avaliar e deliberar sobre minhas ações: "*Nessa situação, o que o Caboclo faria?*".

Naturalmente, esse ônus de similitude ou de assimilação (poder-se-ia usar o neologismo "assemelhação" para tornar ainda mais claro aquilo de que se trata aqui) com os Ancestrais Ilustres e Orixás já denota a grande quantidade de trabalho que todos temos por fazer em nossas vidas espirituais, considerando a quantidade de nocivos hábitos de pensamento, de vontade e de ação que tanto comprometem nossa ligação com o Divino e que tanto nos distancia, verticalmente, dos Ancestrais Ilustres.

Do ponto de vista simbólico-musical, é interessante observar que:

(a) o ponto é cantado em modo maior e em andamento lento, o que indica que, apesar de o conteúdo da letra aludir à necessidade de trabalhos hercúleos, estes podem ser realizados de maneira serena e alegre, sem o peso inútil da culpa, da ansiedade e do mau humor, sobretudo quando falsamente se travestem de, respectivamente, consciência de si, determinação e seriedade. Como religião afro-brasileira que é, a Umbanda não propõe um caminho espiritual marcado pela tristeza ou pelo desespero;

(b) é muito significativo que a linha melódica, nos dois primeiros versos, seja constituída de quatro degraus assim sequenciados: *(i)* a primeira metade do primeiro verso ("*Preto Velho de Angola*") é o segundo degrau; *(ii)* a segunda metade dele ("*caminhou tantos anos*") é o primeiro degrau, pois a linha melódica recua para notas mais graves que as da primeira metade; *(iii)* a primeira metade do segundo verso ("*Pra firmar sua Gira*") é o terceiro degrau, e a melodia aqui atinge um clímax tensional, seja porque ascende a notas mais agudas e em *crescendo* (tensão de altura e de intensidade), seja porque harmonicamente as notas em questão pertencem ao acorde "dominante com sétima" (tensão harmônica); e *(iv)* a segunda metade do segundo verso ("*com Mikael*") é o quarto degrau, atingindo a nota mais aguda da linha melódica (o que denota um certo ar triunfal, vencedor) para logo retornar à tônica (nota principal de uma escala, em que há a noção auditiva de repouso e estabilidade);

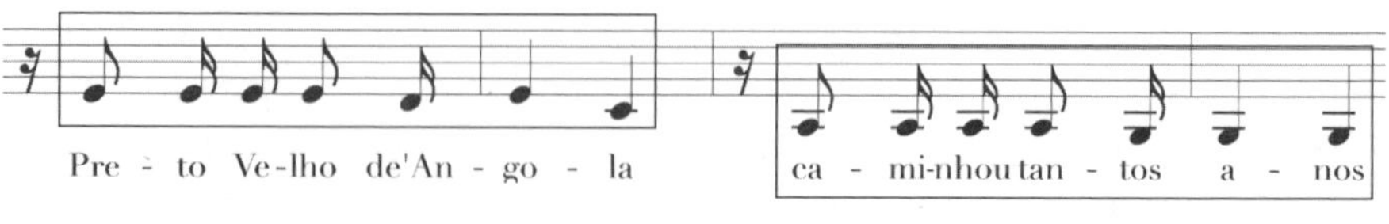

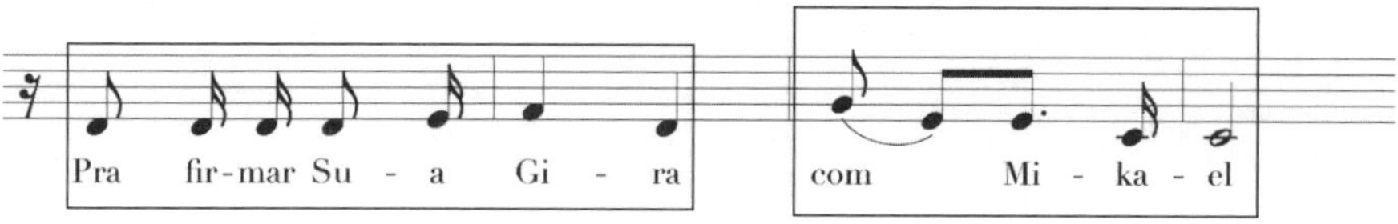

(**c**) aliás, o conteúdo do último parágrafo admite o seguinte desdobramento: das quatro metades referidas, a primeira e a última são harmonicamente estáveis (acorde maior da tônica) e as duas intermediárias, instáveis (acorde da dominante). Isso parece representar, no simbolismo musical, o fato de que toda saga encontra suas dificuldades laboriosas em seu meio (domínio em que se processam os enredos, tramas, com base em desequilíbrios dinâmicos, instabilidades e crises), ao passo em que o princípio e o fim são, não apenas pacíficos, estáveis e deleitosos, como uma só e a mesma coisa (*coincidentia oppositorum*). Em suma, eis aí, harmonicamente representada, a noção de que o fim da realização espiritual não é outro senão o retorno ao princípio, a restauração consciente da própria natureza original, o que significa que a jornada espiritual é um "retorno para casa";

(**d**) por fim, uma forma simbólico-melódica de representar e acentuar a conotação de *trabalho*, tão presente em pontos como o que estamos analisando aqui, é a *ascensão melódica muito íngreme*, tal como a empregada no último verso ("*Olha como trabalhou Ve*-[lho]"), em que a nota mais grave (sol3) e a mais aguda (mi4) perfazem um intervalo de sexta maior, distância bastante ampla em se tratando de canto. A própria imagem ilustra bem o caráter íngreme – e, portanto, difícil, custoso – dessa ascensão:

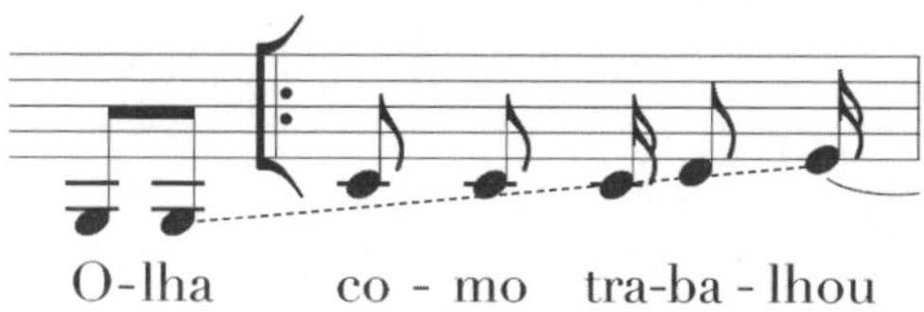

[29]

Vem de tão longe, da Aruanda, do Além-mar
Pai Preto, Teu filho chama, nessa Banda, no Seu Congá!
Valei-me, meu Pai, valei-me! Valei-me, pela cruz de Oxalá!
Pai Preto, Teu filho chama, nessa Banda, no Seu Congá!

Como temos visto, uma das notas mais características desse modo de contemplação do Divino é a noção teológica de que os Orixás são realidades transcendentes, longínquas, separadas. E é perfeitamente natural que, após o ateísmo (consciente ou prático), o primeiro modo relacional com o Divino seja pautado por noções fortemente dualistas – que, como tenho insistindo, têm o seu importante lugar na vida espiritual e, além disso, dependendo de como a pessoa representa a si mesma, são adequadas à realidade (já que, em relação ao ego empírico e aos estados inferiores da pessoa, os Orixás são mesmo muito superiores, transcendentes e assim por diante); somente tendo em vista outras referências a respeito de sua própria natureza, é que a pessoa passa a ter condições de recobrar a consciência de outras dimensões de si em relação às quais o Divino não é distante, apartado *etc.*.

É precisamente esse referencial de "materialidade", de "individualidade separada" e de "inferioridade espiritual" da autoidentidade pessoal que pontos como este, agora, levam em consideração, ao marcarem tão nitidamente, no conteúdo da letra e na melancolia melódica, a separação entre a pessoa, assim considerada, e o Divino. Em relação aos estratos mais periféricos ("mais materiais", por assim dizer) e aos estados espiritualmente menos desenvolvidos da pessoa, é perfeitamente válida – e espiritualmente útil – a afirmação feita já na abertura deste ponto, de que os Orixás e Ancestrais Ilustres vêm "*de tão longe*".

(a) Porém, não se deve ter uma visão negativa, pejorativa, da individualidade corpórea. Individualidade pressupõe *limitação*, é verdade: *(i)* para que eu seja de certo modo, preciso inibir as condições que com ele são incompatíveis; *(ii)* para que minha mente cumpra seus propósitos, ela tem de limitar o fluxo das informações que recebe; *(iii)* para que minha vontade seja funcional, ela não poderá se inclinar indistinta e simultaneamente a todos os bens; e *(iv)* meu corpo físico é dotado de propriedades que exigem que sua interação com o meio seja limitada.

(b) Portanto, o ego empírico e seus estados cambiantes são como *filtros convenientemente ajustados às suas respectivas necessidades*, desde as mais gerais, comuns a todos os homens, até as mais intransferivelmente pessoais. Ou, para usar outra imagem, ainda mais forte, são como que escudos que nos "defendem" da totalidade simultânea e infinita do real. Mas essa *filtragem limitativa* tem um lado bom: ela torna possível a manifestação individual, que tem sua dignidade ontológica, sua razão de ser na economia geral da existência e até os seus deleites próprios.

Esse senso inicial de distanciamento é importante por várias razões: (**a**) primeiro, porque o contraste qualitativo havido entre a Terra e o Céu, entre o mundo da vida comum e a Aruanda, entre o *Ayé* e o *Ọ̀run* é o motor inicial principal da vontade do adepto em inclinar-se a bens superiores, cuja falta nem sequer podia sentir em sua vida anterior, marcada pela vulgaridade profana; (**b**) segundo, porque instruções espirituais de não-dualidade (isto é, de identidade entre o Divino e o humano) não só não seriam benéficas já de início e para todas as pessoas, como poderiam ser fortemente nocivas, pela simples razão de que quase certamente seriam mal compreendidas e convenientemente deturpadas pela presunção, numa solidariedade sinistra entre a ignorância e a vaidade; muito provavelmente, essas instruções, assim mal assimiladas, acabariam por escamotear da pessoa a grande quantidade de coisas que ela tem a ajustar, purificar e desenvolver em si mesma; (**c**) terceiro, porque quase todas as pessoas dependem, sobretudo no início da vida espiritual, de *marcadores de rupturas* entre o profano e o sagrado, entre o material e o espiritual, entre o inferior e o superior *etc.*; e assim por diante.

Coerentemente com essa imagem de distanciamento e separação entre o Divino o humano (não absolutamente verdadeira, mas, além de verdadeira em certo nível, também pedagogicamente oportuna no início da vida espiritual), vários desses pontos cantados terão caráter de *rogo* ou *petição*, como ilustram as expressões "*Pai Preto, Teu filho chama*" e "*Valei-me, meu Pai, valei-me!*" que constam dos versos segundo, terceiro e quarto do ponto aqui interpretado. Isso faz todo o sentido: uma vez que as Divindades sejam consideradas distantes, inatingíveis, sumamente poderosas *etc.*, o adepto compreende um sentido de *dependência* – às vezes servil, às vezes filial – entre ele e o Divino.

Naturalmente, o Templo é um "espaço" e o Rito é um "tempo" em que essa distância abissal entre o Divino e certas dimensões e estados do humano diminui. Templo e Rito são, nesse contexto, fatores de reaproximação gradual entre ambos. Além disso, é muito comum e quase inevitável que, durante certo tempo, uma ligação efetiva, consciente e razoavelmente intensa do Divino só aconteça, a alguém, no interior dos Templos e durante os Ritos, de modo que sua relação com o Divino seja rigorosamente intermitente, por estar condicionada e delimitada ao espaço templário e ao tempo ritual.

Vários pontos ilustram essa intermitência e essa dependência, como os seguintes (sobretudo onde sublinhados), não à toa todos pontos "de subida":

Caboclo, pega a Sua Flecha

Seu Bodoque, o Galo já cantou

O Galo canta na Aruanda

Chegou a hora, Caboclo vai embora

O Galo canta na Aruanda

Filho de fé, não chora: Caboclo volta outra hora!

Adeus, com Maleime, Adeus

A Sua Mata Lhe chama, Ele já vai oló (Ele já vai oló)

Macaya com Cayana, ai! como ficam só! (ai! Como ficam só!)

Mandei selar meu cavalo

Que é para Ogun viajar

Ogun vai pra Cidade de Angola, Angolá

Ele vai, mas torna a voltar!

O Céu está coberto de Estrelas

O Mar está coberto de Rosas

Filho de Umbanda, por que é que chora?!

São os Pretos Velhos, que já vão embora!

Do ponto de vista simbólico-musical, o ponto admite os seguintes apontamentos:

> **(a)** o fato de ser entoado em modo menor e em andamento lento é muito condizente com a noção de separação e distanciamento entre o adepto e o Divino – no ponto representado pelo Ancestral Ilustre;
>
> **(b)** o trecho "*da Aruanda*" atinge a nota mais aguda do primeiro verso, o que constitui símbolo melódico de uma "altura distante", isto é, da distância muito grande entre a Aruanda e o plano terrestre. Essa "altura distante" é ainda mais explicitamente enfatizada no ponto "*Sua Mata é tão alta / Ninguém consegue ir lá*

/ Sua Mata é n'Aruanda / Caboclo vem de lá pra cá", ponto em que esta altura é tida inclusive por *inalcançável*. Porém, a Aruanda só é inalcançável desde um ponto de vista prático, atual e de curto prazo, não se tratando aqui de uma altura *invencivelmente* inalcançável. Prova disso é o fato de *haver trânsito* entre a Aruanda e o Mundo, tanto que o "*Caboclo vem de lá pra cá*" (trecho de linha melódica coerentemente descendente), sendo óbvio que, se o trajeto descendente é possível, o ascendente também o é necessariamente, por difícil ou improvável que seja ou pareça ser;

(c) no segundo verso, o já referido tom de rogo ou petição aparece explicitamente na letra, mas não só na letra: melodicamente, o trecho "*Teu filho chama*" é o mais "tenso" e "aflito" do verso, por atingir notas mais agudas, o mesmo ocorrendo com o trecho "*Valei-me, meu Pai, valei-me!*" do terceiro verso, tensão que se confirma na letra, graças à repetição clamorosa de "*valei-me*", repetição que, por ser tripla, dá a entender que o pedido do filho de fé é de que o Preto Velho fortaleça e ilumine as três instâncias fundamentais de seu ego-personalidade (Organismo Mental, Organismo Astral e Organismo Físico);

(d) o aspecto de transcendência tão próprio desse modo ou nível de contemplação do Divino está presente, musicalmente, no ponto inteiro, tanto por sua constante e soturna atmosfera de mistério, quanto pelo tom solene e cerimonial com que o adepto se dirige ao Preto Velho;

(e) destaco, para finalizar, uma última curiosidade harmônico-melódica: no terceiro verso, em que o sujeito lírico canta alto e bom som o seu pedido clamoroso ("*Valei-me, meu Pai, valei-me! Valei-me...*"), os pronomes oblíquos átonos ("*-me*") sempre recaem ou na nota mi (grau V, dominante), ou na nota sol sustenido (grau VII, sensível). A relevância sugestiva disso, do ponto de vista simbólico, reside no fato de que essas duas notas são, de todas as notas da escala de lá menor, as mais instáveis e dependentes da tônica (lá). Então, como o pronome "*-me*" faz referência ao adepto, é como se o ponto fizesse alusão à sua tripla dependência em relação ao Divino: dependência mental, dependência astral e, inclusive, dependência física. Veja-se a imagem abaixo:

[30]

Quem que vem de lá tão longe?!
São os Anjinhos de Pai Oxalá!
Oh! dai-nos forças, pelo Amor de Deus, meu Pai!
Oh! dai-nos forças aos trabalhos meus!!

Este é mais um ponto cantado que contém, em sua letra, referências expressas e simbólicas aos aspectos *(i)* de *transcendência* do Divino, *(ii)* de *petição* ou *rogo* e *(iii)* de *serviço ao Orixá*, marcadamente presentes que são neste segundo modo ou nível de contemplação e relação com o Divino.

O primeiro aspecto – o da transcendência – está claramente representado pelo símbolo da distância espacial ("*lá*" e "*longe*") e, aliás, enfatizado pelo advérbio de intensidade ("*tão* [longe]"). Não deixa de ser interessante, ainda, o fato de que este símbolo está alocado em um verso que encerra uma sentença ao mesmo tempo interrogativa e exclamativa: *(i)* o fato de se tratar de uma pergunta indica a falta de familiaridade e de proximidade com as realidades divinas; e *(ii)* o teor exclamativo do advérbio "*tão*" e do segundo verso por inteiro ("*São os Anjinhos de Pai Oxalá!*") contém uma formidável ambiguidade emocional: de um lado, ele acirra a distância entre o Mundo e a Aruanda (distância percebida como tal por este ponto de vista específico e relativo, como tenho insistido); e, de outro lado, ele aponta para um profundo maravilhamento do adepto em decorrência do fato de que, afinal, apesar daquela imensa distância separativa, o Divino "*vem*" ao Mundo.

Ou seja: mesmo nesse modo ou nível de vivência espiritual, o Divino e o humano/terreno não consistem em domínios de realidade absolutamente separados, num dualismo rígido e irredutível. Ao contrário, insinua-se, já aqui, uma certa e ainda precária noção de que estes dois domínios são apenas relativamente separados, ainda que muito distantes entre si e ainda que a comunicação e o trânsito entre ambos não sejam tarefas triviais ou corriqueiras. Em outras palavras, já se anuncia, aqui, uma certa unidade – isto é, de um tipo específico e em graus variáveis – entre o Divino e o humano: *(i)* quanto ao *tipo*, esta unidade é ainda imperfeita, instável, porque intermitente, tratando-se, como se vê, de uma unidade *relacional*, *transitiva*, entre duas coisas relativamente – mas fortemente – distintas e autônomas; e *(ii)* quanto ao *grau* ou *quantidade*, esta unidade relacional, dinâmica, pode se dar em *frequências* diferentes (no que concerne ao aspecto horizontal da sucessão no tempo) e em *intensidades* diferentes (no que diz respeito ao aspecto vertical da profundidade da relação estabelecida a cada vez).

Já o segundo aspecto – o do caráter de petição do adepto em face do Divino – está presente nos dois últimos versos, que veiculam expressamente um pedido de forças. Aliás, neste ponto, o pedido é feito com tanto ardor, que vem formulado com o apelo ao Amor Divino ("*pelo Amor de*

Deus!"). Essa circunstância, a propósito, aponta para o fato de que o adepto já reconhece a verdade – ensinada por diversas tradições espirituais – de que o impulso para a realização espiritual depende, dentre outros fatores, mas imprescindivelmente, da Providência Divina – e não apenas da vontade humana, ainda que resoluta, ou dos seus próprios esforços, mesmo que intensos em módulo e exercidos em boa direção. Este segundo aspecto – petitório – está diretamente relacionado ao já comentado *senso de dependência* do adepto em relação às realidades divinas, senso que, aliás, nunca se deve perder de vista em uma vida espiritual sadia e regular, sob pena de se recair num verdadeiro – e espiritualmente muito nocivo – prometeísmo iniciático presunçoso, totalmente incompatível com os meios e os fins de qualquer realização espiritual digna do nome.

Enfim, o terceiro aspecto – o de serviço e trabalho – está expresso no final do ponto, quando o sujeito lírico justifica o seu pedido de forças, explicitando a finalidade em função da qual elas serão utilizadas: os "*trabalhos meus*". Naturalmente, esta expressão pode ser entendida em dois níveis distintos: *(i)* num primeiro, mais superficial e emergencial, os "trabalhos" em questão são as giras de atendimento público, nas quais as forças espirituais são empregadas – e isso é justo e lícito – para as finalidades da vida ordinária (saúde, finanças, questões afetivas *etc.*); mas *(ii)* num segundo nível, mais profundo e propriamente espiritual, os tais "trabalhos" dizem respeito aos processos iniciático-espirituais propriamente ditos, isto é, quando o objeto do trabalho, o alvo do emprego daquelas forças invocadas e requeridas, é a própria pessoa, em sua interioridade. Mais do que qualquer necessidade exterior, que muitas vezes podem ser resolvidas pelos próprios esforços da pessoa, este trabalho interior profundo depende, sobretudo no início da vida espiritual, do concurso providencial de forças divinas e de instruções espirituais transmitidas, de fora para dentro, pela tradição (o que diz respeito ao papel fundamental dos Orixás, dos Ancestrais Ilustres e do Mestre encarnado neste processo).

Do ponto de vista simbólico-musical, há que se atentar para o seguinte:

(a) o fato de vários trechos deste ponto serem cantados em *staccato* (ou seja, com as notas da melodia separadas umas das outras, e não em *legato*) alude simbolicamente a uma certa separação entre o Divino e o humano e, também, ao caráter intermitente, saltado, da relação que, neste nível, é possível haver entre ambos;

(b) apesar disso, o ponto é entoado em modo maior, o que lhe confere uma atmosfera alegre (como ocorre com a quase totalidade dos pontos cantados de Crianças); isso se explica, dentre outras coisas, especialmente pelo fato de o sujeito lírico estar vendo as Crianças chegando (“*São os Anjinhos de Pai Oxalá!*”), admirando-se do fato (o que justifica o uso da sentença exclamativa);

(c) o terceiro verso é o de maior tensão, já que *(i)* as notas mais agudas são entoadas nele (conforme as destaquei circularmente na imagem abaixo) e *(ii)* já que o verso se encerra na harmonia “dominante com sétima” (pelas notas que destaquei com um retângulo na imagem abaixo), harmonia que, dentre todas, é a que mais intensamente pede pela resolução na harmonia fundamental da tônica. Isso tudo é muito coerente com o conteúdo da letra deste terceiro verso, que, como visto, veicula um apelo particularmente intenso à Providência Divina;

(d) naturalmente, o quarto verso evidencia, a modo simbólico-musical, que o referido apelo ao Divino *foi atendido*, já que a tensão harmônica do verso anterior é, afinal, resolvida com sucesso, quando a linha melódica retorna à nota fundamental (ou tônica – primeiro grau da escala).

[31]

Maré encheu, maré vazou
Bem longe, bem longe eu avistei Yara!
Na minha Casinha, coberta de sapê
Minha Flecha, meu Bodoque e minha Cabaça de Mel
Eu vi, eu vi Yara, eu vi Yara, eu vi Yara!
Eu vi Yara, eu vi Yara, eu vi Yara, eu vi Yara!

O modo de contemplação e experiência do Divino pautado pelo senso de distanciamento transcendente, porém, não dá lugar apenas a emoções cerimoniosamente graves ou inclusive algo melancólicas. Aliás, a consciência da separação e da desproporção (ao menos aparentes) entre o Divino e o humano é justamente o que, nesse nível, reforça pelo contraste os sentimentos de alegria e júbilo que se impõem nos momentos em que, no rito, esse distanciamento diminui e essa separação é temporariamente desfeita.

É esse o caso deste ponto cantado (assim como, embora em menor medida, foi também o caso do ponto [30], comentado acima). Não apenas sua melodia é em modo maior, como seu andamento célere e seu ritmo sincopado lhe imprimem uma atmosfera de alegria esfuziante, arrebatadora! E o próprio sujeito lírico explica, ao final, no clímax do ponto, o motivo de tamanha e tão incontível alegria: ele está nesse estado porque *viu a Deusa*, mesmo que de "*longe, bem longe*".

Aliás, o encontro com o Divino, ainda que mantida a nota de distanciamento (representada melodicamente pelas notas muito agudas da melodia), é não só obviamente positivo, como parece ter sido até um tanto inesperado, surpreendente, se se levar em conta o teor intensamente exclamativo dos últimos versos e sobretudo a repetição quase descontrolada com que o sujeito lírico afirma a sua ocorrência: *(i)* nos versos quinto e sexto, o sujeito lírico afirma três vezes que avistou Yara, em três platôs melódicos descendentes, indicando que esta relação benfazeja com o Divino se espraiou nos três domínios de sua personalidade (mental, astral e físico); e *(ii)* no último verso, afirma-se o mesmo conteúdo (de se ter avistado Yara), mas agora não mais de forma ternária, e sim quaternária, como se a visão Dela ocorresse nas quatro direções (Leste, Sul, Oeste e Norte), parecendo indicar, também, que a reunião com o Divino se deu à luz do equilíbrio e da correta dinamização dos quatro elementos alquímicos (Ar, Fogo, Água e Terra).

O primeiro verso ("*Maré encheu, Maré vazou*") faz referência ao fato de que, antes de o sujeito lírico poder ter avistado o Divino, mesmo que de longe, muito tempo se passou em meio a dualidades instáveis das "marés" tanto exteriores, quanto interiores. O sentido é similar ao verso de outro ponto já comentado acima ("*Eu corri terra, eu corri mar*" - [22]).

Após as oscilações e os altos-e-baixos tão presentes em uma vida dessacralizada e desencantada, diz-se, no ponto, que se avistou Yara de "*bem longe, bem longe*". O contexto é o seguinte: estando o sujeito lírico no Templo (a "*Casinha*"), devidamente municiado de elementos tanto bélicos (magisticamente de *desagregação*: a "*Flecha*" e o "*Bodoque*"), quanto dóceis (magisticamente de *agregação*: a "*Cabaça de Mel*"), seja de morte, seja de vida, quer de atividade, quer de passividade, foi então – e só então – possível ver a Deusa Yara.

Aqui está muito bem representada a ideia já comentada acima de que, nesse estágio da vida espiritual, a relação com o Divino se dá de forma intermitente, ora sim (na vida templária), ora não (na vida ordinária). Ou pelo menos é assim que a pessoa percebe ou concebe a sua relação com o Divino. Seja como for, é no Terreiro – e não fora dele – que a pessoa consegue ter *acesso consciente*, ainda que parcial e distante, ao Divino: fora dele, toda relação é inconsciente ou subconsciente, não podendo, por isso, ser por ela conscientemente aproveitada. Ou seja: não fossem *o Templo* ("*Casinha*") os *suportes materiais e simbólicos da vida espiritual* que ele disponibiliza (a "*Flecha*", o "*Bodoque*" e a "*Cabaça de Mel*"), seria impossível "ver Yara".

Isso significa que o acesso ao Divino, aqui, é *mediado*, *indireto*, o que não quer dizer, obviamente, que seja inexistente, fictício. Nesse nível ou modo de vida espiritual, os Orixás são vistos "de longe", ou seja, somente através de *fatores de intermediação*, sejam fatores *naturais* (elementos da Natureza – minerais, vegetais ou animais – que os expressam material e simbolicamente), sejam fatores *sobrenaturais* (Ancestrais Ilustres, que os representam nos domínios espiritual e psicoastral).

Considerando o caráter intermitente da relação com o Divino que há nessa fase da vida espiritual, pode-se compreender bem um dos motivos mais relevantes pelos quais as religiões disponibilizam fartamente aos seus adeptos a utilização de colares, pulseiras, anéis, braceletes, tornozeleiras e outros artefatos a serem utilizados no corpo do adepto durante o dia-a-dia: do ponto de vista subjetivo-psicológico (pois há neles também a dimensão objetiva, como é evidente), tais objetos consistem em recursos mnemônicos eficazes para que o contato com as realidades divinas alcançado no Templo seja *preservado* na memória mental e emocional da pessoa, blindando-a contra a tendência natural de que as atividades ordinárias da vida comum a distraiam, afastando a sua consciência do Divino. Estes objetos, portanto, são também meios destinados ao *prolongamento da eficácia ritual*, mediante a sua repetição atenuada através da memória.

[C]
Terceiro modo: "ser no Orixá"
A devoção filial

[32]

Papai Oxalá mandou
Seus filhos orar, orar!
Quem ora a Pai Oxalá
Demanda Ele vai derrubar.

Vimos acima que grande parte dos pontos entoados nos ritos umbandistas são pertinentes à concepção das Divindades como "Senhores" e "Senhoras", concepção esta que, por sua vez, é compatível com o humor devocional do *serviço diligente* (tão próprio às vias espirituais que enfatizam o *trabalho* como fio-condutor da realização espiritual). Ocorre que, ao lado destes, abundam também – senão até em maior número – os pontos cantados que expressam a concepção das Divindades como "Pais" e "Mães", de modo a veicularem o humor devocional próprio daquele que se vê como *filho* do Orixá (tão presente nas vias espirituais que enfatizam o *amor devocional* como veículo precípuo da realização espiritual).

Nota-se aí, claramente, um processo de *crescente proximidade* entre o humano e o Divino: se *(i)* o primeiro modo de relação ("*Ser sem o Orixá*") se pautava por um distanciamento abissal entre ambos, já que a pessoa concebia as Divindades como inexistentes; e se *(ii)* no segundo modo ("*Ser com o Orixá*"), havia uma proximidade relativa ainda marcada por certo distanciamento solene, verificada numa relação instável e intermitente, necessariamente mediada pelo Templo e pelo Rito, na medida em que a pessoa concebia as Divindades como realidades majestáticas e transcendentemente distantes, que, portanto, deveriam ser servidas, ou mesmo temidas; agora *(iii)* o terceiro modo ("*Ser no Orixá*") se define por uma dose bastante maior de proximidade, a ponto de a negação indiferente do primeiro modo e o temor servil do segundo se converterem, já, em amor filial, que faz com que a relação entre o humano e o Divino exorbite os limites espaço-temporais do Templo e do Rito, tudo graças ao fato de o devoto conceber, agora, as Divindades como "Pais" e "Mães" e de, portanto, conceber que o fundamento da relação com os Orixás está em si mesmo, em sua constituição profunda, em sua "genética espiritual", e não mais – ou não principalmente, ou ao menos não somente – em ritos exteriores.

Este primeiro ponto cantado, aliás, reúne simultaneamente características do segundo e do terceiro modos de relação com o Divino. Portanto, foi intencionalmente que o escolhi para figurar em primeiro lugar nesta seção, com o propósito de demonstrar que os quatro termos da classificação que sugiro neste livro não só não são incompatíveis entre si, como também não são sequer estanques ou separados de forma muito clara; ao contrário, eles admitem uma série de gradações contínuas e de combinações.

A presença de características de dois modos distintos de relação com o Divino, neste ponto, pode ser observada pelo seguinte: *(i)* de um lado, a presença do termo "*Papai*" faz clara referência à concepção filial mencionada acima, especialmente pelo uso do diminutivo afetuoso em questão; e *(ii)* de outro lado, porém, o ponto conserva notas da concepção majestática anterior, como indica o verbo "*mandou*". Note-se que, de fato, não há qualquer contradição ou incompatibilidade entre as duas concepções, pela razão singela de que os pais, mesmo que consistam em figuras mais doces e próximas que a de um chefe ou senhor, ainda são figuras de autoridade.

Seja como for, ainda que conservando notas próprias do modo relacional anterior (*autoridade*), este ponto acaba por enfatizar de modo predominante os aspectos próprios do terceiro modo (*paternidade*), dentre os quais destaco alguns, abaixo:

> **(a)** em primeiro lugar, o já citado "*Papai*" constitui um termo afetuoso que confere a todo o ponto uma atmosfera de doçura filial, inclusive por ter sido alocado já no início do ponto e especialmente por ser a forma como as crianças se referem a seus pais;
>
> **(b)** em segundo lugar, o aspecto de paternidade é reforçado no terceiro verso, com o termo "*Pai*", ainda que, agora, já não se trate mais daquela espécie de diminutivo infantil ("*Papai*"), e sim da forma mais neutra, sóbria e adulta de alguém se referir a seu pai, o que já demonstra que, mesmo no interior de um modo específico de relação com o Divino, há um gradiente com grande número de matizes e nuances;
>
> **(c)** em terceiro lugar, a ordem paterna, no caso, é a de que o filho *se relacione e se comunique com o Pai* (já que a "oração" é uma forma de comunicação relacional), com vistas ao suprimento de suas necessidades ("*Demanda Ele vai derrubar*"). É importante que me demore um pouco mais nisso: a ordem aqui já não diz respeito a um serviço a ser prestado *ao senhor* (como no modo anterior), e já nem se trata mais tanto de uma ordem propriamente, mas antes de um conselho ou mesmo de um pacto paterno-filial, pois *(i)* a ação mandada beneficiará principal e primeiramente *o próprio filho* e *(ii)* o pai se coloca à disposição para providenciar tudo quanto seja necessário *ao filho*, bastando para isso que haja comunicação e relacionamento eficaz entre ambos;
>
> **(d)** em quarto lugar, o verso "*Demanda Ele vai derrubar*" oferece um duplo sentido bastante interessante: *(i)* de um lado, o termo "*demanda*", no jargão de Terreiro, costuma ser entendido

prioritariamente no sentido de conflito, guerra, ataque; nesse sentido, Oxalá "derrubar a demanda" significa que Ele irá *proteger os Seus filhos* de ataques que estejam sofrendo ou venham a sofrer ("*demandas*", nesse sentido belicoso específico), o que reforça o aspecto de paternidade no sentido de que um pai é o *garantidor da segurança* de sua prole; *(ii)* de outro lado, porém, "*demanda*" pode ser entendido em sua valência semântica mais original, de "necessidade", "carência", "pedido", "busca". Já aqui, Oxalá "derrubar a demanda" significa que Ele irá *prover os Seus filhos* de tudo quanto seja necessário para que todas as suas necessidades estejam supridas, o que reforça o aspecto de paternidade no sentido de que um pai é o *garantidor do pleno desenvolvimento* de seus filhos. No nível mais profundo, a necessidade em questão é de índole espiritual, e não necessidades mais ou menos periféricas como as do corpo e do sentimento, por exemplo. Oxalá, nesse nível, é o grande Provedor de espiritualidade, representando aqui o aspecto da Providência Divina que torna possível a realização espiritual em sentido estrito.

Do ponto de vista simbólico-musical, chamo atenção para o seguinte:

(a) o ritmo percussivo pertinente a este ponto é o denominado Congo, fortemente sincopado e dado à dança, o que, aliado ao andamento célere do ponto, confere-lhe grande dinamismo, vigor e energia;

(b) além disso, a figura rítmica do Congo é tal que apenas a *primeira* e a *última* batidas recaem sobre os tempos do compasso (assinalados pelas circunferências na imagem abaixo), de modo que o ritmo reforça simbolicamente a imagem das necessidades insatisfeitas ou guerras vividas pelo adepto (instabilidade das batidas intermediárias, que não coincidem com os tempos do compasso) e a posterior diligência providencial de Oxalá, suprindo as necessidades e fazendo cessar as guerras pela vitória ou pela trégua pacífica (batidas inicial e final nos tempos do compasso); a batida final restauraria a plenitude inicial, na qual não havia necessidades insatisfeitas nem qualquer sorte de conflito. Mais uma vez é ilustrado o tema da coincidência ou identidade dos opostos, dessa vez de um ponto de vista rítmico-simbólico;

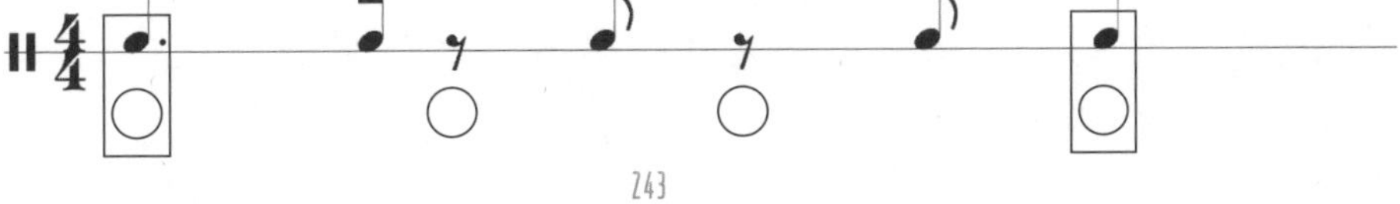

(c) em âmbito harmônico-melódico, a tonalidade do ponto é em modo maior e a melodia contém notas em registro agudo, exigindo do cantor grande potência vocal e entusiasmo cantor; o ponto é de uma alegria realmente esfuziante, o que já o torna mais adequado ao humor mais doce desse terceiro modo de relação com o Divino;

(d) aliás, compare-se este ponto de Oxalá com aquele que foi interpretado no modo anterior ([27]): *(i)* lá, o modo era menor, atraindo grande dose de melancolia ao ponto; aqui, o ponto é em modo maior, o que o torna aberto, claro, alegre; *(ii)* lá, Oxalá era o Senhor que governa o mundo e o máximo que Lhe pedíamos era que nos concedesse o privilégio de trabalhar; aqui, Oxalá é um Pai amoroso que prontamente atende Seus filhos em todas as suas necessidades, bastando que Lhe peçam; e *(iii)* lá, o andamento era lento, carregado; aqui, é lépido e ligeiro; e assim por diante.

[33]

Mãe D'Água é pura, Ela é Luz!
Mãe D'Água tem muito Amor!
Mãe D'Água gosta de ver
Filho de Umbanda feliz!!

Neste ponto, a concepção de que a relação entre o humano e o Divino é como que uma relação entre pais e filhos, com sua síntese de autoridade hierárquica e amor providencial, é bastante clara e explícita. Mesmo não sendo integrado pela forma infanto-diminutiva "*Mamãe*" – presente em diversos outros pontos –, o termo "*Mãe*" abre três dos quatro versos que constituem o ponto, sendo que o último verso principia por "*Filho*", que é seu correlato lógico-relacional.

Ou seja: todos os versos deste ponto têm, já no seu princípio, uma alusão à relação entre Mãe (Yemanjá, no caso) e filho (adepto), o que bem demonstra que a tônica *central* deste ponto é precisamente a concepção dos Orixás enquanto Pais e Mães que devem ser amados (e que amam reciprocamente mais e melhor), e não tanto enquanto Senhores e Senhoras que devam ser servidos, respeitados e, no limite deste humor devocional específico, inclusive temidos.

O ponto também faz referência, embora não tão direta, aos *três atributos espirituais magnos* que, nos Orixás, são predicados por excelência[57] e que, na Iniciação, constituem a meta e a finalidade tríplices: a Sabedoria, o Amor e o Poder Divinos, o *Tríplice Caminho* de nossa tradição[58]. Inclusive, a referência a esses três atributos é feita pelo ponto nesta ordem (respectivamente associados ao Organismo Mental, ao Organismo Astral e ao Organismo Físico): *(i)* no primeiro verso, a Sabedoria é dita como "*Luz*", seu símbolo prioritário; *(ii)* no segundo, o Amor é referido direta e literalmente; e *(iii)* nos dois últimos, o Poder é referido de modo alusivo, tácito: a Mãe que gosta de ver Seus filhos felizes obviamente não se satisfaz em *simplesmente saber* o que os faz felizes, nem em *apenas querer* que sejam felizes; mais que isso, Ela faz absoluta questão de empreender concreta e eficazmente todos os esforços necessários para isso.

A propósito, "Felicidade", aqui, deve ser entendida não desde a perspectiva de um hedonismo vulgar e prosaico – ou pelo menos não apenas

---

57. Isso é denotado, ainda que de forma abrandada, pelo advérbio "*muito*", do segundo verso: embora os homens tenham Sabedoria, Amor e Poder em alguma medida, os Orixás têm-nos em excelência. Aliás, o referido advérbio ("*muito*") é claramente um eufemismo, dizendo menos do que se poderia dizer a respeito, talvez com o intuito de que o contraste imenso entre o Divino e o humano não seja agressivo demais às pessoas e, assim, não acabe por servir de desestímulo à vida espiritual e à Iniciação.

58. É notável o adjetivo da expressão "Tríplice Caminho", utilizada e alcunhada por Pai Rivas: não se trata propriamente de três Caminhos, mas de *um só*, tríplice. Trata-se não de três Caminhos *alternativos* (nem muito menos *excludentes*, por óbvio), mas de três aspectos ou dimensões de um mesmo Caminho. Assim, as vias da ação (ou do Poder), da devoção (ou do Amor) e do conhecimento (ou da Sabedoria) estão todas contempladas, de modo unitivo e integrado, na Iniciação proposta por nossa tradição.

nem principalmente assim; ela deve ser compreendida também na dimensão mais profunda e densa da Felicidade espiritual, como sendo a Beatitude e o Deleite que constituem inevitável e essencialmente a própria Consciência espiritual[59].

Não deixa, portanto, de ser muito inteligente que o ponto tenha sido *finalizado* com o termo "*feliz*": se a realização espiritual última é marcada por bem-aventurança indizível e se a *Eudaimonia* (mal ou bem traduzida por "felicidade") constitui o vértice soberano dos valores para Aristóteles, sendo o único fim que não é também meio a concorrer para fins mais derradeiros, então a posição *final* do termo que alude à Felicidade muito lhe convém. De fato, isso indica que a Sabedoria, o Amor e o Poder são três aspectos ou dimensões da Felicidade e que, portanto, não há Felicidade sem Sabedoria, Amor e Poder – ainda que possam existir, evidentemente, mesmo em meio à Ignorância, ao Ódio e à Impotência, manifestações secundárias e parciais da Felicidade, como o prazer, o bem-estar, a alegria *etc.*.

Há, então, um sentido na *ordem estrutural* do ponto: *(i)* nos três primeiros versos, faz-se referência à Sabedoria, ao Amor e ao Poder, destacando-se o caráter divino desses atributos (já que, no ponto, predicam o Orixá – Yemanjá, no caso); e *(ii)* depois, faz-se referência à Felicidade, como corolário daqueles três atributos espirituais, ao passo em que se diz que Yemanjá quer que *Seus filhos* (e não apenas Ela e os demais Orixás) possam dela fruir e gozar – e mais: que a Sabedoria, o Amor e o Poder Divinos *estão a serviço* da Felicidade dos homens, o que constitui, inclusive, uma verdadeira inversão dos polos de quem servia e de quem era servido no modo de relação anterior (em que o adepto servia e o Orixá era servido). O que se diz no ponto, portanto, considerada a ordem topológica da exposição de seus termos, é que devemos buscar Sabedoria, Amor e Poder para acessarmos o Deleite Divino, devidamente auxiliados pela Providência Divina, na qual aqueles atributos encontram sua mais perfeita expressão.

Outro fator a ser destacado é o seguinte: o aspecto simbolicamente *descendente* da ordem em que os atributos divinos são referidos (Sabedoria, depois Amor e por fim Poder) e o fato de se falar *primeiro* no Orixá e *depois* no adepto indicam simbolicamente um fluxo vetorizado de cima para baixo, do Divino para o humano, o que evidencia o aspecto de Graça e de Providência Divinas que o ponto enfatiza. Trata-se,

59. Rememore-se, aqui, a *não-diferença* que a sabedoria indiana ensina haver entre *Sat* (Ser), *Chit* (Consciência) e *Ananda* (Beatitude).

assim, de um cântico que faz referência ao Amor providencial do superior pelo inferior, simetricamente recíproco que é ao Amor devocional do inferior pelo superior. É, aliás, este Amor recíproco entre o Divino e o humano que torna possível a realização espiritual.

Retomando o tema da Felicidade, devo dizer ainda que ele desempenha papel relevantíssimo dentro da cosmovisão afro-brasileira de um modo bastante geral, com irradiações claras na doutrina, na ética e mesmo na ritualística umbandistas. Segundo nossas concepções, o mundo e a vida são essencialmente benéficos – sem prejuízo, é claro, de serem integrados também por sofrimentos vários, não se tratando, claro, de uma visão de mundo ingênua: *(i)* não entendemos que a vida encarnada seja um mal necessário a ser superado o mais rapidamente possível; *(ii)* também não concebemos a Felicidade e todo o amplo espectro de suas manifestações, como as alegrias, os prazeres *etc.* como coisas a serem evitadas, domesticadas, reprimidas ou sequer olhadas com medo ou desconfiança excessivos, embora equilíbrio e higidez sejam nortes indispensáveis, como não poderiam deixar de ser; e *(iii)* igualmente, para nós, a razão de ser da vida no mundo não é – nem apenas e nem sequer principalmente – a experimentação de vivências dolorosas destinada a um suposto resgate de pecados pretéritos ou àquilo que se entende por "evolução": não subscrevemos nem a doutrina do pecado original, nem a de que fomos criados "simples e ignorantes", como que partindo "do zero" em uma escada evolutiva cujos degraus são galgados necessariamente através da dor.

A esse respeito, a influência africana na constituição da Umbanda é decisiva – e, aliás, muito bem-vinda e até indispensável, embora muitos, por razões diversas, tenham querido suprimi-la ao máximo possível, quase sempre relegando-a ao miserável e nominal domínio das nomenclaturas dos Orixás e outros jargões[60]. Segundo a Tradição Yorubá, a Felicidade e suas várias expressões podem e devem ser buscadas *aqui e agora*, não havendo qualquer motivo justo ou pelo menos conhecido para que, considerando-as gratuitamente incompatíveis com a vida no

60. Aliás, levantando em conta o motivo fundamental deste livro, é curioso observar que até mesmo a musicalidade africana é pujantemente alegre e festiva, tanto em sentido melódico, quanto em sentido rítmico. Isso a diferencia, por exemplo, das musicalidades mais introspectivo-meditativas e das musicalidades mais graves e melancólicas, embora todas elas estejam presentes e reunidas na ritualística umbandista, numa riqueza simbólico-musical incomum e que é imprescindível para que possa refletir a contento, no âmbito estético e ritual, a complexidade da vida espiritual. Assim, pontos mais alegres e festivos geralmente estão situados neste terceiro modo de relação com o Divino, ao passo que pontos mais tristes estão, em geral, situados nos dois primeiros.

mundo, renunciássemos a elas na vida encarnada e adiássemos indefinidamente a sua fruição para um *lá depois*, absolutamente incerto. A *vida feliz* – individual e socialmente, falando – é um dos nortes balizadores da ética africana, cujo mote é, em terras yorubá, o denominado *Ìwà Pẹ̀lẹ́*, o "bom caráter". A propósito, a concepção yorubana que articula *Ìwà Pẹ̀lẹ́* (Bom Caráter) e *Ayọ̀* (Felicidade) é bastante similar à concepção grega segundo a qual a *Eudaimonia* (Felicidade) é o corolário de *Areté* (Virtude). Inclusive, em ambos os casos, a concepção de bem agir não se limita ao aspecto da *bondade* (embora esta seja fundamental), mas também ao de *adequação à própria natureza*, concepção segundo a qual, por exemplo, a ação de cortar é virtude das facas, mas não das colheres.

Muito condizente com a Vontade Divina expressa no ponto cantado, de que as pessoas sejam felizes, é a historieta de Ifá, segunda a qual *Ọ̀rúnmìlà* foi encarregado, diretamente por *Elédùmarè*, o Deus Supremo, da missão de trazer Felicidade a todos os seres humanos. Por essa razão, inclusive, é que *Ọ̀rúnmìlà* é denominado "*Ọ̀rúnmìlà Bàbá Ifá A Sọ̀rọ̀ Dayọ̀*", isto é, *aquele que transforma sofrimento em Felicidade*, conforme consta do *Odù Ìrẹ̀tẹ̀ Ìwòrì*[61]. Nesse mesmo *Odù*, diz-se que Ifá promove tal transformação *temperando a vida triste com sal*, símbolo da conservação da vida, da prosperidade, do progresso e da boa sorte.

Há ainda um aspecto relevante a ser destacado, a respeito da relação entre a Felicidade e o Poder Divino, tema fundamental deste ponto[62]. Trata-se do fato de que os termos "*Luz*" (do primeiro verso) e "*feliz*" (do último) apresentam notório *parentesco fonético*, parentesco que, mesmo sendo menos do que uma rima, é evidentemente muito mais do que nada, por consistir em algo como uma *aliteração distante* ou *deslocada*: ambos os termos terminam em "*-z*" e esta consoante é antecedida, também nos dois casos, pela consoante "*-l*". Essa circunstância é muito significativa por principalmente duas razões:

61. Os "Odus" consistem, basicamente, nos signos do oráculo de Ifá que aludem, cada qual, a um conjunto específico de versos (*ẹsẹ*) que, por sua vez, veiculam histórias (*ìtàn*) contendo mitos e símbolos. São 16 os Odus principais (*ojú odù*), cada um deles contendo 16 Odus menores (*omó odù*), totalizando 256 Odus, o que forma um mosaico impressionante – e impressionantemente extenso – de ditos sapienciais.

62. Aliás, só pude perceber esse aspecto depois de muitos anos e, aliás, mesmo depois de já ter finalizado estas notas interpretativas, o que bem demonstra o nível extraordinário de fecundidade e sutileza da compactação simbólica promovida pelos Ancestrais Ilustres nos pontos cantados.

(a) primeira: o referido parentesco representa, em nível *poético--fonético*, o parentesco *ontológico* que existe entre os significados de cada um dos dois termos: a "*Luz*", enquanto símbolo máximo do Poder Divino; e a Felicidade, enquanto finalidade última à qual se inclina a Vontade Humana. Isso pode significar simultaneamente duas coisas: *(i)* que a Felicidade verdadeira só se alcança através da reaproximação com o Divino, consistindo, portanto, em um resultado final decorrente da sinergia entre os esforços humanos e a Graça Divina; e *(ii)* que a Felicidade é, em si mesma, um atributo (ou um poder) intrínseco à própria consciência espiritual, entendida aqui como essencialmente não diferente do Divino, num sentido similar, senão idêntico, ao que faz a espiritualidade indiana identificar o Supremo (*Brahman*), a Pura Consciência (*Atman*) e o Deleite *(Ananda*);

(b) segunda, já bem mais sutil: haja vista a coincidência recorrente das consoantes "*-l*" e "*-z*", a única diferença entre o termo "*Luz*" e a sílaba "*-liz*" residirá na vogal ("*-u*", no primeiro, e "*-i*", no segundo). E essa diferença vocálica é muito sugestiva, do ponto de vista simbólico: *(i)* de um lado, a vogal "*-u*", por seu caráter fechado, é muito pertinente para simbolizar o oculto, o sobrenatural, o esotérico; por essa mesma razão, por exemplo, a vogal "*-o*" fechada, está presente no termo yorubá "*Awo*" (lê-se "auô"), que se traduz por "segredo", "mistério" *etc.*; portanto, como o termo "*Luz*" está associado ao Divino, é muito apropriada a utilização da vogal fechada, pelo simbolismo semântico referido acima; e *(ii)* de outro lado, a associação simbólica entre a vogal "*-i*" e a Felicidade é magnífica, por uma questão fonético-facial: é que, ao pronunciá-la, é como se o falante estivesse sorrindo.

Passo finalmente à análise simbólico-musical do ponto cantado:

(a) as informações básicas e gerais sob esse aspecto são as seguintes: *(i)* o ponto é de uma *suavidade* sem par, o que constitui uma evidente tradução, em música, da *maternidade amorosa* enfatizada na letra; o ponto é quase como que uma "canção de ninar", de tão poderosamente afetuoso e delicado que é; *(ii)* naturalmente, o ponto é constituído em modo maior, haja vista que o modo menor, por seu caráter mais escuro e grave, seria absolutamente incompatível com o conteúdo da letra; a Felicidade, por assim dizer, *é* em modo maior; e *(iii)* em geral, este ponto não é acompanhado pela orquestra percussiva ritualística, tratando-se de ponto cantado em andamento lento e em *rubato* (isto é, sem rigor rítmico), pelo que se torna algo incompatível com o caráter fortemente regular das células dos ritmos sacro-percussivos;

(b) mas há neste ponto uma nuance simbólico-musical muito mais sutil e sofisticada do que as informações expostas no parágrafo anterior. Trata-se de uma peculiaridade – simbolicamente formidável – da linha melódica dos dois primeiros versos. Se utilizarmos a tonalidade de dó maior, a melodia em questão seria a seguinte: dó-ré-dó-*lá-dó-dó-mi*. Pois bem: embora a tonalidade seja em modo maior (já que o tema fundamental do ponto é a Felicidade), a segunda metade da linha melódica destacada (lá-dó-dó-mi) é constituída pelas três notas da *tríade de lá menor*, tonalidade menor relativa à de dó maior. Simbolicamente, isso pode significar que a Felicidade de que o ponto trata (do Espírito) é aquela que *não deixa de existir mesmo em meio aos inevitáveis sofrimentos do ego* (mentais, emocionais ou físicos);

(c) aliás, é bastante surpreendente que o ponto, mesmo nos trechos melódicos "menores" (que tenderiam a soar tristes, escuros, fechados *etc.*), jamais deixa de parecer feliz, luminoso, aberto, pacífico *etc.*. Eis a tradução melódica, em discreto e engenhoso símbolo musical, de duas verdades ensinadas no Terreiro: *(i)* primeira: as dores e as aflições ocasionais de nosso ego-personalidade não devem "roubar a cena" de nossa atenção e de nossa sensibilidade, em detrimento de nossa profunda e permanente Felicidade interior[63], que é o que deve imprimir o aspecto geral com que percebemos a vida; e *(ii)* segunda: não devemos achar que a Felicidade em questão (isto é, o Deleite fundamental e permanente da consciência espiritual – *Orí Inú*) dependa da erradicação de absolutamente todos os sofrimentos menores e corriqueiros da vida, pois ela não é o *resultado final* de um

63. Essa Felicidade permanentemente subjacente e sempre-disponível, porém, quase não é percebida pelas pessoas, considerado o nível de distraída exteriorização de suas consciências e de sua ilusória identificação com coisas exteriores (como a mente, o sentimento, o corpo, as identidades sociais *etc.*).

processo, nem um *produto construído* ao longo do tempo, nem tampouco o que *sobra* após a supressão de todas as dores: ela é, isso sim, a *base substancial mesma* de nosso ser espiritual, razão pela qual existe sempre e independentemente de qualquer circunstância exterior[64].

64. Parece que somente prezamos pela saúde quando ela nos falta, pois em geral não extraímos real satisfação do fato de estarmos saudáveis *enquanto o estamos*. O que nos apraz não é bem a saúde, mas a *convalescença*; não tanto o bem quanto a sua *restauração*; menos o prazer do que o *alívio*. Segundo o Brás Cubas machadiano, calçamos botas apertadas somente para termos o estranho privilégio de, após certo período de sofrimento calculado e estranhamente intencional, sentirmos o alívio de tirá-las.

Isso, embora pareça ser uma espécie paradoxal de "masoquismo hedonista", parece-me algo melhor: é a noção correta de que, sem perigos, riscos e dificuldades, a *equação entre aventura e êxito* – que é o que define e torna possível a graça em todos os jogos – seria planificada em uma acachapante monotonia. Sem eles, o bem, a saúde, a alegria, o prazer *etc.* não seriam conquistas decorrentes do mérito, nem bênçãos advindas da graça, o que tornaria impossível tanto o heroísmo quanto a gratidão; tais bens seriam, então, apenas um conjunto de normas ou características-padrão da vida, automáticas, neutras e inevitáveis como as leis naturais.

Apesar disso, é sim verossímil sustentar-se que *a Felicidade é a constante fundamental e mais radical da existência* – e eu, particularmente, penso que é exatamente assim, no plano da realidade última. Então, a vida, tal como a enxergamos na superfície de nossas biografias, enredos e circunstâncias, é dentre outras coisas um jogo, uma brincadeira mesmo, cujo fim é reafirmar de mil formas diferentes aquela Felicidade que constitui sua base mais profunda. E essa reafirmação se dá, também e no mínimo, mediante o contraste entre ela e a sua negação *temporária* (mesmo que duradoura ou recorrente) e um tanto *ilusória* (mesmo quando dolorosamente convincente).

Há, então, uma fonte inesgotável e sempre-disponível de uma serenidade profunda e indizível. Uma vez acessada, as operações da mente e do desejo são apaziguadas, não através de uma *destruição* que as faça cessar, nem de uma *opressão* que as reprima, mas sim de uma *integração* a tal ponto harmoniosa que lhes retire a condição de obstáculos tumultuários à satisfação plena que está na base mais profunda da consciência e que, portanto, independe de quaisquer circunstâncias exteriores ou superficiais, nas quais, aliás, este deleite secreto encontra não mais do que *pretextos* de consumação, sejam eles fáceis e diretos, sejam sinuosos e desafiadores.

[34]

Aqui nessa Aldeia

Tem um Caboclo e Ele é real

Ele não mora longe

Mora aqui mesmo nesse Cazuá!

Para abrir esta sessão – relativa ao modo *filial* de devoção teológica –, acabei por me valer de um ponto de Oxalá e um de Yemanjá ([32] e [33]), o que é simbolicamente pertinente aos aspectos de *paternidade* e de *maternidade* de que, respectivamente, estes Orixás são investidos, aliás de forma eminente no panteão umbandista. Curiosamente, porém, quando da redação deste livro, a seleção que fiz desses dois pontos não se deu *em função* desta pertinência simbólica, nem em termos de *intenção*, nem sequer em termos de *consciência*, quase como que se a lógica simbólica interna do livro estivesse se expressando por si mesma, um tanto à revelia de meus pensamentos, intenções e esforços criativos. Digo isso não só a título de curiosidade sobre os bastidores da redação deste livro, mas o faço sobretudo com a intenção de demonstrar que a dimensão simbólica das coisas tem sua valia – e seu poder – independentemente das intenções e das representações subjetivas conscientes das pessoas, embora, naturalmente, a consciência e a intenção reforcem a eficácia ritual dos símbolos.

Enfatizar isto é relevante, ainda que consista em, de certo modo, abrir um parêntese algo deslocado: o domínio do *simbólico* não se reduz ao do *alegórico* nem, muito menos, ao dos *signos convencionais ou arbitrários*. Um símbolo deve ser bem entendido em sua tríplice dimensão: *(i)* do ponto de vista *intelectual*, é uma matriz cognitiva complexa que aponta para algo que transcende a linguagem ordinária e que não poderia ser expresso de outro modo; *(ii)* do ponto de vista *afetivo*, é imantado de ressonâncias emocionais, densas de significação e bastante relevantes em contextos artísticos e religiosos; e *(iii)* do ponto de vista *magístico*, é uma forma de presença real do simbolizado, o que significa dizer que os símbolos possuem valor até mesmo ontológico, em certos casos e sob determinadas condições. Assim, quando dizemos que uma erva simboliza determinado Orixá – por suas propriedades específicas, como cor, formato, aroma *etc.* –, não queremos dizer apenas que ela *lembra o Orixá a modo metafórico e mimético*, mas, muito mais do que isso, que ela *O torna realmente presente* em determinado tempo e lugar, principalmente no Rito e no Templo, tempo e espaço privilegiados que são).

Assim, os símbolos desempenham importante papel no aprofundamento relacional (isto é, na aproximação real) entre o Divino e o humano, consistindo em autênticas forças que impulsionam o adepto ao longo dos diversos e sucessivos modos de relação com o Divino. Isso demonstra a crucial importância dos símbolos para a superação do modelo meramente objetivista e fenomênico em que a prática umbandista majoritária ainda se demora, centrada que está, na doutrina, em explicações pretensamente "científicas" (válidas ou não) e, no rito, em aspectos mais ou menos exteriores como a mediunidade e a magia (autênticos ou nem isso).

Inclusive, quase decidi deixar apenas aqueles dois pontos nesta seção, tamanho o fascínio que a pertinência simbólica e o seu aspecto involuntário e inconsciente, quase acidental, me causaram. Porém, lembrei-me logo em seguida deste formidável ponto de Caboclo, que demonstra de modo simbolicamente cabal a *redução de transcendentalismo separatista* nas sucessivas e cada vez mais profundas concepções que os adeptos vão tendo a respeito do Divino.

Se, antes, o Orixá era considerado como uma realidade *radicalmente distante* (como evidenciavam as expressões "*tão longe*", "*ninguém consegue ir lá*" e outras semelhantes, já comentadas nos pontos interpretados na seção anterior), agora o Orixá já será visto como uma realidade *mais próxima*, que está presente no Mundo (como em "*Oxóssi mora na raiz da Gameleira* / Oxóssi mora na raiz da Gameleira / Ogun mora *na Lua / Pai Xangô lá na Pedreira*"), ou ao menos no Templo, enquanto espaço privilegiado no Mundo (como no ponto agora interpretado)[65]. E se, antes, os pontos eram predominantemente melancólicos, de modo a enfatizar o divórcio e a distância entre o Divino e o humano em clave melódico-emocional, agora os pontos serão quase sempre felizes, uma vez recobrada a consciência da proximidade crescentemente verificada entre ambos.

O ponto aqui interpretado veicula a informação, a modo de notícia, como que surpreendendo – e frustrando – a eventual concepção transcendentalista de alguém, que o Caboclo (representante do Orixá e, portanto, do Divino) não é uma realidade distante, mas, ao contrário, uma realidade acessível e até próxima. Esse é o tema fundamental deste ponto.

Vários elementos do ponto são importantes sob esse aspecto: *(i)* primeiro: o adjetivo "*real*" dá conta de afastar a ideia de que o Divino é

65. Como tenho enfatizado, a presença do Orixá pode ser objeto de consciência em graus diferentes: **(a)** no grau "zero", o Orixá é considerado como sendo inalcançavelmente transcendente (ou inexistente, o que é quase a mesma coisa); **(b)** depois, o Orixá pode ser considerado como presente apenas nos Templos, dadas as características especiais destes últimos, enquanto espaços sagrados; **(c)** depois, ainda, o Orixá pode ser considerado como presente no Mundo como um todo (Natureza), e não apenas nos espaços demarcados de sacralidade templária; e **(d)** por fim, o Orixá pode ser considerado como tão intimamente presente, que constitui a própria natureza essencial do espírito.

um símbolo, um arquétipo, uma ideia, uma fantasia, pois todas essas coisas, a rigor, seriam o extremo da distância: a inexistência; mas, segundo o ponto, o Divino é *real*, *mesmo*, *de verdade*; *(ii)* segundo: além de real, o Divino é também *próximo*, não sendo uma realidade encastelada, inacessível ("*Ele não mora longe*"); e *(iii)* terceiro: o advérbio "*mesmo*" reforça o "*aqui*", advérbio-símbolo da imanência, presente duas vezes no ponto (no primeiro e no último versos); assim, a força da locução adverbial "*aqui mesmo*" é bastante notável e significativa para o contexto e a finalidade do ponto.

Como se vê, o ponto afirma o Divino como *realidade próxima*, o que afasta tanto a irrealidade, quanto o distanciamento separador. Aliás, a proximidade imanente do Divino é expressada pelo ponto duplamente, tanto pela negação da distância ("*Ele não mora longe*"), quanto pela reiterada afirmação da proximidade ("*Aqui nessa Aldeia*" e "*Mora aqui mesmo nesse Cazuá*").

Resta ainda abordar uma nuance relativa ao *grau de imanência* afirmada pelo ponto. Como disse acima, pode-se pensar em uma imanência difícil e pontual (reservada aos Templos e aos Ritos, isto é, a circunstâncias excepcionais) ou em uma imanência abrangente e até universalmente inevitável (espraiando-se por toda a Natureza). Qual das duas terá sido enfocada neste ponto?

> **(a)** A resposta mais imediata é a de que se trata de uma imanência do primeiro tipo, que depende de uma série de circunstâncias especiais que a tornem viável (Templo, Rito *etc.*); afinal, o ponto diz que o Caboclo mora no "*Cazuá*", termo kimbundu geralmente traduzido por "Templo" e largamente utilizado nesse sentido no jargão de Terreiro;
>
> **(b)** contudo, o termo em questão oferece uma ambiguidade semântica relevante para o que se discute aqui. Seu étimo pode aludir a Templos *apenas por extensão de significado*, pois, a rigor, o seu sentido é de "*casa, cabana, abrigo, habitação*"[66]. Assim, segundo o ponto, o Caboclo mora não tanto em um Templo a que visitamos

66. Isso é assim inclusive – e especialmente – porque a oposição entre sagrado e profano, aplicável ao espaço de modo a gerar a oposição entre templo e espaço prosaico, corresponde mais a uma noção ocidental do que a uma noção africana e antiga (a partir da qual o termo kimbundu foi semanticamente forjado). As noções de "religião", de "templo" e de "rito" já dependem de um certo distanciamento das realidades divinas, distanciamento que, porém, não é universal e não se verifica, com esse grau de distinção conceitual, entre povos antigos. Veja-se, a esse propósito, que os ritos védicos, por exemplo, não eram realizados em templos, pois não havia templos: eram realizados ao ar livre. Já a noção de "casa", em contraste, é bastante universal.

esporadicamente, mas *em nossa Casa*, termo mais suave e familiar do que "Templo", por ser destituído da forte carga de solenidade cerimoniosa de que este último termo se reveste quase sempre;

(c) a diferença semântica entre "Templo" e "Casa" torna a questão do grau de imanência ainda mais matizada, reforçando o que disse acima a respeito do sem-número de combinações e nuances fluidas entre as categorias da classificação que, para fins didáticos, sugiro neste livro. Então, entre o extremo do transcendentalismo radical (em que o Divino "está" apenas no domínio do Imanifesto) e o do imanentismo abrangente (em que o Divino "está" também em toda a Natureza Manifesta), já havíamos encontrado uma possibilidade intermediária: a da *transcendência mitigada* pelo Templo, espaço privilegiado em que, excepcionalmente, o Divino estaria também presente. Agora, já encontramos uma possibilidade ainda mais sutil e intermediária: a de o Templo – espaço privilegiado em que o Divino está presente – ser considerado com notas mais íntimas e menos cerimoniosas, como sendo uma Casa, a nossa Casa, isto é, de nossa Família – lembrando que o que é familiar é, por definição, aquilo que não é "estranho", "estrangeiro", "alienígena";

(d) então, o Templo – que era, antes, o espaço privativo do Orixá ao qual poderíamos adentrar por concessão misericordiosa para fins de trabalho redentor – é agora Casa, um espaço que, mesmo sendo ainda eminentemente do Orixá, é também em certo sentido nosso, pois somos já integrantes de uma Família espiritual, cujos laços tornam aquele espaço algo verdadeiramente familiar, no qual estamos plenamente integrados e ao qual estamos adaptados já bastante bem; nele, podemos *descansar* (isto é, restaurar as forças, recuperar o Axé), pois ali é que "nos sentimos em casa" e é apenas em nossos lares que realmente podemos ter repouso, graças à privacidade que, só ela, afasta de nós as preocupações com etiquetas, poses e todo comportamento que exige esforços ativos e performáticos;

(e) eis, então, o que este cântico introduz de novo e relevante: um ponto intermediário no *continuum* que há entre as categorias abstratas do Orixá como o Senhor de uma Propriedade na qual sou Servo (segundo modo) e do Orixá como sendo o Si Mesmo que define a minha própria essência e consciência espirituais (quarto modo). Entre ambos há o Orixá como Pai em uma Casa na qual sou Filho (terceiro modo);

(**f**) considerar o Templo como uma Casa, porém, não é "mais acertado" que considerá-lo como um Templo, no sentido pertinente ao segundo modo de relação com o Divino. Tudo depende – como espero ter deixado claro ao longo de todas estas linhas – do contexto e do momento particularmente considerados na vida espiritual de alguém. Ambas as concepções de Templo são importantes e inclusive imprescindíveis em uma vida espiritual regular e saudável.

Finalmente, faço as seguintes considerações, no âmbito simbólico-musical da interpretação:

(**a**) como já adiantei acima, o ponto é marcadamente alegre, tanto porque é constituído em tonalidade maior, quanto porque o ritmo percussivo que o acompanha é a Kabula – o mesmo que, saído dos Terreiros, deu origem ao "samba" –, ritmo fortemente sincopado e que nos impele irresistivelmente à dança;

(**b**) a tensão dialética entre transcendência distante e imanência próxima é claramente retratada nas seguintes peculiaridades da linha melódica: *(i)* a nota *mais aguda* – mais "alta" e "celeste" – é a que é entoada na sílaba central do termo "*Caboclo*"; e, de outro lado, inversamente, *(ii)* a nota *mais grave* – mais "baixa" e "terrestre" – é a que é entoada no termo "*longe*", enquanto adjetivo objeto de negação (ver as notas que destaquei nos retângulos da imagem abaixo). O simbolismo disso é formidável: o Divino realmente é transcendente, mas é também e simultaneamente imanente; no preciso instante em que o ponto nega que o Divino seja distante, a melodia atinge a sua nota mais grave de uma trajetória descendente, que ilustra o processo de imanentização do transcendente, de materialização do espírito *etc.*;

(c) aliás, essa tensão dialética é expressa não apenas na oposição entre a nota mais aguda e a mais grave ("*Caboclo*" e "*longe*"), mas também entre as respectivas *sequências melódicas*, a primeira sendo ascendente ("*Tem um Caboclo*") e a segunda, descendente ("*Ele não mora longe*"), conforme destaquei com linhas tracejadas na imagem acima. As duas sequências estão vinculadas entre si por uma claríssima inversão espelhada, uma fazendo referência ao Divino (espiritual, celeste *etc.*) e outra ao que é tido ilusoriamente como sendo o seu oposto (material, terrestre *etc.*);

(d) não bastasse isso, a referida tensão dialética é expressa não só nas notas extremas, nem só nas sequências melódicas invertidas em que estão inseridas, mas também através da oposição que existe entre a tônica (grau I de uma escala) e a dominante (grau V), sobretudo do ponto de vista harmônico. Explico-me: *(i)* a nota mais aguda ("*Caboclo*"), que alude ao Divino, não só é a mais aguda, como é a nota fundamental (grau I, ou "tônica"), nota de maior estabilidade e "autoridade" dentro de uma escala; e *(ii)* a nota mais grave ("*longe*"), que se refere ao que é aparentemente oposto ao Divino (matéria densa), não só é a mais grave, como é a nota de maior tensão e instabilidade harmônicas (grau V, ou "dominante"), nota cuja tríade (curiosamente constituída junto com os graus adjacentes à tônica, graus VII e II – no caso de dó maior, trata-se da tríade sol-si-ré, por exemplo) como que implora pelo retorno à tonalidade fundamental;

(e) por fim, o trecho "*Tem um Caboclo*", do segundo verso, é constituído pelas notas de grau V, VI, VII e I (se a tonalidade for, por exemplo, de dó maior, as notas em questão serão sol-lá-si-dó), em registro agudo; isso confere um caráter claramente alvissareiro, apoteótico, triunfal, ao trecho do ponto que, como visto, afirma a realidade do Divino; a mim, isso soa como significando que a recuperação da certeza na realidade do Orixá é um momento de júbilo e até de glória na vida de qualquer iniciando, após as fases de negação do Divino, seja a da negação peremptória, consistente na declaração sentenciosa de sua inexistência, seja a negação eufemística, mais branda, consistente na declaração de que o Divino não passa de uma alegoria fantástica ou de uma estrutura psíquica arquetípica ou outros redutivismos mais ou menos grosseiros como esses.

[D]
Quarto modo: "ser o Orixá"
A reidentificação com a natureza divina

[35]

Minha Falange cruza Guiné, minha Falange cruza Guiné
No Terreiro eu é Caboclo, na Aruanda eu é Payé
O meu nome é Caboclo Tupy, o meu nome é Caboclo Tupy
Vou trazer a minha Pemba pra firmar meu Ponto aqui
Quem me ordenou foi Papai Oxalá, quem me ordenou foi Papai Oxalá
Pra eu ver filho de Terreiro, pra eu ver filho de Congá

Como já disse antes, é no segundo e no terceiro modos de relação com o Divino (*devoção servil* e *devoção filial*) que se situa a quase totalidade dos pontos cantados nos ritos umbandistas. Por isso, é natural que o primeiro e o último modos (*ateísmo* e *identificação com o Divino*) quase não sejam contemplados na ritualística umbandista, mesmo nos Templos em que se tem notícia da existência deles (o que nem sempre é o caso, pois tais possibilidades relacionais, em geral, sequer são concebidas como tais).

Além disso, este último "nível" já não se pauta por ritos ou quaisquer expressões ou operações exteriores (pelo menos não depende deles), uma vez que, ao contrário dos modos anteriores, o seu *loco* próprio já não é o *complexo biopsicossomático do ego-personalidade*, em sua vasta rede de ações, sentimentos e pensamentos, mas a *consciência espiritual* em si mesma.

Por esses motivos, seria impossível que a presente seção fosse tão extensa quanto as anteriores, sendo inclusive bastante difícil identificar pontos cantados que lhe sejam estritamente pertinentes, pelo menos dentre aqueles que são mais conhecidos.

Seja como for, não é preciso deixar esta seção vazia, porém. É que, afinal, existem cânticos sagrados que guardam correspondência com esse modo de compreensão e vivência do Divino, ainda que excepcionais e mesmo quando se limitem a insinuá-lo de modo aproximativo e antecipatório.

Dentre eles, destaco duas modalidades fundamentais: *(i)* de um lado, os pontos cantados comuns, mesmo, constituídos de melodia e letra, mas nos quais o Divino é dito (ou melhor, diz-Se) *em primeira pessoa*; e *(ii)* de outro lado, a entoação de cânticos *a modo "mântrico"*, às vezes inclusive constituídos somente de vogais, ou seja, com "letras" não conceituais.

Nos próximos parágrafos, abordarei a primeira modalidade interpretando o ponto em referência. Antes de passar a isso, porém, devo tecer alguns comentários sobre a segunda modalidade:

> **(a)** como esse nível mais profundo de espiritualidade se pauta pela identificação com o Divino, é natural que diminuam, aliás drasticamente, a diversidade, a densidade, a exterioridade e mutabilidade dos estímulos rituais, que devem ceder lugar a estímulos que sejam, o mais possível, compatíveis com atributos como unidade, sutileza, interioridade, permanência *etc.*;

(b) essa circunstância exige certas alterações importantes na paisagem musical do rito, tais como: *(i)* a supressão da orquestra ritualística, cuja densidade de seu aspecto essencialmente percussivo seria pelo menos em alguma boa medida incompatível com o contexto e finalidade desse tipo específico de rito; *(ii)* a diminuição das letras dos cânticos e até mesmo da distância entre a nota mais grave e a mais aguda de suas melodias; *(iii)* a diminuição da intensidade do canto; e assim por diante;

(c) a supressão da orquestra ritualística se explica pelo seguinte: os tambores estão simbolicamente associados à Terra e os chocalhos, à Água. Essa circunstância imprime grande "densidade" à orquestra afro-brasileira, razão pela qual, embora evidentemente não constitua nada de negativo (não deveria ser necessário dizê-lo), acaba por não ser pertinente aos propósitos específicos *desse nível ou modo de experiência ritualístico-espiritual*. Por isso, manter apenas a voz humana (por sua vez associada simbolicamente ao Ar, o elemento mais sutil e, por isso, simbolicamente próximo ao Espírito puro) é medida que se justifica nesse tipo de rito, já que o ritmo e o timbre dos tambores impelem à dança e, portanto, chamam a atenção da consciência para o corpo físico e para a exterioridade social do rito. Esse deve ser o critério de avaliação para a falsa e fútil polêmica sobre ser possível ou não a utilização de atabaques em ritos umbandistas, sendo despropositado cogitar-se de proibição ou permissão absolutas e gratuitas, sem ressalvas nem justificativas convincentes, como em geral o "debate" é posto e "resolvido";

(d) assim, os cânticos serão entoados de modo similar aos "mantras" orientais, por exemplo, o que lhes imprimirá um caráter mais introspectivo e mais apaziguador da mente e de seu dinamismo intenso, quando excitada por grande diversidade de estímulos;

(e) quanto à existência de cânticos até mesmo destituídos de consoantes, isso se explica pelo seguinte: de um modo geral – e um tanto esquemático, é verdade –, as vogais consistem em sons produzidos sem qualquer tipo de obstrução do ar, quando este passa dos pulmões à cavidade oral e desta ao ambiente externo, ao passo que as consoantes se definem precisamente pelo oferecimento de *resistências específicas* à passagem do ar, gerando ruídos, que são ocasionados por diferentes estruturas do aparelho fonador (língua, dentes, palato, garganta *etc.*). Desse modo, as consoantes *modulam* as vogais, cada uma a seu modo particular, como que enfatizando estas últimas de formas diferentes. É por isso que, simbolicamente, ao menos em uma primeira aproximação, as vogais representam o Espírito[67], enquanto as consoantes estão associadas à Matéria. Portanto, nos cânticos vocálicos há uma forte redução da multiplicidade consonantal, o que lhes garante uma maior proximidade simbólica com a indiferenciação e a simplicidade do Espírito (em contraste com a multiplicidade e a complexidade da Matéria);

(f) naturalmente, esta associação simbólica – entre vogais e Espírito, de um lado, e consoantes e Matéria, de outro – pode ser aprofundada, donde se poderão extrair relevantes reflexões metafísicas, sobretudo o esfumaçamento – espiritualmente muito oportuno, em certa altura da vida espiritual – da dualidade Espírito *versus* Matéria[68]. Como visto, o fundamento da associação simbólica em questão era o de que as vogais seriam sons indiferenciados e em menor número do que as consoantes, multiplamente diferenciadas. Porém: *(i)* as vogais também são produzidas por conformações diferentes e específicas do aparelho fonador como um todo (altura da língua, sua posição, o grau de arredondamento dos lábios *etc.*), não havendo, portanto, a rigor, o caráter de absoluta indiferenciação anteriormente pretendido, nem uma diferença irredutível com as consoantes; e *(ii)* o arco vocálico, como todo arco contínuo, é constituído de possibilidades virtualmente infinitas, não sendo, a rigor, verdadeiro que as vogais sejam em menor número que as consoantes – embora, na linguagem ordinária, as vogais efetivamente utilizadas sejam, sim, em menor número que as consoantes empregadas, o que justifica de certo modo a associação simbólica agora aprofundada e matizada;

---

67. Aliás, esta associação simbólica só se reforça pelo fato de que, em diversas línguas, o Espírito é associado ao Ar, como provam, por exemplo, o "*ruah*" hebraico, o "*pneuma*" grego e o "*spiritus*" latino.

68. Como dualidades não podem ser absolutas, essas distinções conceituais metafísicas (como absoluto *versus* relativo, espírito *versus* matéria, dentre outras) têm sua justificativa apenas no fato de que servem como *auxiliares cognitivos provisórios*, verdadeiros *"empurrões" pedagógicos* (e não descrições precisas e exaustivas do real) que nos aproximam da realidade, que, por sua vez, porém, sempre as excede e, em certo nível ao menos, as desmente. Assim utilizadas – isto é, com parcimônia, de forma criteriosa, inicial e relativa –, elas nos auxiliam a estabelecer referenciais distintivos que desfazem o caráter confuso, indistinto e caótico de nossas primeiras impressões sobre a realidade. Porém, se utilizadas de modo abusivo, permanente e absoluto, elas passam a ser como o meio que, ilicitamente considerado como um fim em si mesmo, converte-se em obstáculo intransponível.

(g) no limite, portanto, a indiferenciação e a unidade absolutas, no âmbito sonoro, atingir-se-iam não pelas vogais, mas – apenas e tão somente – pelo Silêncio[69]. Ocorre, todavia, que o silêncio absoluto é impossível no Cosmo manifesto, consistindo em um limite metafísico não verificável, do qual, porém, podemos nos acercar de modo aproximativo, assintótico;

(h) seja como for, a utilização de cânticos a modo "mântrico" (por vezes apenas vocálicos) acaba por se justificar suficientemente para os fins visados neste tipo de ritual, considerando *(i)* a impossibilidade de silêncio absoluto, *(ii)* o número mais reduzido de vogais concretamente utilizadas na fala ordinária, *(iii)* a clara proximidade simbólica entre as vogais, o Ar e o Espírito, e *(iv)* o caráter mais brando, sereno e silencioso de cantos dessa natureza.

Passo, enfim, à interpretação do ponto cantado em epígrafe, começando pelo mais geral: trata-se de um ponto relativo ao Caboclo Tupy ("*O meu nome é Caboclo Tupy*"), Entidade de Oxalá ("*Quem ordenou foi Papai Oxalá*"), mas com intermediação (ou "enredo") com Obaluayê ("*Minha Falange cruza Guiné*").

E, para o que interessa especificamente à inserção deste ponto na presente seção, destaco os seguintes fatores, relevantíssimos:

(a) em primeiro lugar, chama a atenção a quantidade imensa de pronomes relativos à primeira pessoa gramatical ("*Minha*", "*Minha*", "*eu*", "*eu*", "*meu*", "*meu*", "*minha*", "*meu*", "*me*", "*me*", "*eu*", "*eu*"): são dois pronomes por verso, em todos os versos! A ênfase na primeira pessoa é, portanto, mais que evidente e não pode ter sido acidental; aliás, chegaria a ser excessiva, não fosse o propósito simbólico claro de situar a atenção do adepto precisamente nessa instância metafísico-gramatical da primeira pessoa, onde "está" a pura consciência espiritual;

69. A Música não antagoniza com o Silêncio, tanto que, sendo por ele entremeada, origina-se dele e nele se resolve. Ela não o destrói, nem quer: apenas lhe dá forma, somente o modula, na medida em que, como que brincando, limita-o para fazê-lo audível, assim como as formas geométricas delimitam o espaço infinito para torná-lo enfim visível. E a Música sempre o faz com grande reverência, cuidando para jamais suspender o Silêncio ou mesmo entrecortá-lo a não ser que com harmonia e beleza, ao contrário do Ruído. O mesmo vale para a relação entre a Natureza e o Espírito.

Porém, não é só a Música que serve o Silêncio; o Ruído também o faz, mesmo que sem saber nem querer: ao investir suas forças contra ele, não logra outro resultado senão o de ressaltar, acidentalmente e pelo contraste, o valor soberano do Silêncio. O Ruído é a forma mais truncada de servir o Silêncio, mas é ainda uma forma de servi-lo. Ama-o mal, desrespeita-o, agride-o até, mas não chega a odiá-lo de forma completa. O Ruído é, portanto, a cota mínima – insuficiente, mas poderosamente irredutível – de reverência ao Silêncio.

(**b**) em segundo lugar, como ocorre com todos os pontos em que o sujeito lírico da letra é um Orixá ou um Ancestral Ilustre, o *ato de cantá-lo* encerra a afortunada condição – que, em níveis mais superficiais de espiritualidade, soaria blasfema e ímpia – de o cantor dizer que é, ele mesmo, divino;

(**c**) em terceiro lugar, também chama a atenção o "erro gramatical" do trecho "*eu é*", igualmente presente nos pontos [7] e [8], como em tantos outros. Este "erro" não apenas é claramente escusado por supostamente consistir na fala realística de um "índio iletrado"[70], como é também – e principalmente – muito sugestivo e relevante do ponto de vista simbólico-metafísico: a "confusão" gramatical entre a primeira e a terceira pessoa ("confusão", aqui, no sentido de "erro" ou "desordem") traduz muito bem, em clave simbólica bastante sofisticada e sutil, a "confusão" metafísica entre o Divino e o humano ("confusão", aqui, já no sentido literal e não pejorativo de "união identificadora"). Ora, o que é um erro do ponto de vista gramatical não o é do ponto de vista metafísico mais profundo, domínio em que a não-dualidade tem lugar privilegiado e vigência soberana.

A realização espiritual da unidade é o tema fundamental, aqui. Então, quero dedicar algumas poucas linhas a desenvolver um pouco mais a noção da unidade enquanto realização espiritual:

(**a**) o Amor é uma das forças mais poderosas destinadas à restauração da unidade entre as coisas, na medida em que promove um aprofundamento gradativo e uma otimização progressiva das relações entre elas, até o nível último em que essa relação passa a ser percebida, graças ao concurso da Sabedoria, como identidade essencial;

(**b**) ambos, Amor e Sabedoria, desempenham, portanto, um papel verdadeiramente crucial nas vias espirituais e, embora a sua realização se dê gradualmente, em todas as fases há sempre um denominador comum: o de que ambos exercem sempre, sobre nós, um impulso para além de nosso ego individual, com a finalidade de que essa "ilha" a que chamamos "eu" e que entendemos como "nós mesmos" seja menos deserta e solitária;

70. Mas a construção "*Eu é*" não é totalmente ausente dos estratos eruditos: o poeta Arthur Rimbaud, por exemplo, ficou famoso por ter dito, em carta a Paul Demeny, "*Je est un autre*" ("*Eu é um outro*").

(c) inicialmente, nós nos conscientizamos da necessidade de recebermos a visita dos habitantes de outras ilhas. Essa fase inicial é ainda marcada por um caráter mais ou menos egocentrado, pois, nela, ainda esperamos que apenas os outros visitem nossa ilha;

(d) com o tempo, ganhamos gosto pela aventura e construímos "embarcações" através das quais nos desapegamos de nossa ilha (embora ainda timidamente, pois sempre acabamos retornando a ela). Nessa fase, não nos furtamos de desempenhar os esforços que nos competem para a realização unitiva do Amor, mas ainda nos sentimos "em casa" apenas quando regressamos à nossa ilha;

(e) derradeiramente, percebemos que, em verdade e profundidade, não há propriamente "ilhas desertas" e que não somos seres insulares, separados, pois há sempre uma porção de terra contínua – embora muito profunda, oculta por impressionante quantidade de água e de marés superficiais revoltas – que liga todas as "ilhas" de modo perfeitamente uno;

(f) no fim das contas, percebemos que as várias "ilhas" estão ligadas de duas formas: *(i)* superficial e acidentalmente, pelas próprias marés que, embora ligando-as, acabam por dar a impressão ilusória de que são separadas; e *(ii)* profunda e essencialmente, pela extensão contínua de terra que as liga por baixo.

Do ponto de vista musical, deve-se atentar para o seguinte:

(a) o ponto é constituído em tonalidade maior, mas seu acento emocional não está tanto na alegria dançante e festiva, quanto está na suavidade pacífica, o que muito condiz com a passagem da euforia devocional à paz da consciência espiritual que redescobre sua natureza própria;

(b) do ponto de vista harmônico, a melodia do ponto sugere apenas duas harmonias. Considerando a escala de dó maior, por exemplo, as harmonias compatíveis com a melodia seriam as seguintes: dó maior (tríade do grau I, tônica) e fá maior (tríade do grau IV, subdominante). Essa circunstância harmônico-melódica indica o seguinte: *(i)* em uma primeira aproximação, já se percebe a ausência – simbolicamente sugestiva e estatisticamente excepcional – de tensão entre o acorde da dominante (instável) e o acorde da tônica (estável), o que confere um caráter mais pacífico ao ponto, pois já não há a oposição dialética e tensional entre Espírito (tônica) e Matéria (dominante); mas *(ii)* aprofundando-se a reflexão sobre essa característica harmônica do ponto, percebe-se que o próprio acorde da tônica (dó maior, considerada a escala adotada para fins de exemplo) exerce a função de dominante em relação ao acorde da subdominante (fá maior, no exemplo); tecnicismos à parte, essa peculiaridade parece sugerir, simbolicamente, que já não há, mesmo, mais diferenças separativas entre Espírito e Matéria, entre Divino e Terreno e outras oposições similares, tanto que a nota dó, no ponto, é não apenas a tônica da escala considerada, como exerce, simultaneamente, a função de dominante em relação à nota fá;

(c) além disso, é curioso observar que o tema fundamental do ponto (a identidade última entre o Divino e o humano) é ainda reforçado de modo admirável – e discretíssimo – mediante a *inversão simbólica* entre "*Terreiro*" e "*Aruanda*", no âmbito simbólico-melódico. Em contextos simbólicos normais, seria esperado que o termo "*Aruanda*" fosse entoado em notas mais agudas que as do termo "*Terreiro*", já que aquela equivale ao "Céu" e este, ao "Mundo". Mas o que ocorre neste ponto é exatamente o contrário, no segundo verso: o termo "*Terreiro*" é cantado em notas mais agudas que aquelas nas quais se canta "*Aruanda*"! Isso parece mostrar que, do ponto de vista último, Céu, Templo, Mundo, Natureza *etc. não são ultimamente distintos* e que a disposição vertical em que o Céu está acima do Templo, do Mundo e da Natureza é apenas *uma perspectiva relativa dentre outras*, ainda que seja válida para determinados contextos espirituais (a maioria deles, inclusive) e que, nestes contextos, ela seja solidamente fundada e até psicologicamente recomendável. De todo modo, em nível último, não há "acima" nem "abaixo";

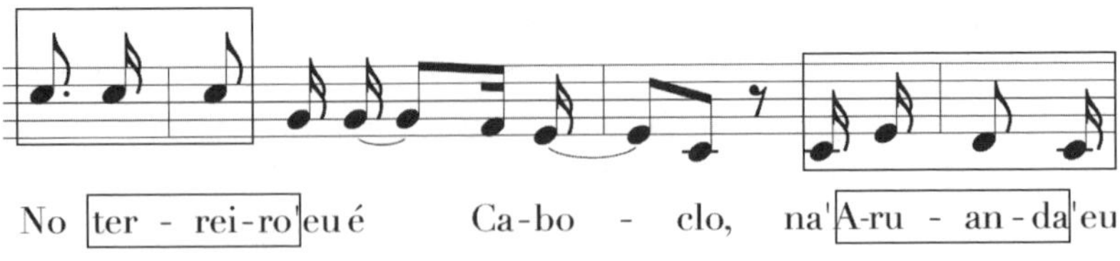

(d) por outro lado, a "*Pemba*" do Caboclo – elemento "celeste", "superior" – é cantada em notas mais agudas que o advérbio "*aqui*" – elemento "terrestre", "inferior", restaurando-se, assim, no simbolismo melódico, aquela disposição vertical mais intuitiva e mentalmente confortável, em que o elemento atinente ao Divino ("*Pemba*") está "acima" do domínio humano e terreno ("*aqui*"). Isso, porém, só *reforça ainda mais* a indistinção essencial da verdade metafísica última: no cômputo geral, o ponto afirma que o Divino está acima, mas também afirma que está abaixo, assim como, de outro lado, afirma que o humano e o terreno estão abaixo, mas também que estão acima, pelo que são, a rigor e ultimamente, não-duais, não-distintos.

atual – cognitivo, ético *etc.* – daquele que as vai ouvir, levando-se em conta apenas a questão da veracidade do conteúdo ministrado. Ora, há verdades que podem ser espiritualmente destrutivas se ditas no momento inadequado, ou da forma inadequada e assim por diante e, de outro lado, há meias-verdades que podem ser úteis e mesmo cruciais em certas etapas da vida espiritual[71].

Portanto, independentemente da questão relativa ao "nível último de verdade" – até porque este não pode ser objeto de discurso, ainda mais escrito –, fato é que a melhor resposta para a imensa maioria das pessoas, quanto ao dilema entre esforços humanos e Providência Divina, é a de que ambas as coisas são imprescindíveis à Iniciação.

Então, tanto os esforços humanos, quanto a Graça Divina devem concorrer, solidária e simultaneamente, no processo, o que eu já havia antecipado ao interpretar os versos "*Soprou na Cachoeira / Trovejou lá na Pedreira / Chamei minha Muganga de Guerra / Joguei Água na Terra*", em que os elementos mais densos (Terra e Água) têm seu verbo conjugado em primeira pessoa, por se referir à agência humana, enquanto os elementos mais sutis (Fogo e Ar) têm seus verbos conjugados em terceira pessoa, por se referirem à agência divina.

Ou seja: a melhor forma de resolver o dilema é rejeitando-o, não caindo nem no extremo da *presunção antropocêntrica* (segundo o qual apenas os esforços humanos bastam para a iluminação), nem no da *irresponsabilidade teocêntrica* (segundo o qual nada precisamos fazer). Esta solução é, então, uma mediania virtuosa, incompatível tanto com o *desdém soberbo e presunçoso* daquele que se entende autossuficiente, quanto com o *capricho indolente e irresponsável* daquele que se entende credor de tudo – da Natureza, da Sociedade e mesmo do Divino – como se tivesse "direito adquirido" à iluminação espiritual.

Em suma: é, sim, preciso entregar-se à Providência e à Graça Divina, mas é preciso fazê-lo *ativamente*; se, por um lado, é verdade que toda

71. Por essa razão é que, por exemplo, Buddha ensinava diferentemente dependendo de quem o ouvia, tanto em termos de conteúdo, quanto de forma. Daí é que é possível encontrar, nos *sutras* budistas, instruções aparentemente contraditórias, mas que na verdade dizem respeito a *níveis diferentes de verdade*. Assim, por exemplo, há instruções qualificadas como *saṃvṛti-satya* (verdade ordinária ou convencional), que se valem de conceitos como mente, substância, causa *etc.*, mas há outras, ditas como *paramārtha-satya* (verdade suprema), nas quais todas aquelas categorias do discurso anterior são problematizadas e mesmo negadas, através de concepções como vacuidade, cooriginação dependente, caminho do meio *etc.*. É como se, no primeiro caso, Buddha fosse como o adulto que, para ensinar algo a uma criança, ora se vale de imagens fantasiosas presentes no imaginário infantil, ora empreende esforços para demonstrar o caráter irreal delas.

realização espiritual exige uma postura de receptividade por parte do iniciando (pois, afinal, ele precisa estar aberto às influências espirituais, doutrinais, mágico-ritualísticas *etc.*), por outro não é menos verdade que receptividade não é sinônimo de inércia, muito menos de uma inércia caprichosa e indolente. Aliás, essa mesma receptividade, para poder existir, depende ela mesma de *intensa atividade* por parte do iniciando, consistente nos imprescindíveis esforços pessoais que este deverá dispender com vistas à remoção de uma série de obstáculos, resistências e impedâncias havidas em seu interior, quer de ordem cognitiva, quer de ordem ética, ou de qualquer outra natureza.

Então, a receptividade necessária à Iniciação não só não é antagônica à atividade pessoal do iniciando, como inclusive depende dessa de modo imprescindível, tanto em termos de *causa* (pois sem esforço pessoal os nódulos de ignorância e viciosidade espiritual não serão desfeitos no ego-personalidade do adepto, o que sabotará ou interromperá o processo iniciático), quanto em termos de *efeitos* (pois a assimilação e o processamento daquilo que é recebido do Alto são, em si mesmos, processos essencialmente ativos).

Para dizer o mesmo com outras palavras, mais ilustrativas, a Iniciação depende das virtudes adultas da maturidade e da capacidade, sendo por isso incompatível com os vícios próprios da infância, seja o do *egoísmo presunçoso* (que força a todo custo uma emancipação precoce e ilusória), seja o da *dependência tutelar* (que prolonga indefinidamente um estado de irresponsabilidade tardio e igualmente ilusório), enquanto modalidades distintas de um autocentramento egóico.

Em arremate, pode-se dizer que, sem prejuízo de posteriores refinamentos e aprofundamentos doutrinais, a instrução espiritualmente saudável para a quase totalidade das pessoas e válida para um período mais ou menos extenso da vida espiritual é a seguinte: a realização espiritual é o resultado do concurso sinérgico da Providência (*dimensão divina*), da Vontade (*dimensão humana*) e do Destino (*dimensão natural*), as três forças fundamentais do Cosmo, cuja síntese articulada é a definição mesma de um rito espiritual.

Na rápida seleção que fiz, abaixo, todos os pontos indicam precisamente esta instrução, que aliás já havia sido antecipada em ponto já interpretado antes ([27]), no qual se diz que foi Oxalá "*quem nos deu a Luz*" (Providência ou Graça), ao mesmo tempo em que, porém, é dito que devem os "*Seus filhos trabalhar*" (Vontade), ambos os manejadores do Destino. Aliás, há, claramente, uma *simultaneidade recíproca* entre ambas as coisas, num círculo virtuoso de retroalimentação: *(i)* de um lado, a Luz dada por Oxalá torna visível o caminho espiritual ao longo do qual terá lugar o dispêndio de esforços do iniciando; e *(ii)* de outro, esses seus esforços removem gradativamente os óbices que o separam do Divino.

[36]

Andorinha voou, voou, voou

Foi pra junto de Nosso Senhor!

Mas quando chega lá no Céu, Andorinha

Foi o Senhor quem chamou!

Trata-se de um ponto aparentemente destinado apenas à "subida" – ou seja, à desincorporação – das Crianças ao final do rito, o que poderia fazer alguém pensar que ele não contém densidade simbólica significativa, pelo menos não tanto quanto os demais pontos. Porém, não é assim: o ponto contém conteúdo relevantíssimo, mesmo que, ostensivamente, pareça ser um ponto funcionalmente destinado apenas a cumprir um certo "protocolo ritualístico", consistente em algo parecido com um mero acompanhamento musical do momento ritual em que o transe cessa.

E a relevância simbólico-doutrinal inerente ao ponto guarda pertinência temática precisamente com o tema fundamental deste capítulo: os motores da Iniciação. De fato, na camada mais periférica e exterior do ponto, a "*Andorinha*" é a Criança, que está deixando o Mundo-Templo para retornar à sua Pátria Celeste, a Aruanda. Mas, num nível mais profundo de interpretação, a "*Andorinha*" é já o próprio iniciando, em sua trajetória vertical rumo à iluminação espiritual. Esse duplo sentido do sujeito sintático do primeiro verso é, porém, quase sempre despercebido na prática ritual majoritária, em virtude da desatenção, da superficialidade cognitiva, da falta de imaginação simbólica ou mesmo – o que talvez seja o pior de tudo – da simples e completa falta de expectativa de que os pontos cantados tenham a altíssima concentração de informações doutrinais que de fato têm, como venho demonstrando ao longo destas linhas.

A inteligência e a criatividade com que este ponto foi construído, mediante a justaposição da camada mais óbvia de seu significado (relativa à cessação do transe) à camada mais profunda e relevante (relativa à Iniciação), é mesmo surpreendente, embora não o devesse ser, considerando que os pontos cantados "de raiz" são de autoria direta dos Ancestrais Ilustres. Isso basta para demonstrar a que nível de sutileza podem chegar os estímulos rituais no Terreiro, bem como a relevância daqueles que parecem muito secundários e desimportantes, bastando que se tenha "ouvidos de ouvir" (Mt 13:9), como costumeiramente arrematava Jesus Cristo após as instruções sapienciais que ministrava mediante parábolas[72].

72. A propósito, o trecho citado do Evangelho é pertinente também nos versículos antecedentes, nos quais se fez constar a célebre Parábola do Semeador, através da qual Jesus Cristo demonstra a necessidade de o discípulo ser "terra fértil", isto é, ser dotado de uma *receptividade qualificada*, o que vem a calhar justamente com a necessidade de os adeptos tornarem-se cada vez mais *sensíveis* aos estímulos rituais e templários. Vale a pena transcrevê-lo na íntegra, por sua importância: "*Tendo Jesus saído de casa, naquele dia, estava assentado junto ao mar; E ajuntou-se muita gente ao pé dele, de sorte que, entrando num barco, se assentou; e toda a multidão estava em pé na praia. E falou-lhe de muitas coisas por parábolas, dizendo: Eis que o semeador saiu a semear. E, quando semeava, uma parte da semente caiu ao pé do*

Quanto ao tema deste capítulo, o ponto não poderia ser mais claro: a realização espiritual depende tanto de esforços do iniciando (*vetor ascendente*) quanto de bênçãos espirituais (*vetor descendente*). Nos dois primeiros versos, o ponto faz referência ao iniciando ("*Andorinha*") e seus esforços próprios (*"voou, voou, voou"* e *"foi pra junto de Nosso Senhor"*); já nos dois últimos, o ponto como que nos surpreende ao dizer que os esforços humanos não seriam suficientes, sendo imprescindível a Providência ou Graça Divinas (*"Foi o Senhor quem chamou"*).

Vários detalhes são importantes, aqui:

(a) em primeiro lugar, os esforços do iniciando são narrados com a repetição tríplice do verbo "*voou*", o que indica duas coisas: *(i)* que os esforços são múltiplos, grandes, hercúleos mesmo, não se tratando de empreitada trivial; e *(ii)* que esses esforços devem ser exercidos nas três dimensões do ego-personalidade do iniciando (mental, psicoastral e física), em clara alusão à já referida "Doutrina do Tríplice Caminho";

(b) em segundo lugar, o termo "*junto*" do trecho "*Foi pra junto de Nosso Senhor*" indica um estado de união, de unidade, entre o humano e o Divino; é importante anotar aqui, a propósito disso, que este ponto admite uma variação, na qual este verso é cantado "*Foi pra perto de Nosso Senhor*", que simboliza um tipo distinto de realização espiritual, em que há uma *proximidade* – mas já não uma *identidade* – entre o humano e o Divino, o que se justifica por tudo quanto foi exposto no capítulo anterior, relativo aos vários modos de relação com o Divino;

(c) em terceiro lugar, a conjunção adversativa "*Mas*", que abre o terceiro verso, parece indicar justamente que, em seguida, será feita uma ressalva, uma retificação de uma possível concepção enganosa ou incompleta. E é justamente isso que ocorre, mesmo: depois de se referir aos esforços do iniciando, o ponto esclarece, a título retificador ou complementar, que a "*Andorinha*" não deve esquecer que o Chamado feito pelo "*Senhor*" terá sido radicalmente imprescindível à sua "subida";

---

caminho, e vieram as aves, e comeram-na; E outra parte caiu em pedregais, onde não havia terra bastante, e logo nasceu, porque não tinha terra funda; Mas, vindo o sol, queimou-se, e secou-se, porque não tinha raiz. E outra caiu entre espinhos, e os espinhos cresceram e sufocaram-na. E outra caiu em boa terra, e deu fruto: um a cem, outro a sessenta e outro a trinta. Quem tem ouvidos para ouvir, ouça." (Mt 13:1-9).

(d) em quarto lugar, esse Chamado consiste, portanto, em algo como uma força exercida desde cima, como que exercendo o trabalho de "puxar" o inferior em direção ao superior; naturalmente, esta força é concorrente, simultânea e solidária com a força exercida desde baixo pelo próprio iniciando, como tenho reiterado. Ou seja, há duas forças de mesma direção e sentido que se somam no processo: uma exercida desde cima, outra desde baixo, mas ambas orientadas para cima;

(e) em quinto lugar, o tema simbólico do voo é também relevante porque ele: *(i)* faz uma referência mais clara ao aspecto *vertical* da tarefa iniciática, o que fica ausente nos temas simbólicos congêneres da caminhada, da travessia, da navegação *etc.*; *(ii)* está simbólica e diretamente relacionado ao *Ar*, elemento mais sutil e que, exatamente por isso, é o referente natural mais próximo do Espírito e, portanto, o mais adequado para simbolizá-lo; *(iii)* exige não apenas o dispêndio de *forças*, no sentido de módulo ou intensidade, como também e muito importantemente o *equilíbrio* e o *senso de orientação* viabilizados pela cauda e pelas asas; *(iv)* ilustra particularmente bem a necessidade de existirem fatores que compensem ou "driblem" a gravidade, enquanto força contrária que "puxa para baixo" (tal como os ossos pneumáticos, por exemplo, que garantem leveza às aves); e *(v)* é essencialmente múltiplo, já que existem diversos tipos de voo (batido, planador, rápido *etc.*), o que demonstra a grande variabilidade de formas de ascensão espiritual.

Do ponto de vista musical, é relevante observar-se o seguinte:

(a) o ponto é entoado em modo maior, o que ilustra que a vida espiritual há de ser essencialmente alegre e deleitosa (sem prejuízo, é claro, de seus inevitáveis momentos tensionais e dos obstáculos cuja superação muitas vezes causa sofrimentos episódicos *etc.*). Não há razão que obrigue uma vida espiritual a ser triste, amarga, desagradável, a não ser aqui e ali, circunstancialmente. O Deleite Divino já se oferece gratuitamente desde o início da vida espiritual, e não apenas ao seu final, como enganosamente faz crer a lógica "prêmio *versus* castigo", da qual várias formas de conceber o mundo simplesmente não conseguem se livrar – quando de fato querem;

(b) o trecho "*voou, voou, voou*" reforça essa noção de que a vida espiritual, mesmo que de fato exija trabalhos e esforços vários, há de ser vivida de forma positiva e deleitosa. Isso porque a sua linha melódica e seu aspecto rítmico são constituídos de um modo tal que mimetizam, musicalmente, a famosa imagem do cair ziguezagueado de uma pena (se se considerar a escala de dó, o trecho será constituído das notas si-lá-sol-fá-sol-lá, em que as notas lá, fá e lá, por serem ritmicamente mais longas, representam as extremidades da queda da pena, que vai caindo de um lado para outro). Isso indica que, sem *leveza* – e é claro que não me refiro aqui ao seu extremo vicioso, a leviandade –, é praticamente impossível que alguém vá longe espiritualmente, pois, como todos sabem muito bem, a vida profana, em geral, já está muito bem servida de motivos de irritação e aborrecimento;

(c) também é curioso o fato de que o ponto *não termina na nota fundamental da escala* (tônica, grau I), como em geral acontece, por ser esta a nota de resolução e repouso por excelência, sendo análoga a um "ponto final". Ao contrário, o ponto termina na dominante (grau V), que exerce a função análoga à das "reticências". Se a resolução na tônica é "fechada", a resolução na dominante é "aberta", como se a melodia se negasse a se fechar sobre si mesma, ou como se ela rejeitasse o fim, a interrupção, o limite. Essa circunstância parece indicar que a vida espiritual não tem propriamente um fim temporal, tanto porque uma vida encarnada é pouco para esgotar suas muitas possibilidades e exigências, quanto porque, a rigor, o Espírito é eterno, de modo que sua "vida" é, por definição, sem fim. Aliás, o caráter "expansivo" do Ar – símbolo do Espírito –, isto é, sua tendência a não se contrair limitativamente no espaço (entropia), também parece estar muito bem retratado nesta peculiaridade melódica do ponto.

[37]

Tava na Beira do Rio, sem poder atravessar
Chamei pelo Caboclo, o Caboclo Tupynambá
Tupynambá chamei, chamei e tornei a chamar, ê á!
Tupynambá chamei, chamei e tornei a chamar, ê á!

Também neste ponto, o tema do concurso sincrônico de forças humanas e divinas para a realização espiritual está claramente presente. E, tal como ocorreu com o ponto anterior, a ênfase se dá justamente no fato de que os esforços humanos são insuficientes: *(i)* enquanto lá os esforços da "*Andorinha*", mesmo que necessários, não bastavam para que ela fosse ao Céu, sendo imprescindível o Chamado de "*Nosso Senhor*", *(ii)* aqui, o contexto é tal que o sujeito lírico, enquanto iniciando, reconhece ele mesmo a sua incapacidade de atravessar o Rio, razão pela qual invocou o "*Caboclo Tupynambá*" para que este providencialmente o auxiliasse.

A "travessia do Rio" desempenha aqui a mesma função simbólica do "voo", ambos representando, cada qual com suas peculiaridades sugestivas, o tema da Iniciação, desde o ponto de vista do iniciando. A "*Beira do Rio*", nesse contexto, consiste naquele estado em que o iniciando já sabe que há o "Rio" (*via iniciática*), que ele pode e deve ser atravessado (*práticas espirituais*), mas ainda não tem condições – *intelectuais* (como o conhecimento sobre a arte da navegação), *ético-morais* (como a coragem) ou *técnicas* (como a embarcação e seus remos *etc.*) – para fazê-lo sozinho.

A impotência individual do iniciando é conhecida de todas as tradições espirituais, que sempre reconhecem, ainda que de modos e em graus variados, a necessidade de mediadores, instrutores, mestres *etc.* que o capacitem e auxiliem a conquistar os sucessivos graus de desenvolvimento e aprofundamento espirituais. Com a Umbanda – sobretudo com a forma iniciática e esotérica de praticá-la – não seria diferente, embora, é preciso reconhecer, um contingente ainda muito grande de adeptos considerem seus sacerdotes de forma menos relevante, por vezes quase como que autoridades "administrativas", substituíveis por outras quaisquer, em casos de desentendimento ou coisa parecida. Isso para não falar da estreiteza de certas concepções sobre as Entidades, que não são tidas por Ancestrais Ilustres dotados de Sabedoria, Amor e Poder, mas como "espíritos desencarnados" de indígenas, antigos escravos e crianças, tudo da forma mais literal, apequenada e deprimente possível.

Os *esforços humanos* estão representados no ponto tanto pela afirmação tácita de que o iniciando se dirigiu ao Templo ("'*Tava na Beira do Rio*") – afinal, ele teve de ir até lá por decisão sua e por suas próprias pernas –, quanto pela afirmação expressa de que o iniciando teve, também por sua iniciativa, de invocar o Divino para auxiliá-lo na travessia. E não apenas invocá-lo, aliás, mas invocá-lo *de forma reiterada* ("*<u>tornei</u> a chamar*"), pois nesse domínio, nada é exatamente fácil para quem acaba de deixar a vida profana.

Já a *agência divina* não é afirmada em parte alguma do ponto. Dá-se por pressuposto o atendimento, pelo Caboclo, do apelo feito, tão clamorosamente, pelo iniciando. Mas há dois elementos que parecem confirmar que os seus pedidos foram efetivamente atendidos: *(i)* primeiro, o uso do verbo no pretérito ("*'Tava*"), que indica que a situação de desorientação espiritual é uma situação passada, superada; e *(ii)* segundo, o caráter pujantemente alegre e triunfal do ponto, que seria inexplicável – e talvez até simbolicamente deslocado – caso se tratasse de um ponto em que a invocação do Divino, ainda que insistente, fosse afinal ineficaz e, portanto, frustrada. Nessa hipótese, seria de esperar que, ou algo na letra o indicasse, ou a constituição musical do ponto fosse condizente com o estado de desamparo espiritual daquele que pede por ajuda e não recebe.

De todo modo, a imprescindibilidade da Providência Divina está claramente exposta no ponto, ainda que o seu atendimento tenha sido deixado para a dimensão musical do ponto, e não para a sua letra. Assim, o fato de ser necessária a concorrência simultânea das agências humana e divina para a realização espiritual é, como se vê, o motivo fundamental deste ponto.

Do ponto de vista musical, quero destacar o seguinte:

> **(a)** como já antecipei acima, o ponto é constituído de modo a ostentar um aspecto contundentemente festivo, celebratório, apoteótico. É ele em modo maior, acompanhado pelo ritmo Congo, com suas síncopas que incitam à dança, ao movimento, ao dinamismo. Seu andamento é célere, vigoroso, o que condiz tanto com a alusão que o ponto faz à necessidade de esforços humanos para a realização espiritual, quanto com a dedução de que os pedidos de orientação espiritual foram plenamente atendidos;
>
> **(b)** coerente com a imagem da *travessia impossível*, presente no primeiro verso do ponto, é a seguinte característica melódica do ponto: sua nota mais aguda – ou seja, aquela que *não é ultrapassada* – soa precisamente nos instantes em que o sujeito lírico *(i)* afirma estar "*Na Beira do Rio*", símbolo de limiar (ainda) não atravessado, *(ii)* nega a possibilidade de atravessá-lo sozinho ("*sem poder atravessar*") e *(iii)* ciente dessa sua incapacidade, roga ao Poder Divino para que o auxilie na travessia ("*Tupynambá chamei*");

(c) aliás, neste último trecho ("*Tupynambá chamei*"), deve ser observado ainda o seguinte: a sílaba métrica "*-mei*" é cantada não só na nota mais aguda do ponto (mais tensa, portanto), como também o é de forma bastante alongada, ritmicamente insistente (algo como "chameeei"). Essa peculiaridade melódica e rítmica ilustra, a modo de símbolo, precisamente o limite que o iniciando não consegue cruzar sozinho. A nota da sílaba de "*-mei*" é como uma barreira intransponível: é a "*Beira do Rio*" que não se pode atravessar sozinho.

[38]

"Atira, atira!" Eu atirei
E meu Bamba vai atirar
Bicho no Mato é corredor
Oxóssi na Mata é Caçador!

O motivo simbólico fundamental deste ponto é o da Caça, funcionalmente congênere aos da Caminhada, da Travessia, do Voo e similares: seu tema de base é, também, a Iniciação, portanto. E, nesse contexto, como já visto acima:

(**a**) o "*Mato*" se opõe, simbolicamente, aos espaços organizados, domesticados, controlados tanto da Cidade, no âmbito social, quanto do Templo, no âmbito espiritual; o "*Mato*" tem como ressonâncias simbólicas a selvageria, o caráter indomável e perigoso da natureza em seu estado caótico, brutal, no qual vale a lei do mais forte *etc.*;

(**b**) portanto, o "*Bicho no Mato*" representa tanto *(i)* o conjunto de fatores inoportunos e antagônicos à Iniciação (a ignorância, o mal, a incapacidade *etc.*), quanto *(ii)* o ego individual com o qual o iniciando erroneamente ainda se identifica;

(**c**) o adjetivo "*corredor*", atribuído ao "*Bicho no Mato*", indica o seu caráter astucioso, fugidio, inquieto, o que faz dele uma presa de difícil abate, devido a seus mil-e-um ardis.

Nessa paisagem simbólica, então, temos as seguintes relações: *(i)* o "*Bicho no Mato*" é o ego impuro, iludido, que se vê não como um instrumento da consciência espiritual, mas como a substância mesma da pessoa; e *(ii)* o "Tiro de Flecha" (ou a "Caça") é o esforço destinado a purificar o iniciando da ilusão de se identificar com seu ego-personalidade.

Com esses esclarecimentos preliminares, fica claro que este ponto também guarda pertinência temática com o conteúdo deste capítulo: para que o "*Bicho no Mato*" seja, enfim, abatido é necessário que tanto o próprio iniciando atire ("*Eu atirei*"), quanto Oxóssi também o faça ("*E meu Bamba vai atirar*" e "*Oxóssi na Mata é Caçador*"). A dimensão providencial do êxito iniciático, neste caso, está explicitamente abrangendo tanto a Divindade em si mesma ("*Oxóssi*"), quanto o Mestre encarnado ("*Bamba*", que, no idioma kimbundu, significa precisamente "mestre", "sábio", "líder").

A necessidade do concurso da agência humana e da divina para o sucesso iniciático fica ainda mais clara, no ponto, pela utilização da conjunção aditiva "e", no trecho "*E meu Bamba vai atirar*". Ora, a conjunção indica a adição de um elemento (agência divina) a outro (agência humana).

É preciso atentar para o seguinte, também: o ponto se inicia com um apelo do iniciando a Oxóssi, para que Ele atire Sua Flecha em direção ao "*Bicho no Mato*". Daí porque utilizei aspas e ponto de exclamação para transcrever o trecho "*'Atira, atira!'*": com esse modo de notação, fica claro que se trata mesmo de um pedido. Isso reforça a necessidade – percebida como tal pelo sujeito lírico do ponto – de que os esforços humanos não bastariam para o êxito na Caça.

Outra forma de interpretar este trecho inicial do ponto – que naturalmente não substitui a exposta no parágrafo anterior, apenas se soma a ela – é esta: no trecho "*'Atira, atira!'*" o sujeito lírico está se voltando não mais a Oxóssi a título de *pedido*, mas a outros iniciandos ou neófitos, agora a título de *conselho*, conclamando-os para que "atirem", isto é, para que procurem de todos os modos obter a realização espiritual, mediante a desidentificação substancialista com o ego-personalidade.

Os dois últimos versos constituem algo como um alento, uma visão esperançosa. É como se dissessem, em outras palavras, o seguinte: "*Embora o Bicho no Mato seja corredor* [isto é, engenhoso, rápido, de difícil abate], *Oxóssi é Caçador* [ou seja, exímio perito na arte da caça], *não há o que temer*". O elogio à perícia habilidosa de Oxóssi é inclusive um tema mítico presente no *corpus* de Ifá: em um de seus *ìtàn*, narra-se que Oxóssi foi o único capaz de alvejar uma ave perniciosa, tarefa em que fracassaram mesmo os melhores caçadores do reino, sendo digno de nota que, com seu *Ofá*, Oxóssi tinha *apenas uma flecha*, razão pela qual ficou conhecido como o Caçador-de-uma-flecha-só.

Da constituição musical do ponto, quero chamar a atenção para o seguinte:

> **(a)** trata-se de ponto em modo maior, o que garante um caráter inequivocamente esperançoso quanto à vitória sobre o ego, não só em virtude do fato de ter o iniciando em questão cumprido seu papel no processo ("*Eu atirei*"), mas principalmente em virtude da confiança depositada na Graça Divina ("*Meu Bamba vai atirar*" e "*Oxóssi na Mata é Caçador*");
>
> **(b)** a segunda metade do ponto contém uma tensão dialética entre o "*corredor*" e "*Caçador*", isto é, entre as dificuldades oferecidas pelo ego impuro e a excelência perita de Oxóssi e do Divino de um modo geral. Veja-se, nesse sentido, que: *(i)* de um lado, as notas do terceiro verso ("*Bicho no Mato é corredor*") são todas *tensas e agudas* (na escala de dó maior, seriam: sol-sol-sol-sol-sol-sol-sol-lá), com predomínio obstinado da dominante seguida da nota mais aguda do ponto (superdominante) e também mais longa e tensional ("*corre<u>dor</u>*"), quase doída; mas *(ii)* de outro lado, as

notas do último verso (“*Oxóssi na Mata é Caçador*”) são entoadas de maneira suave, num decrescendo melódico e de intensidade que faz a melodia retornar à nota fundamental da escala (tônica), nota de repouso e resolução;

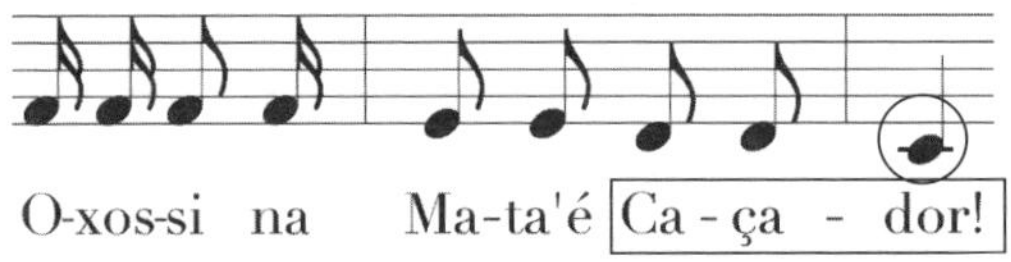

(c) essa oposição simbólica entre o terceiro e o quarto versos – oposição havida, aliás, tanto na letra, quanto na constituição musical do ponto – demonstra precisamente que as tensões, inquietudes e sofrimentos são próprios de uma vida profana, regida pelas ilusões do ego individual, enquanto a vida espiritual garante o acesso gradativo a um estado de paz e felicidade, que é o estado original do Espírito.

[39]

A Mata 'tava fechada
Oxalá mandou abrir!
Quem é filho de Caboclo?
'Tá na hora de sair!

Novamente, a lírica umbandista afirma que a realização espiritual se deve à sinergia entre os esforços humanos e a Graça Divina, dessa vez tendo como pano de fundo outro símbolo temático da Iniciação (análogo aos símbolos congêneres do Voo, da Travessia, da Caça *etc.*): trata-se, agora, da "Saída da Mata Fechada", modo brasileiro de se aludir à mítica figura do Labirinto.

O enredo simbólico do ponto merece as seguintes considerações:

(**a**) como já disse acima, a Mata (ou *Macaya*) é símbolo do Cosmo Natural, ou seja, da realidade espiritual expressa em forma de Natureza, domínio em que a manifestação cósmica é regida, ao menos aparentemente, por fatores como matéria, tempo, espaço *etc.*. Essa Mata, fascinante e perigosa, representa o mundo material, enquanto oposto – ainda que só relativa e ilusoriamente – ao mundo espiritual, isto é, representa o universo manifestado no sentido amplo do termo, sentido que abrange não apenas a dimensão grosseira da matéria densa, mas também as dimensões sutil e sutilíssima (astral e mental, respectivamente);

(**b**) já esclareci antes que a cosmovisão afro-brasileira não enxerga a realidade manifesta como negativa, nem como um mal necessário para "aprendizados evolutivos através do sofrimento", nem como um "vale de lágrimas" consequente de um suposto pecado original, nem como algo que deva ser considerado como algo a ser abandonado o mais rapidamente possível. Reconhecemos esta Mata como sendo suficientemente dotada de razões boas para existir, sem deixarmos de ver, é claro, o coeficiente de sofrimento que há nela. Portanto, poder-se-ia considerar que este ponto é contraditório com essas ressalvas, já que o núcleo de seu conteúdo fala justamente sobre "*sair*" da Mata;

(**c**) porém, não há contradição alguma: "sair da Mata", no contexto do ponto, não significa literalmente abandoná-la por ser ela intrinsecamente má, mas apenas não se deixar enganar por ela e enxergá-la como um véu que, a um só tempo, esconde parcialmente e revela de modo insinuado a realidade espiritual que lhe é subjacente. Os vastos domínios dessa Mata, guardadas as devidas proporções, correspondem àquilo que a sabedoria indiana considera como sendo *Māyā*[73], o reino não tanto da "ilusão" no sentido forte de "irrealidade", mas antes do fascinante e hiperabundante "poder mágico" de projeção divina de formas aparentes (fenômenos);

73. Aqui, é irresistível fazer um trocadilho gráfico entre a *Māyā* indiana e a *Macaya* indígena: *Ma(ca)ya*.

(d) tem-se aqui, então, uma noção bastante matizada – e um tanto tensional, no sentido não pejorativo do termo – a respeito da realidade material: *(i)* por um lado, não se deixa de reconhecer que ela tem, aliás de sobejo, razão suficiente para justificar-se, na medida em que viabiliza formas indefinidamente grandes de bens cuja fruição dá ao Espírito modos infindáveis de deleite; *(b)* por outro lado, também não se deixa de atentar para os riscos espiritualmente hipnóticos e elusivos que ela oferece, sobretudo o de eclipsar a realidade espiritual da pura consciência, numa opacidade materialista e individualista que poderá, sim, dar ensejo a muito sofrimento;

(e) é sobretudo quanto a esse último aspecto que versa o ponto cantado aqui interpretado, com o fim de evitar-se o alto preço do sofrimento decorrente da ignorância quanto ao espiritual. "Sair da Mata" deve ser entendido, então, como manter a translucidez de seu Véu, afastando-se o risco de que ele se torne opaco e, assim, afaste-nos da realidade espiritual que define a nossa própria natureza essencial;

(f) seja como for, como já fiz questão de antecipar desde a Introdução, quando me vali do formidável exemplo do ponto relativo à "*Mata medonha*", tanto é bom "*pisar nela*" (ou seja, nela estar e permanecer, em virtude dos bens que há nela), quanto é bom, de outro modo, "*passar nela*" ou por ela (isto é, transcendê-la em algum sentido ou aspecto). Como disse antes, ambas as coisas têm a sua dignidade e os seus valores próprios.

Retornemos, porém, ao tema fundamental deste capítulo (o "bimotor" da Iniciação). No ponto ora analisado a sincronicidade necessária entre a agência humana e a divina é aludida de modo explícito: *(i)* a Providência Divina está referida no verso "*<u>Oxalá</u> mandou abrir* [a Mata Fechada]" e, também, embora de forma mais discreta, no verso "*Quem é filho <u>de Caboclo</u>*"; e *(ii)* já o esforço humano está indicado claramente pelo verbo "*sair* [da Mata Fechada]", uma vez que, ainda que Oxalá abra os caminhos para tal saída, Seus filhos só podem dela sair "por suas próprias pernas".

A propósito, este ponto revela um sentido mais profundo para a expressão "*abertura de caminhos*", tão utilizada que é nos Terreiros de um modo bastante geral. Em seu sentido corriqueiro, essa expressão tem em vista melhorias em aspectos mais ou menos secundários da vida pessoal dos adeptos (como a saúde física, os negócios e finanças, as questões afetivas e assim por diante). Já nesse sentido mais profundo adotado pelo ponto, o Caminho que se "abre" é o da espiritualidade na acepção estrita do termo, significando a possibilidade da reidentificação do Espírito com o Divino, mediante a restauração plena da autoconsciência espiritual.

Do ponto de vista musical, serão suficientes as seguintes considerações:

(**a**) embora o ponto faça referência à realização espiritual em sua modalidade *gnóstica* de superação das ilusões quanto ao mundo material[74] – o que poderia nos fazer esperar uma constituição musical com pouca vivacidade rítmica e restrita variação melódica, a fim de lhe imputar um caráter mais introspectivo, como certos mantras orientais –, fato é que o ponto é de uma alegria verdadeiramente contagiante e quase eufórica, graças ao ritmo sincopado que o acompanha (Congo) e ao caráter pujantemente festivo da melodia, entoada, é claro, em modo maior;

(**b**) isso pode significar, em um nível mais simples de interpretação, que a possibilidade iminente da realização espiritual é, em si, um motivo de indizível felicidade. Mas pode significar também, em um nível mais profundo de interpretação, que a realização espiritual que faz neutralizar as ilusões a respeito da realidade não é algo que só se pode obter mediante a negação do mundo e através daquele falso silêncio que é, em verdade, melancolia e apatia mal disfarçadas. A iluminação espiritual não é incompatível com estar no mundo e viver nele, até com intensidade: é apenas estar nele, mas já sem as amarras limitativas das ilusões e percepções equivocadas da realidade;

(**c**) o trecho "*'tava fechada*" do primeiro verso é cantado em uma só nota, repetida quatro vezes, isto é, nas quatro primeiras sílabas ("*ta-*", "*-va*", "*fe-*" e "*-cha*"). Essa repetição indica o símbolo melódico de tentativas reiteradamente frustradas frente a uma *barreira de difícil transposição*, a um *limite de custosa superação.* Isso é muito condizente com a letra desse trecho, que alude à característica da Mata de estar *fechada*, o que dificulta que o iniciando saia dela sem a ajuda providencial do Poder Divino;

74. Preciso ressalvar que utilizo este termo em sua acepção literal, e não naquele uso pejorativo, feito pela interessada e enviesada apologética de determinadas tradições espirituais, para as quais gnosticismo significa desapreço pelo mundo material, atribuição de malignidade a Deus e ao Mundo, dentre outras características, todas claramente ausentes na cosmovisão afro-brasileira de um modo geral.

(**d**) tanto é assim que esse limite melódico é superado apenas quando a letra faz referência precisamente ao Poder Divino *em ato*: no trecho "*Oxalá mandou abrir*", o verbo "*mandou*" – indicativo do Poder, por se referir ao aspecto de Autoridade – é entoado em notas mais agudas que aquelas que indicavam o limite que, antes, parecia *intransponível*. Assim, o que a melodia está simbolicamente afirmando é o seguinte: muitas foram as tentativas de superação do limite em questão (quantidade plural que está representada nas quatro pancadas melódicas ("*ta-*", "*-va*", "*fe-*" e "*-cha*", entoadas na nota mi, se na tonalidade de dó maior), mas todas essas tentativas restaram frustradas, até que Oxalá exerceu o seu Poder Providencial e, só então, o limite foi superado ("*Oxalá mandou abrir*", em que "*mandou*", na tonalidade de dó maior, é entoado na nota fá, nota mais aguda que o mi anterior);

(**e**) o verso "*Quem é filho de Caboclo?*" é cantado em linha melódica descendente (na escala de dó: fá, mi, ré, dó, si, lá, sol, sol), em que cada nota é um pouco mais grave que a antecedente. Como já comentei em outras ocasiões neste livro, linhas melódicas descendentes podem simbolizar, a depender do contexto, a Providência Divina, já que esta se exerce "de cima para baixo". Então, este verso faz alusão, ainda que discreta e sutil, ao aspecto providencial da Iniciação, pois *os filhos de Caboclo* é que poderão "sair da Mata", segundo fica tacitamente indicado. Por isso, o fato de a linha melódica ser aí descendente é muito adequado a essa circunstância;

(f) por fim, o termo "*sair*", do último verso ("*'Tá na hora de sair!*") é entoado na tônica, ou seja, na nota fundamental da escala (dó, se se tratar de dó maior). Isso significa que o ponto, ao terminar na tônica, expressa, em clave simbólico-musical, que a realização espiritual é como um "retorno para casa", local por excelência de paz, privacidade e repouso (assim como a nota fundamental, em uma escala, é a nota de descanso, de resolução, de conforto tonal). Realizar-se espiritualmente ("sair da Mata") é, portanto, como voltar para casa, assim como a melodia retorna, nesse ponto, à sua nota fundamental.

[40]

Nessa Mata tem Coco, nesse Coco tem Dendê!
Me ajuda a abrir esse Coco, esse Coco é bom de comer!
Me ajuda a abrir esse Coco, esse Coco é bom de beber!

Esse ponto também endossa a necessidade de uma solidariedade entre esforços humanos e bênçãos divinas para a realização espiritual, agora tendo como símbolo da Iniciação não o ato de atravessar uma ponte ou um rio, nem o de voar, nem o de caminhar, mas o de *se alimentar* de forma não só nutritiva ("*comer*" e "*beber*") como deleitosa ("*bom* [de comer e beber]").

A propósito disso, o tema simbólico – e mesmo literal – da alimentação é uma constante nas religiões afro-brasileiras, em sua comensalidade ritual. Entendemos que, ao ingerirmos uma fruta, por exemplo, estamos assimilando o Poder do Orixá a ela associado, ainda que na dimensão mais grosseira da realidade. O símbolo da alimentação é, portanto, o de *alguém internalizar algo inicialmente exterior, mas que posteriormente passa a constituir o seu próprio corpo*. A pertinência que este símbolo tem com a vida espiritual, portanto, é evidente.

Passo, agora, a explorar o contexto simbólico do ponto:

> **(a)** em primeiro lugar, como reforço do que afirmei no ponto anterior, a respeito da visão positiva que temos do Mundo – ainda que matizada e realista, pois não negamos seus inconvenientes –, este ponto deixa claro que o fato de que "*Nessa Mata <u>tem Coco</u>*" é um fato a ser comemorado. O sujeito lírico canta isso de modo exclamativo, como se trouxesse uma boa notícia, tudo em modo maior, em uma linha melódica crescente e bastante alegre;
>
> **(b)** em segundo lugar, há um motivo para que a existência do "*Coco*" seja celebrada pelo sujeito lírico. Aliás, um duplo motivo: ele é "*bom de comer*" e também "*bom de beber*". Ou seja: ele contém alimento sólido (sua polpa, destinada a aliviar a *fome*) e também alimento líquido (sua água, destinada a aliviar a *sede*). Esse símbolo é bastante conhecido: o do alimento sólido como aquilo que provê nossas *necessidades materiais* (físicas, emocionais, mentais, sociais *etc.*) e o do líquido como o que sacia nossas *necessidades espirituais* (iluminação, realização espiritual). Esse tema simbólico está presente, por exemplo, na Eucaristia cristã, nas figuras do Pão e do Vinho, em tudo análogas, como é evidente, ao Coco e sua Água (ou seu Dendê);
>
> **(c)** em terceiro lugar, como consequência do símbolo de "*comer e beber*" (enquanto possibilidades facultadas pela existência do "*Coco*"), tem-se o seguinte: embora o Mundo manifesto contenha aquilo que consideramos coisas más por nos fazerem sofrer,

ele também tem *bens*, tanto *materiais*, quanto *espirituais*. Isso significa que nós *não estamos* em um labirinto sem saída, nem em um mundo hostil às nossas necessidades, não só materiais, como inclusive as mais altas e profundas, espirituais;

(d) em quarto lugar, é oportuno observar a ordem pela qual são referidos os distintos atos de "*comer*" e de "*beber*": primeiro aquele, depois este. Isso indica a necessidade de purificações prévias em toda a extensão material do ego-personalidade do iniciando (corpo físico, corpo sutil e mente), mas indica também que a vida espiritual não é incompatível com os prazeres próprios de cada uma dessas três instâncias.

Quanto ao motivo temático deste capítulo (a dupla agência necessária à Iniciação), o ponto não poderia ser mais claro: *(i)* de um lado, o sujeito lírico reconhece como necessárias duas coisas que ele não pode fazer: a existência do "*Coco*", em si mesma, é já providencial, pois não foi ele que inventou o Coqueiro; e a necessidade de auxílio para abrir o "*Coco*", ante a dureza rígida de sua casca; e *(ii)* de outro lado, ele reconhece que duas coisas ele mesmo deve fazer: abrir o "*Coco*" (pois ele não pediu que o abrissem para ele, mas que ajudassem com que *ele* abrisse) e, obviamente, "*comer*" e "*beber*" o conteúdo do "*Coco*".

Aliás, o iniciando não só deve "*abrir*", "*comer*" e "*beber*" o "*Coco*". Mais do que isso, de alguma forma, ele *já sabe que o "Coco" é bom*. Ora, no ponto, ele comemora a existência do "*Coco*" antes mesmo de abri-lo; tanto é assim que o faz *antes* de o seu pedido de ajuda ser atendido. Essa nuance simbólica é relevante e indica algo bastante importante: o fato de haver coisas que já sabemos que são boas antes mesmo de experimentá-las, como que instintivamente. O ponto, aí, faz referência ao fato de que a realização espiritual é uma necessidade gravada na própria natureza de todas as pessoas, pelo simples fato de que todas elas são espíritos. Veja-se, então, que a Iniciação não é uma necessidade *adquirida convencionalmente*, mas uma necessidade *inata*, que pode ser mais ou menos aflorada a depender do estado de cada pessoa particularmente considerada.

Finalmente, passo às considerações de cunho simbólico-musical:

(a) o ponto é cantado em modo maior, de forma muito alegre e sob o ritmo não menos alegre da Kabula (ou do "samba"). Isso reforça, musicalmente, que o sujeito lírico, no primeiro verso, *porta uma boa notícia* e o faz mediante o uso de uma sentença *excla-*

mativa (finalizada com ponto de exclamação), e não meramente *declarativa* (finalizada com um mero ponto final);

(**b**) isso se reforça ainda mais pela abrupta ascensão melódica do trecho "*Nesse Coco tem Dendê*", trecho que encerra o primeiro verso, exclamativo. As notas agudas desse trecho não deixam dúvida de que se trata de alguém contando uma "boa nova", bastando ouvi-lo para se chegar facilmente a essa mesma conclusão;

(**c**) o trecho "*Me ajuda a abrir esse Coco*" tem nove sílabas métricas, sendo que as *seis primeiras* são entoadas numa mesma nota, obstinadamente ("*me-a*", "*-ju*", "*-da*", "*a-*", "*-brir*" e "*es-*"). E mais: esta nota é o grau dominante da escala, nota de grande tensão, sobretudo harmônica (sol, se a escala for de dó, por exemplo). Essas duas circunstâncias (repetição e tensão da dominante) têm nítida pertinência simbólica com o pedido de ajuda, o apelo à intercessão divina;

(**d**) porém, é também preciso observar que esse apelo à Providência Divina é feito sem jamais descaracterizar a atmosfera emocionalmente alegre e festiva do ponto, o que indica, claramente, que nossos pedidos, nesse sentido, devem ser sempre feitos de forma confiante e alegre, jamais aflita, amarga e desesperançosa;

(**e**) também aqui, há o retorno da linha melódica à nota fundamental da escala, tal como verificamos no ponto anterior, sendo pertinentes, também nesse contexto, as considerações que fiz na ocasião, com a diferença de que se, lá, o retorno da melodia à tônica representava o descanso decorrente de "voltar para casa", aqui esse retorno representará não tanto um *descanso*, quanto um *alívio apaziguador* (da "fome" e da "sede", no caso).

Apêndice
Nota técnica musical

Neste livro, fiz constar as partituras *melódicas* dos pontos cantados, como forma de contribuir para o registro musical formal dos pontos cantados aqui selecionados para interpretação. Abaixo, farei constar também as partituras *rítmicas* dos ritmos sacro-percussivos utilizados pela orquestra ritual para acompanhá-los ou, mais precisamente, de algumas variantes básicas de tais ritmos, que admitem diversas claves e variações, em níveis distintos de complexidade.

Quanto às partituras melódicas:

> **(a)** enfatizo que todas elas estão feitas na tonalidade de dó maior (ou na sua tonalidade relativa, de lá menor), por duas razões basicamente: *(i)* primeira: trata-se da tonalidade de mais fácil legibilidade, em virtude da ausência de acidentes (sustenidos ou bemóis) na armadura do pentagrama, facilitando-se, assim, a transposição para outras tonalidades, de acordo com o alcance e a tessitura vocal de quem se trate; e *(ii)* segunda: embora eu não desconheça a clássica associação feita por W. W. da Matta e Silva entre os Sete Orixás (Oxalá, Yemanjá, Yori/Ibeji, Xangô, Ogun, Oxóssi e Yorimá/Obaluayê) e as sete notas fundamentais (respectivamente, mi, si, dó, sol, fá, ré e lá), trata-se de associação cuja validade é muito relativa e circunstancial, como eventualmente poderei demonstrar de forma mais extensa em outra ocasião;
>
> **(b)** sobre o tema, porém, deixo desde já as seguintes considerações: *(i)* tal associação leva em conta apenas a escala temperada do metro ocidental (dó-ré-mi-fá-sol-lá-si), com seus conhecidos arredondamentos e ajustes, de modo que a classificação não tem por objeto a realidade natural do som em seu arco contínuo, mas do som em uma de suas organizações convencionais possíveis; *(ii)* em decorrência disso, um número imenso de frequências sonoras que ficam entre as notas do sistema temperado (notas que, por exemplo, podem ser tocadas por um violino, mas não por um piano) fica sem associação a qualquer Orixá, como se tais notas fossem entes reais destituídos de pertencer a alguma faixa teológico-espiritual; *(iii)* não parece haver justificativa plausível para que algumas notas sejam classificadas e outras não, nem para que o sistema tonal temperado seja considerado como superior a qualquer outro; *(iv)* na história da Música, é conhecido o fato de que os diapasões "em lá" já soaram em diversas frequências: em 1711, quando inventado, sintonizavam o lá

em 422,5Hz, sendo que a frequência atualmente convencionada para o "lá" é de 440Hz, tendo sido recomendada em 1834 e posteriormente adotada como padrão no mundo todo; sendo assim, é impossível saber *qual* "lá" deve ser associado a Yorimá; *(v)* parece-me que uma classificação mais relevante e fenomenologicamente útil é a que associa os diferentes *graus de uma escala* aos Orixás, independentemente de que escala se trate: assim, a tônica (seja um dó, na escala de dó maior, seja um mi, na de mi maior, e assim por diante) será associada possivelmente a Oxalá, por ser a nota de número 1 e por consistir na nota de repouso, de resolução pacífica de todas as tensões *etc.*; e *(vi)* seja como for, é inegável que a classificação em questão é muito criativa e engenhosa, por associar a Oxalá e Yemanjá (Orixás relacionados a um só signo zodiacal cada) as notas mi e si (que não têm sustenidos como seus "duplos", ao contrário das outras cinco notas, que são dotadas de seus respectivos sustenidos, tal como os outros cinco Orixás estão relacionados a dois signos zodiacais cada). Essa circunstância sempre me impressionou, na aludida classificação, e ela bem demonstra o quão criterioso e sério era o Vô Matta no que diz respeito à estruturação de sua doutrina.

Quanto às partituras rítmicas, que constarão abaixo, ainda neste Apêndice, devo dizer o seguinte:

(a) os ritmos percussivos de origem africana são vários; destes, a Umbanda não se utiliza de todos e, deles, os principais são: o Nagô, a Kabula, o Ijexá, o Barravento e o Congo (valho-me aqui destes termos mesmo sabendo que as nomenclaturas dos toques variam de região para região);

(b) porém, a prática umbandista majoritária acaba por percutir os três tambores usando-se as mesmas vozes rítmicas, o que empobrece a riqueza percussiva dessas tradições e, aliás, constitui clara afronta ao fundamento da estética sacra afro-brasileira e, ao mesmo tempo, um não-aproveitamento dos resultados bem melhores que a percussão correta haveria de proporcionar aos adeptos, tanto estética, quanto espiritualmente; e

(c) nas partituras abaixo, excluí intencionalmente a voz mais grave dos tambores (a voz do *Rum*), especialmente porque este tambor é o que tem o toque mais livre, sendo integrado por longas sequências de improviso e, por isso, tornando-se insuscetível de ser partiturizado em células tão curtas quanto pretendi fazer nesta publicação, apenas para que se tenha uma noção geral do "esqueleto" rítmico de cada toque.

Nagô

Kabula

Ijexá

Barravento

Congo

SATTVA EDITORA

contato@sattvaeditora.com.br
www.sattvaeditora.com.br